South Korea

中韩学术期刊评价比较研究

张美红/著

The Comparison Research on Academic Journals Evaluation Systems of China and South Korea

China

中国人民大学出版社
·北京·

本书系中国人民大学科学研究基金（中央高校基本科研业务费专项资金资助）“中韩学术期刊评价比较研究”（18XNQ013）项目成果。

前 言

从 16 世纪至今，学术期刊不断摸索着走向“本土”、走向“国际”，即走向真正意义上称为学术的期刊，成为 21 世纪学术史上一道独特而亮丽的风景。任何国家都需要通过期刊评价揭示其各学科学术研究的质量，促进本国的学术发展并提高全球竞争力。尤其是同属亚细亚文化圈的中韩两国，随着国际化时代的来临，对于学术期刊的定位，对其发展态势进行评估，这种视角已越来越成为一个思考和研究的趋向。

中韩学术期刊评价的理论和实践在经历了几十年的不断探索和实践后，逐步形成了一套比较成熟的本土化理论体系和评价体系。与此同时，人文社科领域的学术评价理论和方法也取得了显著发展。当然，两国学术环境的变化和学术评价理论的发展，使主办者、管理者和评价者都认识到：在新的环境下，针对学术期刊的特殊功能和定位，对于中韩学术期刊和学术研究的长远发展至关重要。

本书尝试以“学术期刊评价”为切入点，探讨中韩学术期刊评价的本土化特征，通过基本文献分析，对中韩人文社科学术期刊评价体系的起源与发展进行梳理。通过回顾中韩两国相关研究文献，分析“学术期刊评价”的内涵，梳理、归纳并总结学术期刊评价对于学术评价与发展的重要战略价值，并以此作为学术成果评价机制研究的基本目标；比较分析中韩两国学术评价中存在的问题，对中韩人文社科学术期刊评价现状的调研进行梳理，通过文献和案例分析，调研梳理学术成果同行评价的相关要素，如评价主体、评价对象、评价标准、评价程序、评价效果等，借鉴国外的相关经验，提炼总结出当前我国学术成果同行评价涉及的大数据问题，如评价体系不完整、不科学等，作为后续研究的依据；进行学术成果同行评价改进的实证研究，对中国人民大学复印报刊资料与韩国 KCI 学术期刊应用系统进行梳理，通过实证分析，探讨同行评价改进内容并提出改进策略，即它的科学性、合理性和可行性。

2013 年博士后出站，我来到中国人民大学人文社会科学学术成果评价研究中心，从比较文学、文化的研究领域跳转到学术评价领域，在试图了解这一领域的过程中，发现对亚太学术评价的比较研究，虽有文章涉及，但还没有专门的研究部门及比较研究出现。2014 年 5 月，在学校、中心领导及韩中企业联合会（韩）的大力支持下成立了亚太研究部，组织开展亚太地区学术成果评价比较研究工作。这一平台也给了我翅膀、活力与干劲。从对中韩学术期刊评价体系产生兴趣，到拟定提纲、着手写作、修改、申报项目，直到图书出版，前后五年多时间里，一路伴随的艰辛与摸索，思辨的乐趣与焦虑，点滴的积累与时时的感动，都凝聚在这本小书的字里行间。

“中国学术期刊评价”“韩国学术期刊评价”在不同时期有不同的内涵。这些体系是在区域内部交往以及区域与外部互动中逐渐形成的。塑造它们的过程远没有结束，未来也一定会有旧的内容被舍弃，新的内容增添进来。唯一不变的，是对它们的不断定义、否定、再定义。正因为如此，关于中韩学术期刊评价的体系，都是进行时而非完成时。在经过几年的写作后，我需要进一步反思自己最初的一些认识。所以本课题呈现的不是定论，而是思考的可能，欢迎读者讨论、批评、纠正和补充。

感谢中国人民大学、中国人民大学书报资料中心、韩中企业联合会（韩）、韩国研究财团（韩）及中国人民大学人文社会科学学术成果评价研究中心提供研究条件、出版经费和研究资料。在此特别感谢远在荷兰莱顿大学的胡静，她对不少篇章的选题与写作提供了很大的帮助。对于所有给予本课题研究帮助的领导、专家、同事及家人，在此一并致谢。

2018 年 7 月于北京寓所

目　录

导　论/ 1

一、"学术期刊"释义/ 3

二、本课题国内外研究现状/ 6

三、研究范围及比较研究的必要性/ 9

第一章　期刊评价的起源与演变/ 13

一、异邦的示范/ 15

二、三大学术期刊评价的理论源流/ 16

第二章　中韩学术期刊评价起源与现状/ 21

一、中国学术期刊评价的起源与现状/ 23

二、韩国学术期刊评价的起源与现状/ 43

第三章　中韩学术期刊评价体系比较/ 59

一、选刊原则比较/ 61

二、学科分类比较/ 67

三、学术期刊的分级比较/ 82

四、同行专家评审制度比较/ 94

五、期刊评价指标体系比较/ 104

第四章　中国学术期刊评价体系的反思与重构/ 129

一、中国学术期刊评价体系存在的主要问题/ 131

二、中韩学术期刊评价体系之刍议/ 135
三、中国学术期刊评价体系的改进方向/ 149

第五章　中韩学术期刊评价中的个性与共性/ 161
一、各自学术评价的文化土壤/ 163
二、政府及研究机构对学术期刊评价的推进/ 164
三、西方学术评价的影响/ 174

结语：中韩学术期刊评价的未来/ 180

参考文献/ 184
附录 1　社科院中国人文社会科学期刊评价体系指标说明/ 190
附录 2　南大学术期刊评价体系指标说明/ 202
附录 3　中国人民大学同行评议指标说明/ 204
附录 4　韩国研究财团学术期刊登载制度指标体系说明/ 206

导　论

一、“学术期刊”释义

一国学术之盛衰，可于其杂志之多寡而知之。

——戈公振①

所谓学术期刊（英美语：academic journals；法语：Les tourillons；德语：Wissenschaftliche Zeitschrift；韩语：학술지），是一种经过同行评审的期刊，发表在学术期刊上的文章通常涉及特定的学科。期刊，作为记载和传播科学、文化的重要载体，虽然从诞生至今只有短短三百多年，却在传递科技文化信息最新成果和推进人类文明进步发展方面，发挥着巨大的作用。而学术期刊展示了研究领域的成果，并起到了公示的作用，其内容以原创研究、综述文章、书评等形式的文章为主。学术期刊自产生以来就是学术论文的最重要载体，因其具有出版周期短、时效性强、信息量大、知识新颖等优势，是科研人员、机构之间进行学术交流的主要平台和媒体。因此学术期刊在学术评价中起的作用越来越大，尽管人们对这种作用的好坏仍然存在争议，但学术评价中越发重视学术期刊却是不争的事实，学术期刊已经被赋予了学术评价功能②。

世界上第一份期刊是1588年德国印刷商艾青格尔在法兰克福出版的半年刊《书市大事记》。就学术期刊而言，它是在社会发展过程中顺应科学技术的发展与人们交流学术研究成果的需要而产生的。到17世纪中叶，欧洲历史上涌现出200多个像英国皇家协会那样的学术组织，这些学术组织研究哲学与科学技术，同时交流频繁，人们开始觉得仅靠信函等工具进行学术交流已不能满足当时的学术研究需求，学术期刊作为发布学术成果的工具，其产生已经成为历史的必然。1665年1月5日，法国人戴·萨罗创办了世界上第一种周刊《学者杂志》（*Journal des Scavans*）；同年，法国出版《斯卡万斯杂志》（*Journal des Transactions*）学报，英国出版《哲学会刊》（*philosophical Transactions*）。由此，引来了西方各国学术期刊的出版热潮。

中国最早出现的现代含义的中文期刊是1833年创刊于广州的《东西洋考每月统记传》（*Eastern Western Monthly Magazine*），以介绍西方科学技

---

① 戈公振. 中国报学史. 上海：上海古籍出版社，2003：217.

② 胡玲，傅旭东. 学术期刊学术评价功能的成因与机制研究. 编辑学报，2008（3）：201-203.

术为内容，同时也介绍中国文化。也有学者认为，中国最早的刊物是1815年（清嘉庆二十年）8月5日英国传教士马礼逊（Robert Morrison，1782—1834）在马来西亚的马六甲创办的《察世俗每月统记传》（*Chinese Monthly Magazine*），以现代的译法就是《中国月刊》或《中文月刊》。其采用木板雕印，形式像一本中国32开本大小的线装书，但因出版地在国外，也有部分学者对此持有不同见解。

从1895年8月康有为在北京发起成立强学会，1896年秋《时务报》创刊，到1898年秋戊戌政变发生这段时间里，维新派在上海、长沙、杭州、温州、无锡、澳门等地创办了一批刊物，形成中国期刊史第一次勃兴时期。

> 至于杂志期刊，我们在1895年2月找到的只有八份，而且都与传教工作有关。其中五份是在上海出版的，其他三份是在北京、南京和福州出版的……现在出版这种期刊的至少有三十五份，其中二十五份是上海发行的，它们大多数都是由中国人自己办的，其宗旨几乎都是宣传启蒙和变法维新。有几份专门从事于“医药”、“农业”、“数学”、“大众科学”和“教育”的研究，还有约十种是由传教士团体和中国基督教会出版的①。

从17世纪下半叶至今，学术期刊进入一个辉煌的发展时期。随着近现代科学技术的发展，综合性期刊的办刊理念已不能适应科学技术发展的需求，因此发生了相应的变化，期刊也逐渐从综合性期刊转向专业性期刊。1778年，德国出现了第一种专业期刊《化学杂志》，就此拉开了专业期刊的兴盛期。1807年，德国创办了专门刊载矿物学研究成果的期刊《矿物学杂志》；1823年和1830年，英国创办了医学专业期刊《柳叶刀》和生物学专业期刊《动物学杂志》；1830年，法国创办了地质学专业期刊《法国地质学会通报》。

随着科学技术文献的迅速增长，学术期刊队伍不断壮大，随之而来的是学术期刊品种与数量的急剧增多。面对种类繁多的学术期刊，人们根本没有时间和精力进行逐一阅读，文摘类学术期刊由此产生。1830年德国创办了世界上第一种文摘刊物《化学文摘》，美国分别在1884年和1907年创办了《工程索引》和《化学文摘》，这些文摘类期刊都在学术期刊的推广方面发挥了巨大的作用。自20世纪60年代以来，计算机检索技术的推广使人们可以在最短的时间内以最快的速度查阅自己所需要的最新学术信息。

① 广学会年报，第十一次（1898年）. 出版史料，1992（1）：57.

这种简便的方式同时也推动了检索类期刊的创办与发行。据统计，到 20 世纪 60 年代前半期，西方国家出版的文摘、索引和附有文摘的检索刊物共有 1 885 种，到 20 世纪 80 年代中期约有 4 000 种，至今已有 5 000 余种。而科技期刊增加的数量更是惊人，20 世纪 80 年代所做的统计表明："科技期刊在欧洲的初期创刊率为平均每五十年增加十倍。据英国《世界科学期刊目录》统计：1921 年全世界仅有科技期刊 24 028 种。据《乌利希国际期刊指南》第 16 版（1975—1976）报道，当时世界上有 55 000 种期刊，其中科技期刊约占 60%～70%，大约 40 000 种，期刊登载的文章约占全世界每年产生的科技论文的一半以上。"① 目前科技期刊的数量早已超过 10 万种。

在中西学术期刊的起源、发展过程中，西方充当着启示与借鉴的作用。从西方 16 世纪末期刊的诞生，17 世纪中叶学术组织的涌现，到 17 世纪下半叶学术期刊的诞生，这一过程在一个世纪之后的中国与韩国也几乎重演了一遍，经历了在传教士带领下对期刊的发现和对旧体制的冲击与改良，也有海外归来留学生对学术期刊的倡导与呼唤。由其发展历程可知，学术期刊是因适应学术研究的交流需要而产生，又因适应学术文献的增多而发展的。任何事物的产生和发展都必须具备相应的条件，从这个角度来看，正如大多数学者所言：学术期刊孕育于社会新闻和科研成果的记录与交流，产生于邮政制度的变革与学术组织的涌现，发展于科学技术的进步与科技文献的增多。

中国于 1957 年创办的《学术期刊》，以"向科学进军"为方针，是为适应学术和文化事业繁荣的需要而创办的。

> 要办好一个刊物，必须明确它的性质、对象和方针……《学术研究》既不是政治刊物、时事刊物，也不是通俗的群众性的理论宣传刊物，而是供学术界进行学术讨论、理论探讨，以繁荣和提高学术水平为目的的园地。能否贯彻"双百"方针是一个学术刊物的生命所在②。

在中国和邻邦韩国，学术期刊的产生除了受来自西方的理论影响外，也是中韩各自科学文化等发展到一定阶段内需的产物。事物都是由浅到深、由简单到复杂逐渐发展变化的，正像社会发展到一定阶段会产生社会分工一样，作为社会上层建筑的期刊发展到一定阶段也必然会产生分化，这种分化是一种细分，是一种使事物本身更完整、更周到、更体贴入微的分化，其本质是事物的一种上升的、前进的变化方式。思想启蒙、自主独立、新

---

① 秦铁辉．期刊史话．图书馆工作与研究，1981（2）．

② 《学术研究》编辑部．纪念本刊创刊 25 周年．学术研究，1982（1）：1．

教育、打破阶级界限、发现妇女儿童、发现科技等现代意识，在各自期刊发展史上具有重要意义。事实上正是由于中韩期刊发展到一定阶段产生了内部需求，才有了对西方专业期刊、文摘类期刊、检索类期刊的借鉴，进而才有了对学术的关注，学术期刊正是在这种形势下应运而生，滋养壮大。

“学术期刊”是传播学术研究成果、传承学术、推出学者、引领学术方向的重要阵地，是发展繁荣学术界的重要组成部分；“评价”是引导学术期刊健康发展的重要手段。学术期刊作为学术信息来源之一，是学术交流与知识积累的重要手段。学术期刊不仅是学术发展的关键因素，同时也是衡量一个国家学术水平的重要标尺。因此，学术期刊的发展在学术发展中具有至关重要的作用。学术期刊的概念是学术评价最基本的理论根据之一，而以之为根据并形成一定规律的学术期刊评价体系当是学术评价存在的基本标志。

二、本课题国内外研究现状

其实，因同属亚细亚圈、同属汉字文化圈，中国与韩国在政治、经济、文化等方面一直以来都密切地联系在一起。自然而然地，相关的比较研究从古到今也磅礴地进行着，然而，令人遗憾的是对于学术期刊的比较研究则屈指可数。有关韩国期刊国际化现状等方面的研究寥寥无几，特别是从比较视角来看，中韩两国学术评价成为研究对象则处于刚刚起步状态。

（一）当前中韩两国人文社科期刊的评价体系

在中国，南京大学、北京大学、中国人民大学、武汉大学、中国社科院、中南财经政法大学等 6 家单位已发布的期刊评价体系，不同程度地覆盖了中国人文社科学术期刊的评价，形成各自的“核心期刊和非核心期刊结果”。与中国“百家争鸣，百花齐放”的评价格局不同，韩国研究财团是韩国国内唯一的学术期刊评价管理部门。韩国自 1998 年首次引入学术期刊登载制度以来，在确立学术评价体系和推动学术期刊发展上取得了一定成就。这些评价体系的评价方式主要可分为三类：引证计量评价；同行评议（转载排名）；引证计量和专家对期刊定性评价相结合。各评价体系从不同角度设计并采用了以引证数据、转载数据、专家评议结果为基础的评价指标。

（二）中韩两国关于人文社科期刊评价的研究

目前，中韩两国人文社科期刊评价的相关研究基本可归纳为以下几大类：

中国：（1）对比国内不同评价体系的异同。比如陈茹[①]从评价目的、评价方法、评价结果三个维度探讨了中国四种期刊评价体系的特点和存在问题；金淑兰[②]对中国三种核心期刊评价体系进行了比较研究。（2）探讨更为合理的期刊评价体系的建构。如苏新宁[③]指出当前部分指标对人文社科期刊的不适应性，针对期刊发文时滞性和引用时间高峰前移现象提出了适用于人文社科期刊评价的指标体系。

韩国：（1）对现行评价体系存在问题的批判。例如王相韩等[④]提出当前的期刊评价制度浮于表面，对论文的内容没有形成实质性的考察；且该评价制度涉及教授业绩考核，导致论文质量乃至学界自律能力普遍下降；边缘学科、新兴学科及局域性学科，在评价以及支援方面应该给予倾向，兼顾公平。（2）对评价制度改善方案的探讨。吴世熙[⑤]提出了强化现行评价体系，加强评价的公正性和合理性，改进等级划分制度与奖励措施，注重期刊质量方面的评价，充分考虑部分学科的特殊性等建议。

（三）对人文社科学术期刊评价方法的研究

中国：（1）对比某一评价指标与其他指标的关系。比如金贞燕等[⑥]的研究指出世界著名大学及学科 h 指数与传统文献计量指标之间存在很强的相关关系；俞立平等[⑦]基于面板数据的估计探讨了特征因子与其他文献计量指标关系。（2）探讨评价指标的权重分配问题。李华等[⑧]利用因子分析法研究了文献计量指标在科技期刊学术影响力评价中的权重问题，指出载

---

① 陈茹. 国内四种人文社科期刊评价体系的分析比较. 图书馆工作研究，2013（4）：66-70.

② 金淑兰. 三种核心期刊评价体系比较研究. 湖北民族学院学报（自然科学版），2012（12）：473-476.

③ 苏新宁. 人文社会科学期刊评价指标体系研究. 图书馆论坛，2006（6）：59-65；苏新宁. 构建人文社会科学学术期刊评价体系. 东岳论丛，2008（1）：35-42.

④ 王相韩，等. 学术期刊支援事业改善方案研究. 韩国大田：韩国教育科学技术部，2012：1-2.

⑤ 吴世熙. 学术期刊评价改善方案研究. 韩国研究财团政策研究报告，2011：151-159.

⑥ 金贞燕，金文姬，赵丹群. 世界著名大学及学科 h 指数与传统文献计量指标的比较. 图书情报工作网刊，2012（7）：21-29.

⑦ 俞立平，隆新文，武夷山. 特征因子与其他文献计量指标关系研究：基于面板数据的估计. 科研管理，2012（8）：41-47.

⑧ 李华，李政，顾才东，等. 文献计量指标在科技期刊学术影响力评价中权重分析. 中国科技期刊研究，2010（6）：817-819.

文量和基金论文比这两个指标也是影响学报学术影响力的主要因子。(3) 对定性和定量两种评价方法及其效果的讨论。如陈喜乐、李腾达、刘伟榕①认为虽然定性评价本身存在一些缺陷，但定性与定量评价方法将在各自最为适用的领域发挥自身优势，走向综合；而赵均②则指出定量评价的“错位”是可控的，但定性评价的“不确定性”是不可控的，对学术期刊进行定性与定量相结合的评价方式并不能从根本上消除二者的原有缺点。

韩国：(1) 基于引用分析的评价方法。研究引用分析法的专家主要有忠南大学的伊锡京、启明大学的梁基德等，梁基德等③提出现有的引文分析法大多没有充分考虑引文质量和干扰性引用等因素，且由于语言、时间、文化等差异，适用的引文数据库也应有所不同。(2) 基于同行评议的评价方法。研究以光云大学的朴钟润为核心，认为在保证同行评议客观化方面，比起消除由专家主观性带来的影响，在学术团体中引入双重评价模型更加行之有效④。

(四) 与国外期刊评价的比较研究

中国：(1) 对国外期刊评价体系的考察。如邹勇⑤介绍了欧洲期刊质量因子 (EF) 产生的背景与计算公式；王兰敬、杜慧平⑥通过对欧美主要国家的学术评价考察，发现定量指标的使用与管理层的目的密不可分；苏成等⑦探讨了韩国学术期刊国际化状况，发现韩国期刊总体的国际化水平较低，但基本形成了一个比较完备的促进学术期刊国际化的支持系统。(2) 与国外期刊评价体系的比较研究。李爱群⑧对中、美两国的学术期刊体系展开了比较研究，在期刊评价逐渐呈现出国际化趋势的新环境下提出

---

① 陈喜乐，李腾达，刘伟榕．定性评价方法的极限与超越：基于对同行评议的研究综述．未来与发展，2014 (5)：16-20.

② 赵均．学术期刊定性评价过程以及评价效果对比分析．中国出版，2014：16-20.

③ 梁基德，梅霍．用于学术论文质量评价的多角度引用分析方法．情报管理学会期刊，2011 (2)：79-96.

④ 朴钟润．同行评议的预测可能性研究：以学术期刊登载论文评价为中心．韩国公共管理学报，2009：383-399.

⑤ 邹勇．欧洲因子 (The Euro-Factor)：一种评价欧洲期刊质量的新工具．大学图书馆学报，2004 (3)：78-79.

⑥ 王兰敬，杜慧平．欧美人文社会科学评价的现状与反思．南京大学学报，2011 (1)：112-118.

⑦ 苏成，Hee-Sop KIM，潘云涛，等．韩国学术期刊国际化状况研究．编辑学报，2012 (6)：609-612.

⑧ 李爱群．中、美学术期刊评价比较研究．武汉：武汉大学博士学位论文，2009：23.

了学术期刊分级理论的假设；何燕玲、蓝满榆①对美欧日等国人文社科评价制度进行了比较；虞文②则通过中日社会科学成果评价的比较研究，发现二者都存在评价人才缺乏、评价标准和对标准的理解不统一、重视论文被引用次数等次优评价方法的特点，而在评价主体、评价时间和评价制度的完备性方面存在不完全相同的做法。

韩国：(1) 期刊评价政策比较。朴钟燮③针对韩日学术期刊评价制度，分别从评审环节、评价方针、期刊分类、评价方法等方面进行比较，发现虽然二者均由政府主导且有一定相似之处，但不同的是，日本承认人文社科类外文期刊的独立性，并在特定区域学术期刊的评价中给予政策倾向。(2) 指标体系的比较。朴枝楧④针对韩国国内和海外的指标体系和主要学术期刊选定进行了比较研究，指出目前韩国在相关领域的研究中过度依赖海外的指标体系和研究方法，造成部分评价指数不适用于国内主要期刊评选的状况；申善熙⑤分别从被引频次、影响因子、被引频次与影响因子相结合三种观点出发，考察了国内外法学类期刊关于引用分析法的运用。

综上所述，国内外均未见有关中韩学术期刊评价比较研究成果，对中韩人文社科学术评价体系的系统、深入研究较为匮乏。不足之处体现在：(1) 研究主体还未形成，持续关注此问题的学者群薄弱；(2) 研究内容以笼统的本国问题批判为主，缺乏对中韩比较研究中改进措施的具体研究；(3) 随着评价实践和学术环境的变化，原有的部分理论和判断已不再适用于当前的发展形势。

三、研究范围及比较研究的必要性

在当今全球化时代，地理位置相邻、同属亚细亚文化圈的中韩两国之间相互了解、合作，目的是充分利用两国的优势，从更广阔的视野，迎合

① 何燕玲，蓝满榆．国外人文社科研究趋势及成果评价制度比较：以美欧日为例．华南理工大学学报（社会科学版），2011（6）：13-18.

② 虞文．中日社会科学成果评价比较研究．日本研究，2012（2）：107-112.

③ 朴钟燮．国内外学术期刊发行支援政策改善方案的相关研究．韩国学术振兴财团行政研究报告，2008：60-84.

④ 朴枝楧．被引用频次权重及被引用频次标准差和论文总数对 KCI 期刊评价的影响．韩国首尔：成均馆大学硕士学位论文，2012：18-31.

⑤ 申善熙．利用引用分析法选定法学类学术期刊的相关研究．韩国首尔：梨花女子大学硕士学位论文，2009：5-11.

当今时代特征以及人文社会科学研究的国际化大趋势。

“学术期刊评价”的理论与实践源于西方，20 世纪 60 年代，美国著名情报学家加菲尔德对期刊文献的引文进行了大规模统计分析，得到了大量被引用文献集中在少数期刊上，而少量被引用文献散布在大量期刊中的结论①。布拉德福“文献离散定律”、加菲尔德“引文分析理论体系”、普莱斯“文献指数增长规律”，共同构成了一个相对完整的期刊理论体系。

到了 20 世纪 70 年代，西学东渐的中韩学术期刊评价，以其第一时间解释本国的各科学术研究的质量，推进学术发展和全球竞争力，一直成为学术界的焦点。中韩学术期刊评价的理论和实践经历了几十年的不断探索和实践，逐步形成了一套比较成熟的本土化理论体系和评价体系，取得了新的进步和发展。与此同时，人文社科领域的学术评价理论和方法也取得了显著发展。

目前中国比较成熟和完善的期刊评价机构及评价报告有：武汉大学的《中国学术期刊评价研究报告》，中信所的《中国科技期刊引证报告》，南京大学的《中国人文社会科学期刊学术影响力报告》，北京大学的《中文核心期刊要目总览》等。这几家机构的报告是国内最早开始开展的期刊评价研究实践，研究时间最长，因此有一定权威性的研究体系，得到了学术界、期刊界和科研管理部门的高度关注与认可，在中国有一定的影响与地位。与中国百家争鸣的现象不同，在韩国，韩国研究财团是其国内唯一的学术期刊评价管理部门。学术期刊登载制度在确立韩国学术期刊体系、提高学术期刊水平上做出了一定贡献。评价制度实施以后韩国 SCI 级的学术期刊种数由 1998 年的 10 余种上升为 2018 年的 138 种，经研究财团认证的登载（候补）学术期刊广泛应用于教授业绩评价、政府支援研究开发（Research and Development，R&D）项目申请资格评审中。然而，一方面，评价制度的实行让登载（候补）学术期刊在数量上一路膨胀，而在提高期刊质量方面却未有太大建树。90 年代以来，新的学术团体数量不断激增，截至 2018 年，学术团体的数量已经由 1990 年的 1 890 个上升为 9 291 个，20 多年来增长将近 4 倍，其中可掌握人员规模的 5 439 个学术团体中，成员在 50 名以下的小规模学术团体占到了 63%。另一方面，登载（候补）学术期刊与论文内容质量无关被广泛运用于教授业绩评价，而审查相对严格的优秀学术期刊的投稿率不断下降，最终导致学术期刊质量普遍下降，学术界自律评价能力不断弱化。

---

① 邱均平. 文献计量学. 北京：科学技术文献出版社，1988：13.

因此，确立一个能真实反映科研人员意见并能引领国内学术期刊发展的学术期刊支援政策成为客观需求。当然，两国学术环境的变化和学术评价理论的发展，使主办者、管理者和评价者都已认识到：在新的环境下，针对学术期刊的特殊功能和定位，对其发展态势进行评估，对于中韩学术期刊和学术研究的长远发展至关重要。

本报告以比较理论为指导，坚持原典实证和文本细读的原则，勾勒出中韩两国学术期刊评价体系的整体轮廓。论述中不乏对个别方法、个案细致的比对及影响探源，但更为关注的是两国学术期刊评价体系整个发展过程中产生的全景式的雷同和差异点。在具体研究过程中，将比较作为贯穿始终的精神，融入每一章节的论述和每一观点的展开中，力图通过扎扎实实的文本分析、事实论证，建立独特的观察方式和理论话语。

第一章
期刊评价的起源与演变

对期刊评价的理论与实践源于欧美国家。部分科学家运用统计分析的方法进行期刊评价，用引文分析的方法确定期刊的重要程度，根据研究得出重要期刊排序表，从而进入期刊评价研究理论的萌芽时期，他们的研究为以后期刊评价研究的发展奠定了基础。

一、异邦的示范

1665 年，科学史上最早的两份科学期刊相隔两个月先后创办，一份是 1 月 5 日由法国议院参事戴·萨罗在巴黎创办的《学者杂志》（*Journal des Scavans*）；另一份是创刊于同年 3 月的英国伦敦皇家学会的《哲学会刊》（*Philosophical Transactions*），其目的主要是发展和传播科学知识[①]。为了维持期刊的发展，英国伦敦皇家学会秘书亨利·奥登伯格和学会关心此事的其他同事一起，采用各种措施引导科学家为期刊投稿。

17 世纪后半叶，为了保证期刊的质量，亨利·奥登伯格于 1752 年在伦敦皇家学会为《哲学会刊》建立了论文委员会，开创了将投稿文章送给能够判断其质量的同行专家审查的做法，委员会被授权寻找学会内的任何一位与论文学科相关的专家来评审论文，促使了现代科学期刊同行评审制的诞生。科学期刊同行评审制的不断发展和完善也为后来的学术期刊评价的形成与发展奠定了坚实的基础。

1798 年，英国著名的人口学家马尔萨斯在其人口增长的研究中提出了马尔萨斯生物总数增长定律：在孤立的生物群体中，生物总数的变化率与生物总数成正比[②]。该定律表明，任何生物都是随时间按指数方式增长的，人作为特殊的生物群体自然也满足马尔萨斯生物总数增长定律。马尔萨斯随后提出了人口自然增长模型，其数学模型表达式与后来的普莱斯指数增长曲线的表达式惊人地相似。

1844 年，恩格斯也在《政治经济学批判大纲》中提出了科学是按累计式规律增长的观点。他认为，科学发展的速度至少和人口的增长速度一样；人口的增长同前一代人的数量成正比，而科学的发展则同前一代人遗留下的知识量成正比。当然，这只是文字上关于知识指数增长的表述，而后来

---

① 刘红，胡新和. 学术期刊同行评审的发展、方式及挑战. 中国科技期刊研究，2005（5）：12.

② 陈功，张吴璠. 争鸣中前行：马尔萨斯人口论在中国的传播与发展. 人口与发展，2016（4）：65-66.

的普莱斯在结合了马尔萨斯和恩格斯研究的基础上给出了较为完整的描述文献指数增长的数学表达式，为他的文献指数增长规律以及“普莱斯指数”奠定了坚实的基础。

二、三大学术期刊评价的理论源流

（一）布拉德福——“文献离散定律”

到了20世纪三四十年代，一些定律出现，虽然这些定律比较粗糙，甚至至今也未必完善，但它们为期刊评价提供了理论依据。1934年，英国文献学家布拉德福（Samuel Clement Bradford，1878—1948）提出“布拉德福文献离散定律”（Bradford's Law of Scattering）。布拉德福发现文献资源浪费巨大，大约有三分之二的文献资源无法被读者利用，原因是世界上有300种文摘和索引类期刊存在漏摘、重复摘编的问题①。之后布拉德福用数学模型描述了论文在期刊文献中的分布规律，1948年其在专著《文献工作》中做了更为完整的表述。该定律认为：对某一主题而言，将科学期刊按其登载相关论文的数量依次递减排列时，可以分成对该领域论文有显著贡献的核心区，以及与该区论文数量相等的几个区，这时核心区与相继各区的期刊数量呈“$1:n:n^2\cdots$”的关系②。第一区因为载文密度最大，被称为核心区域。

显然，科学文献分布的集中与离散规律是核心期刊存在的理论基础，也是核心期刊测定的基本依据。

（二）加菲尔德——“引文分析理论体系”

尤金·加菲尔德（Eugene Garfield，1925—2017）是美国著名的文献学家和科学计量学家。1953年，加菲尔德发现了期刊文献引用规律，他在对期刊文献的引文进行大规模统计分析的基础上，得出了“大量被引用文献集中在少数期刊上，而少量被引用文献又高度分散在大量期刊中”的结论。该规律被认为是国外期刊评价理论的起源。随后，加菲尔德创建了美国科学信息研究所（ISI），1957年正式出版《科学引文索引》（*Science Citation Index*，SCI）。1971年加菲尔德在对SCI于1969年第4季度收录的2 200种期刊进行统计分析时发现：24%的参考文献来自25种期刊，50%

① Eugene Garfield. Citation Analysis as a Tool in Journal Evaluation. Science，1972（178）：471-479.

② 姜晓辉.《中国人文社会科学核心期刊要览》研制的过程与特点. 云梦学刊，2004（9）.

的参考文献来自 152 种期刊，75%的参考文献来自 767 种期刊[①]。被 SCI 收录的 500 种期刊的文献量占 2 200 种期刊文献量的 70%。加菲尔德由此提出“文献集中定律”，认为大量的引文都集中在多个学科的一小部分核心期刊中，而少量的引文则散布在大量的期刊中，因此，一个基本的、集中的期刊集合，就可以代表所有学科的核心[②]。有 152 种引文文献来源比较集中的期刊被加菲尔德定义为“核心期刊”，这是最早的核心期刊评价。1971 年，加菲尔德对 SCI 于 1969 年第 4 季度收录的 2 200 种期刊上的“参考文献”进行统计，在该统计中，加菲尔德还发现被引文献在期刊上的分布同样符合布拉德福“文献离散定律”，“核心期刊”的效应普遍存在。这是加菲尔德对布拉德福定律的重大突破和发展。随后，加菲尔德又证明了，布拉德福定律不仅适用于自然科学文献和引文的分布情况，还适用于社会科学和人文科学。

到了 20 世纪 70 年代中期，大量的实际应用开始涌现。1973 年，加菲尔德建立社会科学引文索引（Social Sciences Citation Index，SSCI）。《期刊引证报告》（*Journal Citation Reports*，JCR）由加菲尔德创建，最早出版于 1975 年，现已出版发行网络版，通过引文数据来进行期刊评价，目前提供的评价指标包括：总被引频次、影响因子、5 年影响因子、即年指标、载文量、被引半衰期、特征因子、论文影响分值。SCI 依据加菲尔德的引文分析理论，采用期刊被引频次、影响因子和即年指标三个定量评价指标，揭示了文献之间的内在联系。1978 年，加菲尔德又研制出艺术与人文科学引文索引（Arts & Humanities Citation Index，A&HCI）数据库。后来又顺应网络环境的需要，研发了 ISI Web of Knowledge，它是一个基于 Web 建立的整合的数字化环境，可以为不同层次、不同学科领域的学术研究人员提供信息服务。ISI 每年发布一次《期刊引证报告》，这也被视为国外有关期刊评价最早的大规模实践。

20 世纪 50 年代到 70 年代，期刊文献引用规律的发现，以及在此基础上开展的一系列大规模的期刊评价的实践，使得期刊评价的理论和实践活动得以快速发展，这是期刊评价快速发展的一个时期。

（三）普莱斯——“文献指数增长规律”

普莱斯（Derek de Solla Price，1922—1983），美国科学家和情报学家，

---

① 田畔. 中文核心期刊的误区与出路.（2005-03-07）[2018-06-12]. http://scitech.people.com.cn/GB/44995/45031/45096/3224727.html.

② Eugene Garfield. Citation Analysis as a Tool in Journal Evaluation. Science，1972（178）：471-479.

1949 年，普莱斯对过去 200 多年间的科学期刊和文摘性杂志上的文献进行统计时发现，这些期刊和刊载文献的数量几乎是严格按照每 50 年增长 10 倍的规律增长的。从 1959 年起，普莱斯开始主持科学指数增长规律线。1961 年，普莱斯正式出版《巴比伦以来的科学》（*Science Since Babylon*），完整阐述了“科学杂志及科学杂志刊载文献呈指数增长”的规律，并以年代为横坐标、科学文献量为纵坐标绘制了文献指数增长曲线，即著名的“普莱斯曲线”。之后，普莱斯进一步认识到，科学文献的增长并不是按着指数规律增长的，在文献增长到一定极限时，文献便达到饱和状态，科学文献在数量增长的同时，原有文献逐步老化。1971 年，普莱斯提出了衡量文献老化程度的量化指数——“普莱斯指数”，即某一知识领域内发表时间不超过 5 年的被引文献与总被引文献总量之比，用以量度文献的老化速度。普莱斯指数越大，相关文献的老化速度越快，该学科发展也就越迅速。普莱斯指数也被用来进行期刊评价。另外，普莱斯还提出了“引文峰值”理论：文章发表后两年内被引用的次数最多，然后会逐渐减少，进入老化期。“影响因子”指标正是基于这一理论提出的，它能够有效地评价期刊的整体学术影响力和文献被引用的程度，因而逐步成为国际通行的学术期刊定量评价指标。“引文峰值”思想在此后的引文分析中有较为广泛的应用，尤其在核心期刊遴选中引文数据采集的时效性上，有着重要的指导价值①。

受普莱斯文献指数增长规律以及“引文峰值”理论的影响，这一时期的期刊评价理论得到进一步的发展和完善，进入一个成熟期。“影响因子”“半衰期”指标等更是成为学术期刊评价的定量指标，为期刊评价工作以及期刊评价指标体系的建立和完善提供了巨大的便利。

上述三大理论是文献计量学的重要原理，共同构成了一个相对完备的期刊评价理论基础。其中，普莱斯发现的“科学杂志及科学杂志刊载文献呈指数增长”的规律，提出了期刊评价的必要性：需要对数量庞大的期刊体系进行科学评估，筛选出刊登文献数量较多、质量较高的部分期刊，为学术研究者提供获取有价值参考资料的捷径。布拉德福的“文献离散定律”是核心期刊存在的理论基础，也是核心期刊测定的基本依据。加菲尔德提出“文献集中定律”后，国外学者对该定律进行了大量的研究，逐步建立起一套引文测度指标体系，期刊评价的实际工作中常使用到这些引文指标。文献引用规律指出了文献之间存在的若干种引用关系，对这些关系的量化研究，有利于揭示文献的分布规律，为期刊评价打开更多研究方向和思路。

① 钱荣贵. 核心期刊与期刊评价. 北京：中国传媒大学出版社，2006：18.

期刊评价，尽管国内外相关理论颇为繁复，但始终未能从文献计量学中独立出来，尽管理论错综复杂，但始终以布拉德福的“文献离散定律”、加菲尔德的“引文分析理论体系 ”、普莱斯的“文献指数增长规律”及“引文峰值”思想，构成相对完善的期刊理论评价体系。

第二章
中韩学术期刊评价起源与现状

显然，我们无法忽视西学东渐、东西方文化剧烈碰撞、相互交织这样一个巨大的社会文化现象。这不仅仅因为这种文化现实最直接构成了学术期刊理论拓荒者们从事研究工作的具体人文背景，而且还因为这一背景在相当程度上决定了当时学术期刊研究所可能具有的时代内涵和理论面貌。无论哪个民族的文化，在变革时每有外来的潮流参加进来，外国的文化便成为触媒，成为刺激，引起本国文化发生质变。因此，循着这一背景提供的学术思想脉络，我们将有可能从一个重要的方面寻求和认识中韩学术期刊评价学说的理论渊源和学术特征，进而更科学地厘清和把握中韩学术期刊评价理论的发生、发展及其内在规律。

一、中国学术期刊评价的起源与现状

从全盘译介、引进西方“核心期刊”理论，到自制“核心期刊”和“中文核心期刊”，最终形成国内外科技、人文全方位遴选局面；从个人学术研究到机构、专业学会联合攻关，遴选“核心期刊”，中国“核心期刊”的遴选、运用和研究已然进入全盛期，学术期刊的功能更进一步蜕变、完善，影响蔓延至整个学术界。

（一）中国学术期刊评价的背景

随着科学技术的发展，学术论文及载体期刊大量增加，如何帮助读者、学者快速准确地获取文献成为重要课题。一是迫切需要编制文献检索工具，及时解释期刊文献；二是要用文献计量学方法对学术期刊进行评价分析，主要表现为学术界对文献分布规律和核心期刊的研究。

据有关学者论述，中国对期刊评价的研究，最早始于 20 世纪 50 年代中期，当时中国科学院图书馆（2014 年更名为中国科学院文献情报中心）、中国科技技术情报研究所做了一些相关工作。到了 20 世纪 70 年代，开始引进和介绍国外期刊评价理论和方法。1973 年，中国图书进口公司（《世界图书》杂志前身）本着“洋为中用”的方针创刊《国外书讯》。1973 年第 9 期译介英国的一篇文章《世界重点科技期刊》，文中指出：

> 化学和物理类的几家主要文摘杂志社发现一条规律是：他们所摘用的论文中有 75%是来自 10%的期刊……这说明其余 90%的期刊价值不大。因此，我们认为……确立一批核心期刊的设想不是不可思议的。

这一阶段开始借鉴引用“常用期刊”“核心期刊”的概念及引文分析评价方法等，并介绍了部分学科的核心期刊。20 世纪六七十年代，与国外期刊激增相比，中国正面临期刊低谷期，1965 年期刊数量为 790 种，1966 年下降为 191 种，1967 年为 27 种，到 1969 年仅剩 20 种①。“这仅存的 20 种期刊，不仅比建国初期的 1950 年（出版期刊 295 种）的数量少 275 种，而且也是近百年来中国期刊发展史上全国期刊出版量的最低点。”② 到了 1974 年数量才开始恢复，“反弹”到 194 种，这段时期中国期刊的锐减，也是国内图书界将视角投向国外期刊的主要原因之一③。

20 世纪 80 年代，进入对期刊评价理论和方法的研究阶段，并开始将理论和方法应用于实践。这一时期我们可分为两个阶段：

引进探索期：这一阶段以引进国外文献计量学相关理论、译介国外各类“核心期刊表”为主，并于 80 年代初期应用相关定律大规模自行研制了“国外科技核心期刊”。期刊评价的三大理论基础——布拉德福的“文献离散定律”、加菲尔德的“文献集中定律”以及普莱斯的“文献指数增长规律”和“引文峰值”理论均在这一时期被有关学者引入国内，文章主要发表于《国外书讯》《情报科学》等几家杂志。在引入文献计量学相关定律的同时，大量翻译国外科技领域的各种“核心期刊表”也是这一时期的显著特征。据不完全统计，仅《国外书讯》杂志在 1973—1980 年就翻译了国外各种科技期刊表近 20 种，以美国、英国、日本、苏联为主④。1981 年，《世界图书》（B 辑）第 6 期“国外科技核心期刊专辑”公布了国外 88 个科技领域的“核心期刊表”，该表除部分译介之外，兼用“文摘法”与“引文法”研制而成，是中国期刊评价的首度实践，打破了以往引入为主的评价局面，开了中国大规模遴选“核心期刊”的先河。国内“核心期刊”研究首次触及人文社科领域，则是通过在《国外书讯》登载《国外人类学核心期刊》一文，该文译介了美国科学信息研究所（ISI）利用社会科学引文索引（SSCI）遴选出的人类学领域“核心期刊”，将国内期刊评价的研究视野由科技类期刊转向人文社科类期刊，为中国后期开展人文社科类核心期刊研究奠定了基础。

80 年代初期国内期刊评价主要以“引进”与“探究”为主，评价主体

---

① 宋应离. 中国期刊发展史. 开封：河南大学出版社，2000：276.

② 方厚枢.“文革”十年的期刊. 编辑学刊，1998（3）.

③ 钱荣贵. 核心期刊与期刊评价. 北京：中国传媒大学出版社，2006：22.

④ 同③23-24.

主要集中于国内图书情报界，评价客体以国外期刊为主①，旨在引导国内文献情报机构了解和订阅国外相关领域的重要期刊。80 年代初期国内逐渐展开期刊评价实践，评价对象虽未能突破以国外期刊为主的格局，但填补了中国在期刊评价研究领域的空白，同时培养了一批优秀的文献情报研究专家和学者，加快了中国期刊评价的"本土化"进程。

本土移植期：进入 80 年代中期，中国评价客体开始由国外期刊转向国内期刊，遴选来源也相应由国外权威资料转为国内主要二次文献刊物和各专业代表性期刊，"本土化"构成了这一时期国内期刊评价研究的显著特征。中国期刊评价经历十年的积淀之后，有关"核心期刊"的理论体系与实践发展逐渐成熟，从 1985 年开始，陈凯铃、柳晓春、武宗韶等学者先后利用国内资料展开各类本土科技期刊遴选；而人文社会学科方面，1987 年张志明利用中国人民大学复印报刊资料《法律》专题、《高等学校文科学报文摘》、《新华文摘》、《法律文摘》等 4 种国内二次文献，遴选出国内法学专业"核心期刊"，为中国较早运用国内文献来遴选国内人文社会科学"核心期刊"的一次尝试。需要指出的是，中国早期的"核心期刊"遴选均未能打破学科界限，统计范围仅限于二级学科、三级学科等类别，而首次出现学科大类化的大规模遴选则出现在 1988 年靖钦恕、线家秀研制的《中国自然科学引文索引》中。两位作者选取中国出版的 10 种学术水平最高的期刊，采用"引文分析法"遴选出 1980—1986 年《中国自然科学引文索引》共 104 种，该索引打破了学科局限，为国内较早的科学引文索引，填补了当时中国这一领域的空白。此外，随着研究格局由国外向国内的转变，国内一些专家开始尝试突破"引文分析法"，不断展开对"核心期刊"遴选方法的探求，如罗式胜的综合测定法、曹绪葵的译文统计法、秦立富的价值分析法、顾兆麟的黑箱方法等等均在这一时期提出。尽管这些方法未能得到人们的普遍认同，但在一定程度上深化了人们对"核心期刊"的认识与研究，促进了中国学术期刊评价的理论发展②。

这一阶段国内期刊评价实现了由"拿来主义"向"本土化"的转变，展开了本土期刊评价实践的大胆尝试。虽然大部分评价实践依旧停留在"以学术探讨为主"的个人研究阶段，但图书情报界历经这一阶段的研究积淀后，国内"核心期刊"的影响力已节节升温，为后期期刊评价的全面发展积蓄了力量。

---

① 林树文，曾润平．期刊评价的产生与中国期刊评价的发展．情报探索，2013（5）：26.

② 钱荣贵．核心期刊与期刊评价．北京：中国传媒大学出版社，2006：26-29.

20 世纪 90 年代至今，期刊评价的研究成为社会热点，兴盛不衰，随着网络信息技术的广泛应用，人们已进入数字化时代。在数字网络化环境下期刊评价也呈现出新的特点，未来期刊评价向着定量评价和定性评价相结合的趋势发展，随着评价指标的日趋增多和复杂，依赖于网络的分析和计算越来越频繁。

这一阶段中国的期刊评价模式由“个人研究”转向“集体攻关”，各类期刊评价体系逐步发展完善，形成了“百家争鸣、百花齐放”的评价格局，而伴随着全社会对“核心期刊”遴选的热切关注，学术期刊评价也从单纯的“订阅指南”被赋予了“科研评价”的社会功能。进入 90 年代，国内期刊产业规模不断扩大，期刊数量激增，以北京大学图书馆、中国科学院文献情报中心为首的情报文献机构率先展开“核心期刊”遴选，拉开了中国大规模期刊遴选与评价研究工作的序幕。

（二）中国学术期刊评价体系现状

1. 中国期刊出版现状分析

新中国成立以后，百废俱兴，中国期刊出版事业在全新的社会体制和政治环境下恢复发展。改革开放以后，随着社会主义市场经济的深入推进和人民生活水平的不断提升，中国期刊出版事业步入了蓬勃发展的繁荣阶段。

纵观改革开放以来中国期刊出版事业的发展，期刊种数由 1979 年的 1 470 种发展至 2016 年 10 084 种，增长了 5.9 倍；而 2016 年总印数达 26.97 亿册，为改革开放初年 11.83 亿册的 2.3 倍。38 年来，中国期刊事业在总量上实现了飞跃发展（如表 2－1 所示）。

表 2－1　　1979—2016 年中国正式出版期刊种数和总印数一览

年份	种数（种）	总印数（亿册）	年份	种数（种）	总印数（亿册）
1979	1 470	11.83	1988	5 865	25.50
1980	2 191	11.25	1989	6 078	17.14
1981	2 801	14.62	1990	5 751	16.15
1982	3 100	15.1	1991	6 056	20.62
1983	3 415	17.69	1992	6 484	23.60
1984	3 907	21.82	1993	7 011	23.51
1985	4 705	25.60	1994	7 325	22.11
1986	5 248	23.80	1995	7 583	23.37
1987	5 687	25.89	1996	7 916	23.10

续前表

年份	种数（种）	总印数（亿册）	年份	种数（种）	总印数（亿册）
1997	7 918	24.38	2007	9 468	30.41
1998	7 999	25.37	2008	9 549	31.05
1999	8 187	28.46	2009	9 851	31.53
2000	8 725	29.41	2010	9 884	32.15
2001	8 889	28.94	2011	9 849	32.85
2002	9 029	29.51	2012	9 867	33.48
2003	9 074	29.43	2013	9 877	32.72
2004	9 490	28.34	2014	9 966	30.95
2005	9 468	27.58	2015	10 014	28.78
2006	9 468	28.52	2016	10 084	26.97

资料来源：历年中国出版年鉴、中国期刊年鉴、中国大百科全书（新闻出版卷）。

总体上，中国期刊种数与总印数呈稳固上升趋势，直观表现为持续时间长、增长势头猛。尤其是改革开放后第一个十年，期刊行业发展势头迅猛，虽在 1990 年期刊种数与总印数上有所回落，但进入 1991 年后迅速恢复，并继续保持增长趋势；2000 年以后，中国期刊出版事业的发展速度有所减缓，进入稳步前进发展阶段。

改革开放以来，中国期刊的发展走势与政治、经济、文化等各项事业发展水平密切相关。十一届三中全会后，伴随经济体制改革，在社会生产力得到充分释放的背景下，80 年代期刊发行在种数和总印数上大幅增长。而 1989 年受政治风波影响，期刊发行规模在当年急剧下滑，但转入 1991 年行业发展立即得以恢复，说明此次事件影响短暂，并未动摇期刊行业全局发展。进入新世纪之后，在新闻出版管理部门对期刊发行管理的宏观调控之下，中国期刊行业逐步脱离高速发展，增长速度放缓，具体表现为：2000—2016 年期刊发行种数呈“阶梯式”增长，坚持稳中求进。其中 2005 年、2011 年管理部门对期刊出版行业进一步加强收紧政策，期刊发行种数出现规模减缩；而 2004 年、2009 年期刊出版和创办限制有所放宽，期刊发行种数小幅度上升；2006—2016 年的十年里，期刊种数无明显波动，期刊总印数增长趋缓，尤其在 2014—2016 年期刊总印数增长呈现减少的趋势。

中国期刊行业宏观上由急到缓、再到逐渐稳步增长的发展过程表明：中国期刊产业已由粗放型发展转向集约型发展，单纯的数量增长开始转变为质量、效益的增长。期刊业进入理性发展的阶段①。

① 崔保国. 中国传媒产业发展报告. 北京：社会科学文献出版社，2009：136.

（1）学科结构。

从国内期刊出版的学科分布来看，2016 年中国共出版自然科学、技术类期刊 5 014 种，占期刊总品种 49.72%；哲学、社会科学类期刊 2 664 种，占期刊总品种 26.42%；文化、教育类期刊 1 383 种，占期刊总品种 13.71%；文学、艺术类期刊 658 种，占期刊总品种 6.53%；综合类期刊 365 种，占期刊总品种 3.62%①。可见，中国自然科学、技术类期刊与人文社会科学类期刊在发行种数上基本持衡（如表 2－2 所示）。

表 2－2　　2016 年中国出版期刊学科结构

种类		种数	所占比例
自然科学、技术类		5 014	49.72%
人文社科类	哲学、社会科学类	2 664	26.42%
	文化、教育类	1 383	13.71%
	文学、艺术类	658	6.53%
综合类		365	3.62%
总计		10 084	100%

然而，从总印数上看，2016 年哲学、社会科学类期刊总印数为 126 966 万册，占全国发行总印数比例最高，为 47.08%；自然科学、技术类期刊的总印数为 36 920 万册，仅占全国发行总印数的 13.69%。由此可知，自然科学、技术类期刊的品种虽然最丰富，但总体需求量不大，这与该类学科专业性强、受众群体范围窄直接相关；相比之下，人文社科类期刊受众群体的覆盖面积更广，尤其是哲学、社会科学类期刊，发行规模最大，读者群体最广泛（如图 2－1 所示）。

（2）语种分布。

截至 2015 年，中国共正式发行期刊 10 014 种。其中中文期刊所占比重最大，为 9 512 种，占全部期刊的 95%；外文期刊为 331 种，占全部期刊的 3%；少数民族文字期刊 171 种，占全部期刊的 2%（如图 2－2 所示）②。然而，2015 年中国各少数民族人口总计 1.73 亿人，占人口总数的 8.54%③，显而易见，少数民族文字期刊比例与人口比例存在严重偏差，

① 2016 年全国新闻出版业基本情况.（2017－07－25）［2018－06－20］. https://new.chinaxwcb.com/info/20957.

② 杂志云. 2016 我国期刊出版分布情况调研.（2016－07－14）［2018－06－25］. https://www.toutiao.com/i6307056771919774209.

③ 国家统计局. 2015 年全国 1%人口抽样调查主要数据公报.（2016－04－20）［2018－06－25］. http://www.stats.gov.cn/tjsj/zxfb/201604/t20160420_1346151.html.

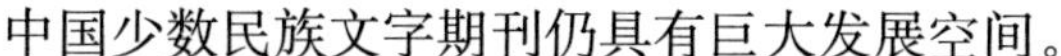
中国少数民族文字期刊仍具有巨大发展空间。

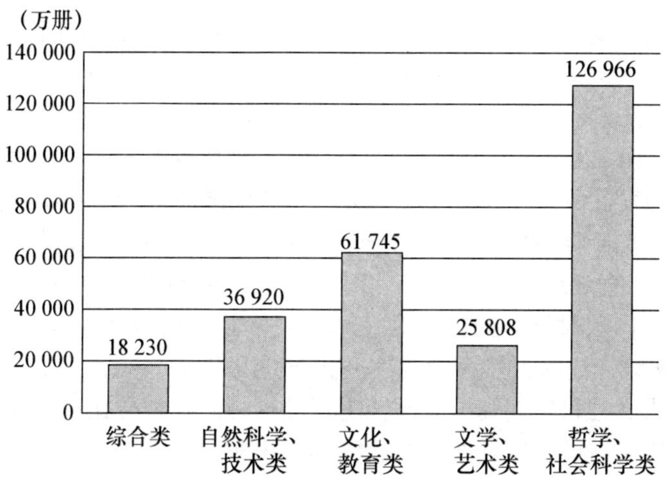

图 2-1　2016 年中国各学科期刊总印数

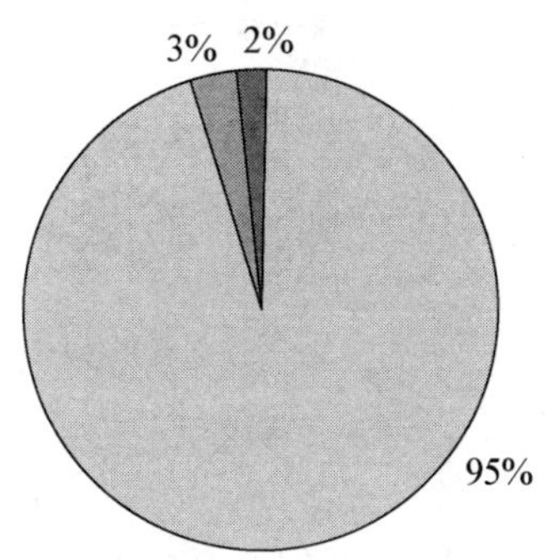

图 2-2　中国出版期刊语种分布

从少数民族文字期刊发行区域分布来看，主要集中于新疆、内蒙古、西藏、四川、云南等少数民族聚居的省、自治区，东部沿海地区与广大中部内陆腹地均未发行少数民族文字期刊。据统计，2015 年全国共发行少数民族文字期刊 228 种，地方发行种数共计 210 种，占全国少数民族文字期刊发行量的 92.11%，中央发行的少数民族文字期刊仅为 18 种。其中，新疆维吾尔自治区发行的少数民族文字期刊种数最多，为 110 种，内蒙古自治区以 44 种期刊位居第二，吉林省与西藏自治区并列第三，发行少数民族文字期刊种数各为 14 种①。

① 中国出版年鉴 2015. 北京：中国出版年鉴社，2015：916.

（3）地区分布。

期刊出版受经济、文化、教育等发展水平的影响，因此中国各地区的期刊发展不均衡。2015 年中国各地区期刊出版品种最多的五个地区依次为北京、上海、江苏、湖北、广东，品种较少的五个地区分别为贵州、青海、海南、宁夏、西藏①。其中，由北京发行的期刊种数最多，共 2 996 种，占 2015 年全国期刊发行种类的 29.92%，但随着近年中国报刊产业结构调整和报刊出版单位体制改革继续深入，地方的期刊发行差异格局将出现新的变化。

图 2－3 直观地反映了 2015 年中国各地区发行期刊学科分类情况。以广东为起点，顺时针方向依次为 2015 年中国各省、自治区、直辖市 GDP 排名②，实线标注为自然科学类期刊占该地区期刊发行总品种百分比，虚线标注为人文社科类期刊占该地区期刊发行总品种百分比③。由图 2－3 可知，经济较发达的地区，如广东、江苏、山东、浙江等，其自然科学类期

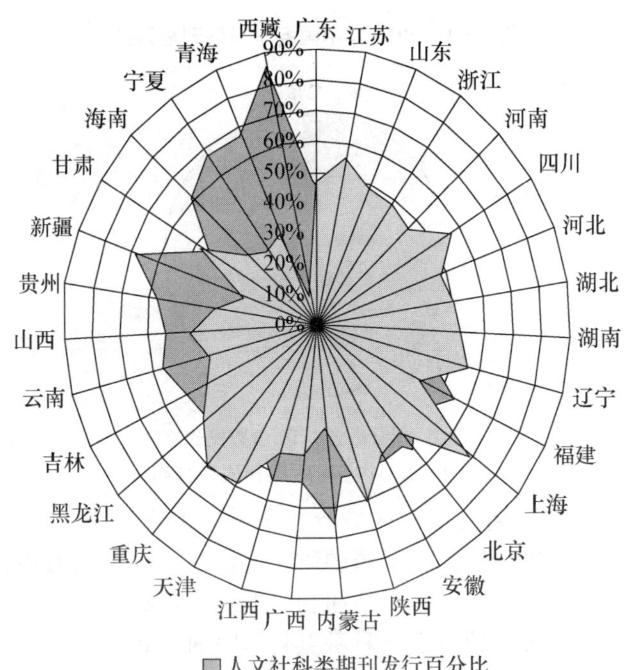

图 2－3　2015 年中国各地区发行期刊学科分类

① 中国出版年鉴 2016. 北京：中国出版年鉴社，2016：313.

② 2015 全国各地 GDP 排行榜.（2016－01－26）[2018－06－25]. http://data.stats.gov.cn/easyquery.htm?cn=E0103&zb=A0201®=110000&sj=2015.

③ 同①26－28.

刊发行比重较大；反之，经济欠发达的地区，如海南、宁夏、青海、西藏等，其人文社科类期刊所占比例较大，尤其是西藏自治区，人文社科类期刊占到了80%以上。

（4）进出口现状。

《中国出版年鉴》的统计数据表明，进入21世纪以来，中国期刊在进口与出口方面表现不均，贸易逆差明显。

从期刊进出口品种数上看，2012年以前，中国期刊进口数量总体上平缓增加，2012年以后，期刊进口数量呈现下降的趋势；中国期刊出口数量除2013年出现大幅回落以外，基本保持稳定增加的趋势。2017年中国期刊出口数量首次超过进口数量（如图2-4所示）。

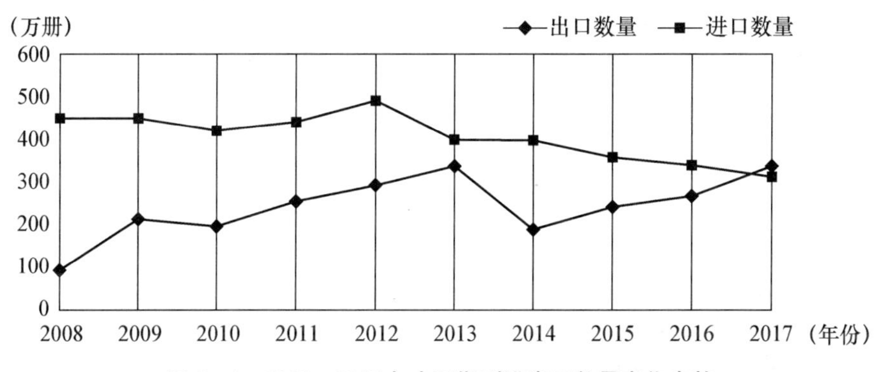

图2-4　2008—2017年中国期刊进出口数量变化走势

而在期刊进出口金额方面，2008年以来，中国期刊进口金额总体上持续高速增长，相比之下，中国期刊出口金额虽有浮动，但在巨大的贸易逆差面前仍显得微不足道。仅就2016年而言，中国期刊进口金额为14 137.21万美元，出口金额仅为443.78万美元，贸易逆差高达13 693.43万美元（如图2-5所示）。中国期刊进出口贸易逆差持续扩大且居高不下，其中，国内外期刊的价格差异是导致巨大贸易逆差的重要原因，此外也与国内期刊在国际上的品牌影响力不足有关①。

2003年中国启动第一批文化体制改革试点，至今期刊产业体制改革已历时十余年。通过推进兼并重组、建立评估退出机制等方式，许多期刊社已从事业单位成功转型为企业单位，在市场经济的洪流中打造出自身品牌，规模化与专业化水平得到进一步提升。然而，中国期刊业在面临体制改革不断深入的同时，在“大数据”时代与移动互联网的催促下，数字化出版

① 张大伟．中国期刊进出口贸易的现状、问题与对策．出版发行研究，2007（5）：23.

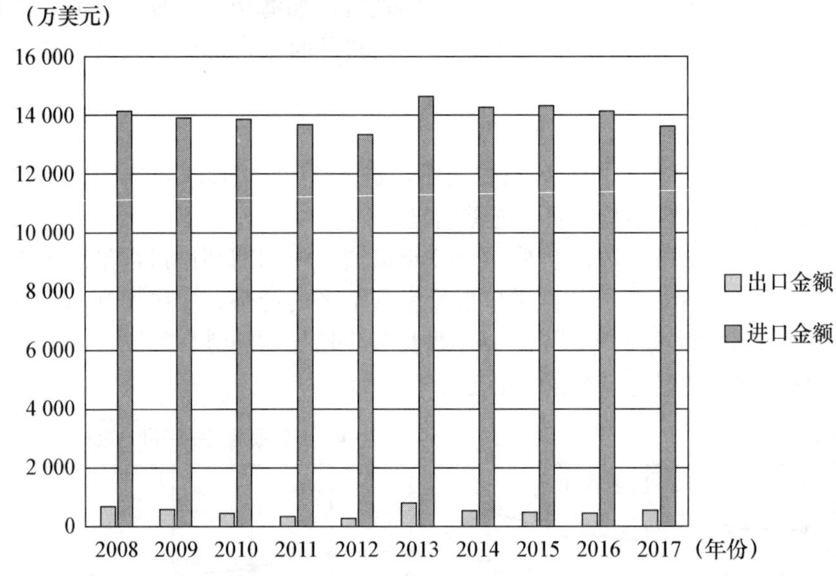

图 2-5 2005—2017 年中国期刊进出口金额

已成为期刊业改革的重要环节，而这一变化正悄然改变着中国期刊出版业的发展格局，为中国期刊业开拓了新的前进方向。

2. 中国学术期刊评价体系现状分析

(1) 评价机构现状。

改革开放以来中国期刊产业的高速发展为学术评价活动培育了植根的土壤，而中国的“核心期刊”遴选在经历了近 20 年的研究积淀后，终于在 90 年代迎来了“质的飞跃”——北京大学图书馆率先拉开了集体联合组织“核心期刊”大规模遴选的序幕，中国期刊评价正式迈入“规模化”与“系统化”时代。此后，期刊评价在中国蓬勃发展，国内其他文献情报机构纷纷推出各自的评价体系，依托自身优势与评价特色各据一方，使中国期刊评价格局呈现出“百花齐放、百家争鸣”的局面。

1990 年，北京大学图书馆联合北京高校图书馆期刊工作研究会率先展开《中文核心期刊要目总览》研制项目，一举成为中国起步最早的中文期刊遴选机构。当时数十所北京高校图书馆共同参与研制工作，两年后第一版《总览》问世，在出版界和图书情报界引起巨大反响。此后北大图书馆每隔 4 年遴选一次“核心期刊”，2008 年后为修正核心期刊表时间滞后问题，研制周期由四年缩短为三年，目前为止分别于 1992 年、1996 年、2000 年、2004 年、2008 年和 2011 年、2014 年和 2017 年出版过八版，每一版都根据实际情况做出调整和完善，以求研究成果更加客观。其特点是评定的学科范围大，既涵盖自然科学，又涵盖社会科学，评价指标较多，相对遴选出的“核心期刊”数量较大①。《总览》遵循定量评价与定性评价相结合的方法，指标体系结合现实需求不断改进，如 1992 年版限于客观条件仅采用了载文量、文摘量与被引量 3 个指标，而 2011 年版已发展成为包括被索量、被摘量、被引量、他引量、被摘率、影响因子、被重要检索系统收录、基金论文比、Web 下载量等 9 个指标的指标体系。《总览》自首次出版以来，在国内一直具有较大影响力，得到了期刊界、学术界的高度重视，但近年来陷入核心期刊表时间滞后、交叉学科期刊难以进入学科核心期刊表、指标数据质量下滑等困境，围绕这些问题如何改进研制工作，成为“核心期刊”遴选工作留给北京大学图书馆研究人员最大的难题。

1996 年，中国社会科学院文献信息中心启动人文社会科学文献计量研究工作。社科院文献信息中心的前身为中国科学院哲学社会科学学部的情报研究室，成立于 1957 年，1975 年以学术资料研究室为基础组建了情报研究所。1985 年，院情报研究所与文献资料中心筹备组合并组成院文献情报中心，1992 年 10 月改名为中国社会科学院文献信息中心②。社科院文献信息中心启动文献计量研究工作以来，时至今日已建有“社会科学论文统计分析数据库”、“中国人文社会科学引文数据库”（CHSSCD）、“社科论文摘转量统计库”等数据库。2004 年社科院文献信息中心文献计量学研究室出版《中国人文社会科学核心期刊要览》，之后分别于 2008 年、2013 年推出两版，旨在通过对学术期刊发展规律和增长趋势的量化分析，找出期刊发展和应用中的核心部分，为便利学术期刊的使用和优化文献资源的利用提供参考服务。2013 年 12 月，社科院文献信息中心整合多年学术评价实践积累的各方资源，成立“中国社会科学评价中心”，主要围绕学术评价研究、评价数据库建设及《中国社会科学评价》杂志编辑展开工作，在“占领社会科学评价的研究制高点”发展理念的指引下，在期刊评价方面建树颇丰，先后发布了《中国人文社会科学期刊评价报告》与《中国人文社会科学期刊综合评价指标体系》，2018 年推出《中国人文社会科学期刊 AMI 综合评价报告》将其学术评价工作又提升到一个新的台阶。

1997 年，中国科学技术信息研究所（以下简称“中信所”）出版第一版《中国科技期刊引证报告》，公布“中国科技论文统计源期刊”名单。中信所成立于 1956 年，为科技部直属的国家级公益科技信息研究机构，定位

---

① 蔡蓉华，史复洋.《中文核心期刊要目总览》研究综述. 大学图书馆学报，2005：2-5.

② 全国联合编目中心. 中国科学技术信息研究所简介. http://olcc.nlc.gov.cn/about-fzxjs-sky.html.

于“为决策部门提供支持、为科技创新主体提供全方位信息服务”①。1987年，受国家科委指示，中信所开始用文献计量学方法对中国科技论文的发表情况进行统计与分析，当时统计数据主要来自国际上的重要检索工具，如SCI、ISR、TSTP等；1989年中信所首次展开国内科技期刊遴选，并以选出的期刊为统计源，对中国论文发表情况和引用情况进行统计和分析。此后，中信所借助统计资料建立了“中国科技论文与引文数据库”(CSTPCD)，该数据库多年来一直作为“中国科技核心期刊”的统计源且每年动态更新。自1997年起，中信所每年出版一本《中国科技期刊引证报告》，在科研机构、期刊编辑部门受到好评，随其影响力的不断扩大，在支持科研决策、评价科研绩效方面也发挥了良好的作用。《报告》设计了丰富多样的学术计量指标，基本涵盖和描述了期刊的各个方面，采用单一指标评价②和综合指标评价③两种方式，较全面地分析中国科技期刊的学术特征和学术地位，较准确地反映中国科技期刊的发展趋势和规律。1999年，中信所又以《报告》的指标体系为基础，研制发布了“中国科技期刊综合评价指标体系”，并从2002年开始将其应用于“中国百种杰出学术期刊”评价中。

1999年6月，清华大学、清华同方共同以实现全社会知识资源传播共享与增值利用为目的，发起CNKI（中国知网）工程。2002年，清华大学图书馆、《中国学术期刊（光盘版）》电子杂志社以“中国学术期刊网络出版总库”(CAJD）收录文献为基础资料，共同出版《中国学术期刊综合引证报告》。该报告涵盖了自然科学与工程技术期刊和人文社会科学期刊两大类，力求客观反映中国学术研究创新与学术期刊出版的趋势与特点，2009年起更名为《中国学术期刊影响因子年报》。近年来，《年报》利用自主研发的综合指标CI（Clout Index）——由影响因子和被引频次合成，对科技、

---

① 中国科学技术信息研究所国家工程技术数字图书馆．中国科学技术信息研究所简介．http://www.istic.ac.cn/tabid/591/default.aspx.

② 单一指标评价主要是指按照影响因子和总被引频次这两个国际通行评价指标，对期刊进行评价。这时可通过期刊的影响因子排序表和总被引频次排序表确定该期刊在同类期刊中所处的位置，从而对该期刊的学术影响力和学科地位进行评价和评估。还可以通过核心影响因子总排序表和核心总被引频次总排序表在不同学科领域中进行横向比较，确定该期刊的位置。单一指标评价也可以通过核心期刊来源指标刊名字顺索引表对期刊的编辑状况、交流范围、论文质量和老化速率等进行分析、比较、统计和评估。贺德方．2012年版中国科技期刊引证报告（核心版）．北京：科学技术文献出版社，2012：11.

③ 综合指标评价，即建立期刊综合指标体系，利用数学方法确定各指标权重值，然后求出综合指标排序值，最终得到期刊指标的综合排序。贺德方．2012年版中国科技期刊引证报告（核心版）．北京：科学技术文献出版社，2012：11.

社科期刊分别按照CI值由大到小排序，筛选出前5%、5%～10%期刊，经专家评审确认后评选出当年的“品牌期刊”。2011年，《年报》新增了国际影响力引证报告部分，来源期刊以WOS数据库为主，此外人文社科类期刊还补充了Elsevier，Springer，Wiley，Emerald等国际知名数据库。在当前国内各家期刊评价体系都以国内期刊评价为主要研究阵地的格局下，《年报》放眼国际，意识到提高中国期刊国际影响力的重要性与紧迫性，率先启动中国期刊的国际期刊影响力评价研究，是近几年中国期刊评价工作的一大突破，中国期刊国际影响力评价也受到了期刊主管部门、编辑系统及社会各界的普遍好评。

1999年8月，南京大学的《中文社会科学引文索引》(CSSCI）研制项目被教育部列为人文社会科学研究重大项目。次年，南京大学成立中国社会科学研究评价中心，专门负责从事CSSCI系统研制和开发工作。南大评价中心由来自全国15所著名高校的科研专家组成指导委员会，自成立以来，借助CSSCI的引文索引数据对中国人文社会科学学术成果积极展开评价工作，先后出版了《中国社会科学研究计量指标——论文、引文与期刊引用统计》系列、《中国人文社会科学期刊学术影响力报告》、《中国人文社会科学学术影响力报告》、《中国人文社会科学图书学术影响力报告》等研究成果，其中《中国人文社会科学期刊学术影响力报告》为南大体系针对学术期刊评价的专项著作，构建了一套由学术规范量化数据、被引数据、二次文献转摘数量和Web即年下载率等四大类一级指标，20项二级指标组成的期刊综合评价体系，20个评价指标相对独立而又有机结合，评价体系兼顾形式载体与内容质量评价，在期刊评价界内受到广泛认可。

2002年，为带动学科发展、满足社会各方面综合评价需要，同时为贯彻和执行教育部和科技部提出的“逐步扶持和依托社会中介组织开展评价活动，建立独立的社会化科研评价体系”精神，武汉大学成立中国科学评价中心（RCCSE）①。作为中国高校中第一个综合性的科教评价研究中心，RCCSE依托其优秀的学术团队实现“教、学、研、评”四维一体，在国内外享有较高声誉。评价范围涉及科技评价、社科评价、大学及学科评价、期刊评价等，其期刊评价体系更是在国内影响深远。RCCSE于2009年首次出版《中国学术期刊评价研究报告》，对中国内地出版的中文学术期刊的学术影响力进行分析，目前已出版2009年版、2011年版、2013年版、2015年版及2017年版五版。《研究报告》采用定量评价与定性评价相结合

① 武社．武汉大学“中国科学评价中心”成立．情报资料工作，2003（4）：46.

的评价方法，由“基金论文比”“总被引频次”“影响因子”“Web 即年下载率”“二次文献转载或收录”等五个定量指标和“专家定性评价”一个定性指标共同组成指标体系，最终按照各期刊的综合评价得分排序依次分为六个等级，排在学科内前 5%的期刊被选为权威期刊，排在 5%～20%的为核心期刊。2017 年版共选出权威期刊 326 种，核心期刊 1 566 种。此外，RCCSE 在组织学术成果评价的同时积极展开评价理论研究，真正实现以实践发展理论、以理论指导实践的科研模式，为今后长足的发展奠定了基础。

2008 年，中国人民大学为实现“加强人文社会科学学术成果评价研究，更好地为学术管理与科研管理提供服务”的战略目标，决定成立人文社会科学学术成果评价研究中心。人民大学评价中心立足人文社会科学，依托中国人民大学书报资料中心复印报刊资料数据库，按照转载量、转载率及同行评议篇均得分的评价指标计算出综合指数并给予排名，于每年定期发布复印报刊资料转载学术论文排名。值得关注的是，复印报刊资料转载学术论文采用的是评价中心自主研制的“人文社会科学论文质量评估指标体系”，该体系充分考虑人文社会科学的学科特征，在评价方法上始终坚持同行评议的主体地位，打破国内“以文献计量为主，同行评议为辅”的评价惯例，是目前中国为数不多的“以同行评议为主导”的评价体系，堪称人大评价体系的最大特色。

除以上大规模“核心期刊”遴选机构之外，国内还产生了专门负责专项学科的核心期刊评价，如国家自然科学基金委员会管理科学部遴选的《中国管理科学重要学术期刊表》、国务院学位委员会办公室与国家教委研究生工作办公室联合编制的《学位与研究生教育中文重要期刊目录》[①]、中国农业科学院农业信息研究所研制的《中国农业核心期刊概览》，以及由《中文核心期刊要目总览》派生的“新闻核心期刊”“医学核心期刊”[②] 等等。这些评选结合社会需求与学科特色，评选结果更具有学科针对性，填补了国内主流评价体系的局域空白，起到了相辅相成的作用。

（2）引文数据库建设。

在国内不断掀起学术期刊评价热潮的同时，引文数据库建设也在如火如荼地进行中。引文数据库除文献检索功能之外，作为科学计量工具，能为学术绩效和期刊评价的统计与分析提供客观数据支撑，真实反映学科领域的发展动向，为科研决策部门提供重要参考。目前中国主要的引文数据

① 李爱群．中、美学术期刊评价比较研究．武汉：武汉大学博士学位论文，2009：33.

② 林树文，曾润平．期刊评价的产生与中国期刊评价的发展．情报探索，2013（5）：44.

库建设情况如下：

1）人文社会科学引文数据库。

a. 中文社会科学引文索引（Chinese Social Sciences Citation Index，CSSCI）：由南京大学中国社会科学研究中心研制，是中国第一个中文人文社会科学专用数据库，该项目于1998年启动，首期《中文社会科学引文索引》（1998）光盘于2000年5月发行。CSSCI参考SCI、SSCI的选刊比例，将选刊标准定为期刊总数的14.2%，采用定量与定性结合的方法，每年从2 700余种中文人文社会科学领域的学术期刊中遴选出学术性强、编辑质量高的期刊作为来源期刊，更新周期为一年。其中2017年共遴选出包括法学、历史学、经济学等25个人文社会领域学科、总计553种学术期刊作为CSSCI（2017—2018）的来源期刊。在功能设计方面，除满足一般的文献检索功能以外，其统计分析功能十分全面，通过统计分析的量化指标，对作者、单位的学术水平和学术影响力以及期刊在各自领域里的地位进行评价①。CSSCI自启用以来已累计30年数据，作为中国最权威的中文人文社会文献计量工具之一，为各文献情报机构提供了重要参考，受到社会各界的广泛关注。

b. 中国人文社会科学引文数据库（Chinese Humanities and Social Science Citation Database，CHSSCD）：由中国社会科学院文献信息研究中心与中国学术期刊（光盘版）电子杂志社合作建设，创建时间为1999年。CHSSCD前身为社会科学论文统计分析数据库，但由于国内社科期刊数量巨大、地区分布广，特别是大部分论文规范化和标准化差，社科院在建库过程中遇到了巨大困难。1999年，社科院文献信息中心与中国学术期刊（光盘版）电子杂志社签订《中国人文社科文献计量评价研究项目》合作协议，利用双方优势互补高速度、高质量地完成CHSSCD的建设②。目前该数据库收录了1999年至今超过一千万条引文记录，是中国规模最大的人文社会科学引文数据库，涵盖哲学、政治、法律、经济、文学、历史等重要人文社会科学。除《中国人文社会科学期刊AMI综合评价报告》的研制外，CHSSCD为多项大型研究项目提供数据支持，北京大学《中文核心期刊要目总览》社会学科学术期刊学科影响因子直接以被CHSSCD的来源刊引用次数作为分子，CHSSCD也是《总览》社会学科学术期刊被引量和他

---

① 孙安．中国四大引文数据库及其期刊引证报告的比较研究．大学图书情报学刊，2009：58．

② 周霞．中国人文社会科学引文数据库（CHSSCD）的建设、应用与发展．情报资料工作，2002（4）：30．

引量两个指标的主要参考库之一①。

2）科学技术引文数据库。

a. 中国科学引文数据库（Chinese Science Citation Database，CSCD）：1989年由中国科学院文献情报中心组建，收录中国数学、物理、化学、天文学、地学、生物学、农林科学、医药卫生、工程技术和环境科学等领域出版的中英文科技核心期刊和优秀期刊千余种，现已积累从1989年到2018年的论文记录5 108 456条，引文记录67 725 490条。CSCD建立历史悠久，为中国第一个引文数据库，其专业性强、数据准确规范，被誉为“中国的SCI”。2004年，中国科学院文献情报中心以CSCD核心库年度期刊指标统计数据为基础，创建了其衍生成果“中国科技期刊引证指标数据库”（CSCD JCR Annual Report），从影响因子、总被引频次、期刊论文发文量等不同角度揭示国内期刊在中文世界的价值和影响力，为中国科技期刊评价研究提供第一手资料。2007年，CSCD与加拿大汤森路透合作，以ISI Web of Knowledge为平台，实现了与WOS的跨库检索，成为ISI Web of Knowledge平台上第一个非英文语种的数据库。目前，CSCD为中国科研院所及高校在科技方面的学术评估、人才选拔、基金资助等多方面提供重要参考，广泛应用于“自然基金委国家杰出青年基金制定查询库”“教育部长江学者”“中科院百人计划”等评估项目②。

b. 中国科技论文与引文数据库（Chinese Science and Technology Paper Citation Database，CSTPCD）：由中国科学技术信息研究所研制，是一个集多种检索与评价功能于一体的大型文献数据库，始建于1989年。当年，国家科学技术委员会委托中信所展开“中国科技论文的统计和分析”课题，研究人员依据专家评估和文献计量学理论方法，定量与定性结合，遴选出各学科内学术影响力最大的优秀期刊，建立了CSTPCD。1989年中信所首次从全国3 025种科技期刊中选出1 189种统计源期刊，此后每年进行调整③，截至2017年底，CSTPCD共收录中国2 452种科技类重要期刊，即“中国科技核心期刊（中国科技论文统计源期刊）”。CSTPCD收录学科限定于科学技术领域中反映科学和工业技术研究发展情况的学术类期刊和

---

① 《汉江大学学报》（社会科学版）编辑部．《汉江大学学报》（社会科学版）再次被遴选为CHSSCD来源期刊．汉江大学学报（社会科学版），2014（3）：40.

② 中国科学院文献情报中心．CSCD中国科学引文数据库简介．http://sciencechina.cn/index_more1.jsp.

③ 钱荣贵．核心期刊与期刊评价．北京：中国传媒大学出版社，2006：110.

技术类期刊，来源期刊学科比例与全国科学技术类期刊总体学科比例一致，同时对新兴学科和高技术学科期刊方面给予专门照顾，并考虑来源期刊的区域分布，以更加全面、准确地反映中国科技发展状况①。虽然有关研究显示，CSTPCD 选刊的核心性及检索效率仅次于 CSCD，但由于其具有政府权威性，因此受到研究人员、科技管理部门和社会各界的广泛关注和重视②。

3）综合性引文数据库。

a. 中国学术期刊网络出版总库（China Academic Journal Network Publishing Database，CAJD）：由中国学术期刊（光盘版）电子杂志社开发制作，是目前世界上最大的连续动态更新的中国学术期刊全文数据库，是《国家“十一五”时期文化发展规划纲要》中国“知识资源数据库”出版工程的重要组成部分。该数据库涵盖自然科学、工程技术、农业、哲学、医学、人文社会科学等各个领域，收录 1915 年至 2017 年国内出版的学术期刊 8 529 种，全文文献总量 5 400 多万余篇。CAJD 除提供篇名、主题、关键词、摘要、年限、来源期刊、支持基金、作者、作者单位、句子检索等多样化的检索字段以满足普通检索功能与引文索引功能之外，还按照“相似文献”“同行关注文献”“相关作者文献”“相关机构文献”提供与索引文献相关的文献信息，其检索的全面性、专业性、便捷性堪称 CAJD 的最大特征，深受广大用户好评。CAJD 作为 CNKI 数字图书馆的源数据库之一，依托 CNKI 先进的应用平台，在期刊界及学术界的影响力不断攀升，每年清华大学图书馆、中国学术期刊（光盘版）电子杂志社以该库提供的数据为基础资料对中国学术期刊的国内、国际影响力进行统计分析，并定期发布《中国学术期刊影响因子年报》，CAJD 已跻身中国影响力最权威的评价体系之一。

b. 维普期刊资源整合服务平台：由重庆维普资讯有限公司（前身为中国科技情报研究所重庆分所数据研究中心）研制。主要数据库产品有“中文科技期刊数据库”“中国科学指标数据库”“外文科技期刊数据库”“中国科技经济新闻数据库”等。仅“中文科技期刊数据库”，期刊总数就多达 12 000 余种，核心期刊为 1 957 种，文献总量超过 3 000 余万篇，涵盖社会科学、自然科学、工程技术、农业科学、医药卫生、经济、管理、教育科学和图书情报等全部领域。“中国科学指标数据库”（China Science Indicators System，CSI）基于 4 000 余种中文期刊和百万级中国海外期刊发文数

① 万方数据资源系统. 中国科技论文与引文数据库 CSTPCD 选刊标准及申请程序.（2015-03-05）[2018-06-25]. http://www.periodicals.net.cn/jwsj.asp? fname=zbsm.

② 康延兴，李恩科. 国内引文数据库发展综述. 情报科学，2004（6）：766.

据，通过多维度计量统计分析学者、机构、地区、期刊的科研水平及影响力，了解当前国内科研动态、研究热点和前沿，涉及理、工、农、医和社会科学等 39 个学科，评价内容从 2000 年至今，每双月更新一版。其期刊评价成果《中文科技期刊评价报告》以 8 000 余种期刊作为来源期刊，根据总被引频次、影响因子、立即指数、被引半衰期、引用半衰期、期刊他引率、平均引文率等评价指标，对其引证情况进行全面分析①。

4）二次文献转载数据库。

a. 复印报刊资料系列数据库：由中国人民大学书报资料中心组建，基于复印报刊资料系列刊物进行数字化加工，目前出版的有复印报刊资料全文数据库、复印报刊资料专题目录索引数据库、中文报刊资料摘要数据库、中文报刊资料索引数据库、专题研究数据库和数字期刊库等六大系列数据库产品。其中复印报刊资料全文数据库在复印报刊资料纸质期刊基础上进一步分类、整理建成，利用中国人民大学人文社会科学学术成果评价研究中心自主研发的"人文社会科学论文质量评估指标体系"每年从国内公开出版的 4 000 余种期刊和报纸中精选并转载 1.5 万～2 万篇人文社科学术论文，截至 2018 年该库收录论文逾 60 万余篇，内容基本覆盖中国所有一级学科。作为中国"四大学术文摘"之一的复印报刊资料，其转载量、转载率、论文得分、综合指数受到国内广大人文社会科学工作者的高度关注，北大的《中文核心期刊要目总览》，社科院的《中国人文社会科学期刊 AMI 综合评价报告》，教育部的名刊名栏工程，武汉大学 RCCSE 的大学排名、期刊排行，等等，都把这些指标作为其学术评价的重要参数②，复印报刊资料在学术界与期刊界的影响力可见一斑。

b. 全国报刊索引数据库：由上海图书馆（上海科学技术情报研究所）组建。《全国报刊索引》创刊于 1955 年，是中国最早出版发行的综合性中文报刊文献检索工具。1993 年由文化部立项，历时两年，"全国报刊索引数据库"研制完成。目前已建成时间跨度从 1833 年至今近两个世纪、报道数据量超过 3 000 万条、揭示报刊数量达 20 000 余种的特大型二次文献数据库，每年更新数据 350 万条③。"全国报刊索引数据库"的转载文献是中国各评价体系二次文献转载的主要参考之一，被列为北大《中文核心期刊

---

① 产品服务. http://www.cqvip.com/productor/pro_zk.shtml.

② 中国人民大学人文社会科学学术成果评价研究中心，中国人民大学书报资料中心. 复印报刊资料重要转载来源期刊（2017 年版）. 北京：中国人民大学书报资料中心，2018：2.

③ 全国报刊索引. 数据库资源. http://www.cnbksy.com/shlib_tsdc/product/list.do.

要目总览》及社科院《中国人文社会科学期刊 AMI 综合评价报告》核心期刊遴选的分析对象。

c. 中国人文社会科学文摘数据库：由中国社会科学院图书馆建设，收录了《中国社会科学文摘》《新华文摘》《高等学校文科学术文摘》等三类文摘刊物的全部内容，为《中国人文社会科学期刊 AMI 综合评价报告》研制采用的主要统计数据来源之一。

中国学术期刊评价体系主要依靠各级政府部门组织的期刊评奖活动，但由于政府部门与学术评价机构各自职能不同，因此在评价目的、评价主体、评价方法、指标体系等方面存在很大差异。且随着不同时期国家对期刊出版行业的不同管理政策，政府性期刊评奖活动冷热不均、浮动较大。

中国国家期刊管理部门首次主办的期刊评奖活动始于 1992 年“全国优秀科技期刊评比”，由国家科委、中共中央宣传部和新闻出版署联合举办。此次评选为中国政府进行期刊评价搭建了基本框架，催生了“五大类科技期刊质量要求及评估标准”，明确将科技期刊分为指导综合性、学术性、技术性、检索性和科普性五大类，并制定评价标准指标，主要包括政治质量、内容质量（技术水平、学术水平等）、编辑质量和出版印刷质量等宏观标准[①]。人文社科方面的评奖活动则晚于科技类期刊，1995 年新闻出版署启动“全国部分社科期刊评奖”，同时发布《社会科学期刊质量管理标准》，将社科期刊分为学术理论类、时事政治类、教学辅导类、综合文化生活类等七大类，并分别制定质量评估标准。至此，科技期刊和社科期刊都具有了官方颁布的评价标准，依据官方标准，各省市级政府各类期刊评选活动如雨后春笋般蓬勃兴起，中国政府管理部门的期刊评选活动全面展开。

此后，新闻出版署又相继举行了其他全国性期刊评奖活动，如“全国百种重点社科期刊”（1998 年、1999 年）、“国家期刊奖”（1999 年、2002 年、2004 年）、“中国期刊方阵”建设（2002 年），包括“双效”“双百”“双奖”“双高”四个层次[②]。这些评奖活动虽在引导中国期刊出版行业规

① 林树文，曾润平. 期刊评价的产生与中国期刊评价的发展. 情报探索，2013（5）：46.

② 所谓“双效”期刊，是指在全国现有的期刊中选取 10%～15%社会效益、经济效益都好的期刊，约 1 000 种；“双百”期刊，共 200 种，就是每两年一届评选的百种重点社科期刊和百种重点科技期刊；“双奖”期刊，100 种左右，是获得国家期刊奖和国家期刊奖提名的期刊；“双高”期刊，就是高科技和高学术水平的期刊。张楠. 中国政府部门期刊评价历程及得失分析. 出版科学，2012（2）：56-57.

范化发展上起到一定作用，但由于大多奖项设置重复且效益低下，造成资源浪费，助长形式主义之风。2005 年 3 月，国务院办公厅发布《全国性文艺新闻出版评奖管理办法》，对全国性文艺新闻出版评奖进行整顿，全国性评奖由原来的 90 个减至 24 个，整改后新闻出版总署只设立“中国出版政府奖”。伴随着新闻出版体制改革，2006 年以后新闻出版总署开始将管理工作重点转向完善准入机制、审读制度、退出机制及建立健全报刊绩效评估机制①，一度过热的政府评奖局面得到全面缓解。

2011 年，新闻出版总署正式施行《报纸期刊出版质量综合评估办法（试行）》，要求各级新闻出版局今后按照总署制定的《全国报纸期刊出版质量综合评估指标体系（试行）》对全国报纸期刊的出版质量进行分类评估。指标体系分为“基础建设条件”“环境资源条件”“出版能力”“经营能力”四大板块和十七个类别六十余个具体指标。《评估办法》的出台标志着中国新闻出版行业退出机制全面实行，政府部门的期刊评价模式由“激励先进制”转为“末位淘汰制”。然而，量化的评价指标对于学术期刊评价而言不具有真正的正面引导作用，对此甚至有学者发出“量化指标是学术期刊不能承受之轻”的呼声，政府部门的期刊评价究竟该何去何从，还有许多问题尚待解决。

纵观中国期刊评价体系发展现状，无论是评价机构还是政府部门，各类“核心”“权威”“优秀”期刊评选节节升温，大有“你方唱罢我登场”之势。然而在这股热潮的催化之下，“核心期刊”遴选逐渐脱离了其最初文献计量学的应用范畴，成为科研绩效考核的重要标尺，随之而来的负面效应也与日俱增。于科研人员而言，“以刊论文”的学术环境将学术成果量化地分为三六九等，人们只关心发表期刊的等级排位，而论文的内容质量却被束之高阁，学术功利主义大行其道；于编辑系统而言，竞争巨压之下不得不千方百计迎合“核心期刊”遴选指标，期刊专栏特色渐失，严重扼杀编辑人员的工作积极性，同类期刊的“马太效应”造成大量优秀学术成果积压，形成资源浪费；于整个学术界而言，“重刊不重文、重量不重质”直接催生了学术泡沫，研究成果低水平巨量重复，抄袭剽窃行为屡见不鲜，同时异化了学科竞争，边缘学科与交叉学科的发展空间被严重挤压，“核心期刊乃万恶之源”的抨击声一浪高过一浪。在期刊评价功能本末倒置的漩涡中，尽管《总览》《综合评价报告》等编辑人员在每一版评价成果出版时屡屡强调正视核心期刊的适用范围，阐明“核心期刊”不完全等同于“优

① 张楠. 中国政府部门期刊评价历程及得失分析. 出版科学，2012（2）：59.

秀期刊”，但面对愈演愈烈的学术评价局面，学术界依然孜孜不息地探索着更加行之有效的评价方法，如近年来南京大学、清华大学等评价机构摒弃“核心期刊”概念，开始转向以“学术影响力”为核心的评价研究。但无论评价模式如何改变，唯有寻求更加科学、公正、合理的评价标准，建立更加健全、有效的评价管理机制，才是当今中国学术期刊评价的唯一出路。

二、韩国学术期刊评价的起源与现状

从引进西方期刊遴选理论，到自制“登载志制度”和“优秀登载学术期刊”等，韩国研究财团、学术团体的努力功不可没，几经变革的韩国学术期刊评价制度，正向着更加完善的评价体系发展，以迎接整个韩国学术界。韩国学术期刊评价制度的产生与其教授业绩评价有着密不可分的关系。

（一）韩国学术期刊评价的背景

20 世纪 70 年代，随着战后国民经济的恢复与发展，韩国学术活动逐渐复苏，以大学为代表的学术团体积极开展学术交流活动，各学科优秀学术论文不断涌现，学术界整体水平得到明显提升，呈现出一片繁荣态势。加之政府一系列的教育改革措施，韩国高等教育有了长足发展。

至 80 年代中期，部分大学提出了“研究中心大学”的理念，试图向“研究型大学”转型。但由于科研经费不足、基础设施落后，经过几年改革，大部分高校仍停留在以教育为主的“教育型大学”阶段。为此韩国政府加大改革力度，将 1989 年作为“基础科学技术的元年”，并于同年颁布了《基础科学研究振兴法》。该法案旨在加大基础科研群体扶持力度，积累科研创新力量，促进优秀科研人员培养，以推动科学文化繁荣发展、加快新兴技术的产出①。

与此同时，随着美国科学引文索引（SCI）的国际影响力不断提升，80 年代以来，渴望振兴科技的韩国对 SCI 收录论文排名持续保持关注。每逢 SCI 发布收录论文排名，《东亚日报》《京乡新闻》《韩民族日报》等主要通

---

① 韩国国家记录院．基础科学研究振兴法（1989）．（2014－02－20）［2018－06－25］．http://archives.go.kr/next/search/listSubjectDescription.do?id=004571&pageFlag.

讯社纷纷转载并发表社论[①]。由加菲尔德创立的 SCI 在当时不仅成为评定期刊优劣的国际通用标准，更被视为衡量一个国家基础科研水平的象征性指标之一。

90 年代初期，《基础科学研究振兴法》的实施使政府加大了科研经费的财政投入，基础科研成果在数量上大幅跃升，教授业绩评估成为高校衡量教授科研水平的标尺。1994 年，朝国首尔大学引入《教授业绩管理评价的相关规定》，成为韩国国内首个引入教授业绩评价制度的大学。随后，1995 年釜山大学颁布《釜山大学教授业绩管理评价规定》，到 90 年代后期韩国的主要大学也相继制定了教授业绩评价的相关规定[②]。各大高校的具体评价方法虽各有差异，但总体上学术论文评价占据了相当重要的比重，在学术期刊发表的论文篇数则成为评定教授业绩的有力手段。然而，由于期刊种类千差万别、水平参差不齐，学术期刊评价成为教授业绩评价的先决条件。而当时韩国并没有类似 SCI 这样相对客观的评价标准，且同行评议的主观随意性难以控制，期刊评价的客观性与公正性受到社会各界的批判与质疑。寻求一个具有公信力的评价机构来实行学术期刊评价成为业界的迫切需求。

1996 年，韩国教育部决定引入学术期刊评价制度，计划评选优秀学术期刊并给予共计 4 亿韩元的扶持。在对评价制度政策制定的诸多讨论中，由国民大学李佳钟[③]提出的评价认证制度和期刊等级制受到了业界专家的广泛关注。

> 韩国政府将这一项目（优秀学术期刊评选支援）委托给学术振兴财团，计划将于今年 5 月启动扶持对象申请。此外，暂时由各领域的专家组成评审委员会评选出优秀学术期刊。
>
> …………

---

① 20 世纪 80 年代至 90 年代初提及科学引文索引排名的报道有：《打造“科学韩国”划时代政策，高级头脑大量海外研修》，载《京乡新闻》1980 年 10 月 2 日；《科学的生活化》，载《东亚日报》1980 年 11 月 5 日；《基础科学论文发布，韩国依然是劣等生》，载《东亚日报》1990 年 2 月 7 日；《基础科学落后，世界第 38 名》，载《东亚日报》1990 年 4 月 21 日；《科技院，电子等论文发表，比美国大学多 1.3 篇》，载《每日经济》1990 年 2 月 7 日；《近 3 年韩国论文发表止于世界 32 位》，载《每日经济》1992 年 7 月 11 日；《大学基础科研费太不足》，载《京乡新闻》1992 年 10 月 15 日；《SCI 去年收录韩国科技论文 3000 篇，世界第 27》，载《每日经济》1994 年 1 月 27 日；《学术论文止步世界 27 位》，载《韩民族日报》1994 年 1 月 26 日；等等。

② 宋忠韩. 国内学术期刊评价制度改善方案：评价标准多元化与创意性的时代. 科学与技术，2012 (520)：69.

③ 李佳钟. 学术期刊评价指标开发及优秀学术期刊培养方案. 韩国教育部教育政策特别课题，1995.

受教育部委托，由国民大学李佳钟教授（行政学）率领的研究团队提交了《学术期刊评价指标开发及优秀学术期刊养成方案》报告书。报告强烈主张的评价认证制度和等级制受到了各界的广泛关注①。

李佳钟建议学术振兴财团（现韩国研究财团）作为期刊评价管理部门，按照科学分类成立评审委员会，分别对符合一定条件的学术期刊进行评价，最终根据评价结果将期刊分为不同等级，每年公布引用分析结果。李佳钟的这一方案为日后建立学术期刊登载制度提供了最初的模型。至此，韩国的学术期刊评价体系基本确立。

（二）韩国学术期刊评价制度的发展

1. 学术期刊登载制度取得的成果

1998 年，韩国学术振兴财团以提高学术期刊质量、为学术成果及研究业绩提供客观评价标准为主旨，首次面向全国学术期刊发行机构公开征集评选登载学术期刊，标志着学术期刊登载制度正式实行。该制度实行以来，在确立期刊评价体系及学术规范管理方面发挥了巨大作用，其评价结果也广泛运用于大学教授业绩评价、国家科研项目扶持（如理工类国家研究开发事业、人文社科类学术研究支援事业等）等领域。截至 2014 年，16 年间韩国国内学术期刊整体水平不断提升，国际影响力持续扩大，学术期刊登载制度为推动韩国学术发展、促进学术繁荣做出了一定贡献。纵观韩国学术期刊登载制度取得的成果，具体表现在以下三个方面：

(1) 登载制度持续推行，学术成果排名不断攀升。

首先，学术期刊登载制度在韩国国内影响力不断扩大。韩国研究财团的统计数据表明，截至 2018 年，登载（候补）学术期刊由 1998 年的 58 种增长至 2 438 种，在数量上增长了 41 倍。平均每年有 152 种学术期刊通过资格审查被选为登载候补学术期刊，其中 1999 年、2003 年分别有 201 种、329 种期刊被收录为登载候补学术期刊，成为学术期刊评选成果最为丰富的两年（如表 2－3 所示）②。在发展过程中，学术期刊登载制度的适用范围逐渐覆盖全国，成为极具影响力和权威性的期刊评价体系。

---

① 吴龙．学术期刊评价制度导入．韩民族日报，1996－04－01．

② 学术期刊登载制度改善方案．韩国大田：韩国研究财团，2014：3．

表 2-3　　**1998—2013 年收录期刊刊数变化**

类别		1998	1999	2000	2001	2002	2003	2004	2005	2006	2007	2008	2009	2010	2011	2012	2013
入选	一般→登载候补	58	201	137	149	142	329	152	146	126	146	145	160	168	91		
继续	维持登载（候补）		58	79	20	230	263	486	305	403	524	641	757	793	886	464	966
	登载候补→登载				218	91	67	186	215	215	143	103	111	164	111	98	63
	登载候补→一般						3	5	4	2	9	3	3	3	10	16	25

资料来源：吴龙．学术期刊评价制度导入．韩民族日报，1996-04-01.

按照韩国研究财团的学科分类办法，人文、社会、体育艺术为人文社会学科类，而自然、工学、医药、农业水利海洋为科学技术学科类。从学科分类上看，2018 年人文社会学科的登载（候补）学术期刊共计 1 655 种，而科学技术学科的登载（候补）学术期刊数量为 725 种；人文社会学科与科学技术学科的收录学术期刊比大约为 7∶3（如表 2-4 所示）。

表 2-4　2018 年登载（候补）学术期刊学科分布现状

类别	人文社会学科					科学技术学科					其他	总计
	人文	社会	艺术体育	交叉学科	小计	自然	工学	医药	农业水利海洋	小计		
登载	514	713	107	77	1 411	112	209	222	69	612	0	2023
登载候补	58	142	20	24	244	16	32	59	6	113	0	357
总计	572	855	127	101	1 655	128	241	281	75	725	0	2 380

资料来源：韩国学术期刊引用索引（KCI：Korea Citation Index）.（2018-06-25）[2018-06-28]. https://www.kci.go.kr/kciportal/po/statistics/poStatisticsMain.kci#.

其次，学术期刊登载制度的实施实质上推动了韩国学术期刊的国际化发展。登载制度施行以前，韩国的论文国际化水平一直徘徊于 20 名前后，距离领先还有一段距离。1997 年，美国 SCI 收录的韩国论文篇数为 9 124 篇，韩国的世界排名为第 17 位①；到 2013 年，美国 SCI 收录的韩国论文篇数达到 47 066 篇，排名进入世界前十②。同时根据汤森科技信息集团 Web of Science 的统计结果，2013 年 WOS 共收录来自全球 85 个国家总计 12 079 种期刊，其中韩国期刊达 107 种，9 种为韩语期刊，排名世界第 17 位③，而在 1998 年，韩国 SCI 级期刊种数仅为十余种④。由此可见，随着学术期刊登载制度的全面推行，韩国学术期刊的国际化水平不断攀升，韩国的学术成果在世界范围内的影响力越来越大。

（2）学术团体规模迅速扩大，学术交流平台多样化。

不同于中国的学术期刊发行体制，韩国学术期刊发行主要依靠两类学术团体：学会和大学附属研究机构。其中由学会发行的登载（候补）

---

① 1997 年 SCI 论文篇数国家排名. 每日经济. 科学技术版，1998.

② 韩国 SCI 级论文篇数首次进入世界前十……质量平均以下. 联合新闻，2014-10-17.

③ 金进愚. 透过 Web of Science（WOS）看韩国的研究成果和期刊评选方法. 2014：14.

④ 崔泰镇，金素衡，尹爱兰. 透过国内学术期刊现状分析的制度改善方案研究. 韩国大田：韩国研究财团，2013：1.

学术期刊占研究财团收录期刊总数的85%以上，可以说，韩国的学会不仅是知识共享与创新的学术交流平台，更是学术期刊发行的主力军。而随着学术期刊登载制度的实施，学会规模不断扩大，学会种类也日趋多样化。

韩国学会数量从60年代至1980年保持平稳增势，于80年代迎来学会规模扩大的小高峰；在经历1991—1995年的小幅度规模减缩之后，从1996年开始学会数量迅速攀升。1996年以后学会数量突破800个，其中社会科学类学会增势最快，人文学科、工学类学会次之。韩国学会在20世纪90年代后期呈现爆发式增长，与其逐渐改善的学术环境密不可分：一方面是韩国政府对科研发展的政策扶持效应，另一方面登载制度的实施带来了更加规范化与系统化的学术环境，对韩国学术团体发展影响深远。

韩国学术期刊引用索引（KCI）的统计数据表明，截至2018年6月，韩国学会总数达到3 661个。总体来看，相比科学技术学科，人文社会学科类学会在数量上占优势，其中科学社会类下属学会数量最多，有1 288个学会；科学技术学科类中医药学科下属学会最多，为500个。韩国学会共来自157个二级学科，平均每个二级学科下属的学会数量达到23个。各学科平均学会数中社会学科类学会最多，平均每个社会学科类的二级学科下有56个学会（如表2-5所示）。

表2-5　2018年各学科学会分类状况

类别	人文社会学科				科学技术学科				其他	合计
	人文	社会	艺术体育	交叉学科	自然	工学	医药	农水海洋		
学会数量	782	1 288	284	245	181	290	500	88	3	3 661
学科种数	23	23	13	10	14	28	38	8		157
各学科平均学会数	34	56	22	25	13	10	13	11		23

资料来源：韩国学术期刊引用索引（KCI：Korea Citation Index）.（2018-06-25）[2018-06-28]. https://www.kci.go.kr/kciportal/po/statistics/poStatisticsMain.kci#.

另据笔者统计，各二级学科学会中教育学类学会最多，有237个，法学（135）和社会科学（135）并列第二，经营学（122）与历史学（120）紧随其后（如图2-6所示）。韩国的学会在发展过程中根据学科特性逐渐细分，日趋多样化的学术团体提升了学术交流的专业性，为韩国各学科的长足发展奠定了基础。

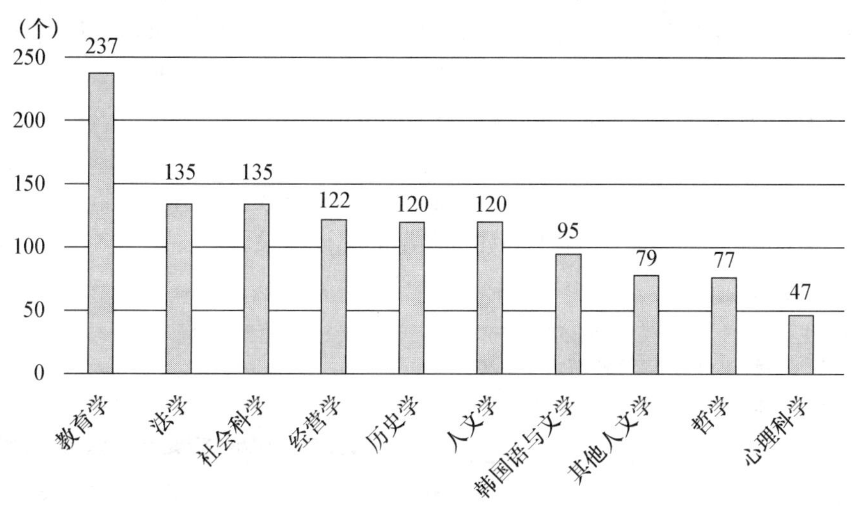

图 2-6　二级学科学会数量排名 TOP 10

(3) 从 SCI 到 KCI，评价体系实现本土数字化。

2007 年以前，由于缺少专门的引用指数计算系统，韩国学术期刊的内容质量评定普遍依赖 SCI 等海外数据库提供的引用指数，一时间用英文发表论文备受推崇，韩语论文遭遇冷落，最终大量的优秀研究成果流向海外；与此同时，随着国内学术活动越来越频繁，期刊评价、期刊扶持、研究伦理推进等项目的广泛开展都需要客观基础资料的支持，一个能对韩国本土期刊、论文、作者、发行机构等信息进行系统管理的数据库成为硬性需求，而此时欧洲、中国、中国台湾、日本等国家和地区为打破 SCI 以英美为中心的区域限制，均已展开了本土引文索引数据库建设。以此为背景，KCI (Korea Citation Index) 应运而生。

KCI 全称为韩国学术期刊引用索引，是由韩国研究财团创办的引文数据库，于 2007 年 11 月正式上线。数据库涵盖学术期刊、论文（原文）、参考文献等数据，并提供论文之间的引用关系分析结果。值得一提的是，KCI 所有的收录来源均为韩国本土期刊，因此 KCI 可以说是韩国版的科学引文索引。目前 KCI 提供的主要信息服务有论文原文、作者信息、引用信息、统计信息、期刊信息、学会信息等，同时提供海外大型数据库链接、论文相似度查询、期刊国际流通基础服务等附加服务。

KCI 数据库的收录对象为所有在登载学术期刊或登载候补学术期刊发

表的论文，由韩国研究财团向各学会征集论文（原文）信息与作者信息，经财团确认后对期刊论文之间的引用关系进行处理，最后获得期刊引用指数、论文引用指数、作者引用指数、发行机构引用指数等期刊质量测评指数。图 2-7 为《韩国文献情报学会期刊》（*Journal of the Korean Library and Information Science Society*）在 KCI 的引用信息检索界面的检索结果，除期刊名称、发行机构名称、学科分类等基本信息外，分别提供了影响因子（2 年周期）、中心性测度（3 年周期）、即年指数、自引率等指标，并可根据不同需要选择 2～5 年不同评价周期的统计结果。

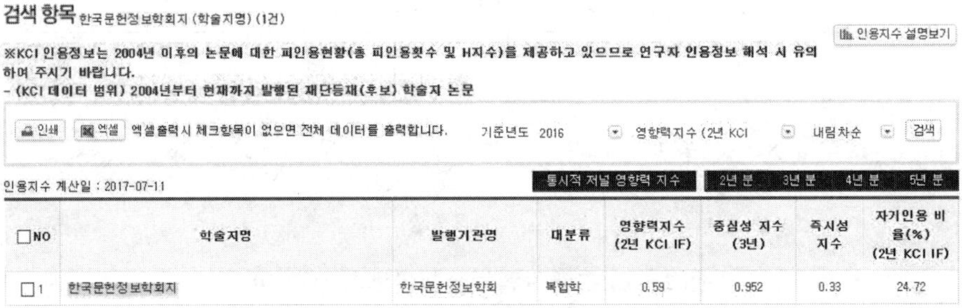

검색 항목 한국문헌정보학회지 (학술지명) (1건)

인용지수 설명보기

※KCI 인용정보는 2004년 이후의 논문에 대한 피인용현황(총 피인용횟수 및 H지수)을 제공하고 있으므로 연구자 인용정보 해석 시 유의하여 주시기 바랍니다.
- (KCI 데이터 범위) 2004년부터 현재까지 발행된 재단등재(후보) 학술지 논문

인쇄 엑셀 엑셀출력시 체크항목이 없으면 전체 데이터를 출력합니다. 기준년도 2016 영향력지수 (2년 KCI 내림차순 검색

인용지수 계산일 : 2017-07-11 통시적 저널 영향력 지수 2년 분 3년 분 4년 분 5년 분

NO	학술지명	발행기관명	대분류	영향력지수 (2년 KCI IF)	중심성 지수 (3년)	즉시성 지수	자기인용 비율(%) (2년 KCI IF)
1	한국문헌정보학회지	한국문헌정보학회	복합학	0.59	0.952	0.33	24.72

图 2-7 KCI 学术期刊引用信息检索界面

资料来源：韩国学术期刊引用索引（KCI：Korea Citation Index）.（2017-07-11）[2018-06-28]. https://www.kci.go.kr/kciportal/po/search/poCitaSearList.kci.

而在全体期刊引用指数统计板块中，可以看到所有收录期刊的各评价指标排名情况（如图 2-8 所示）。

검색 항목 (전체) (2,292건)

인용지수 설명보기

※KCI 인용정보는 2004년 이후의 논문에 대한 피인용현황(총 피인용횟수 및 H지수)을 제공하고 있으므로 연구자 인용정보 해석 시 유의하여 주시기 바랍니다.
- (KCI 데이터 범위) 2004년부터 현재까지 발행된 재단등재(후보) 학술지 논문

인쇄 엑셀 엑셀출력시 체크항목이 없으면 전체 데이터를 출력합니다. 기준년도 2016 영향력지수 (2년 KCI 내림차순 검색

인용지수 계산일 : 2017-07-11 통시적 저널 영향력 지수 2년 분 3년 분 4년 분 5년 분

NO	학술지명	발행기관명	대분류	영향력지수 (2년 KCI IF)	중심성 지수 (3년)	즉시성 지수	자기인용 비율(%) (2년 KCI IF)
1	한국융합학회논문지	한국융합학회	복합학	5.85	-	0.75	13.65
2	교육공학연구	한국교육공학회	사회과학	3.7	3.751	0.75	16.31
3	간호행정학회지	간호행정학회	의약학	2.98	4.597	0.31	14.63
4	進路教育硏究	한국진로교육학회	사회과학	2.86	3.62	0.39	13.11
5	한국청소년연구	한국청소년정책연구원	사회과학	2.86	4.967	0.31	8.18
6	교육과정연구	한국교육과정학회	사회과학	2.81	3.561	0.48	6.81
7	관광연구	대한관광경영학회	사회과학	2.79	3.547	0.7	18.22
8	유아교육연구	한국유아교육학회	사회과학	2.71	3.087	0.56	16.27
9	교육사회학연구	한국교육사회학회	사회과학	2.66	3.328	0.32	7.38
10	호텔경영학연구	한국호텔외식관광경영학회	사회과학	2.62	3.073	0.55	31.01

图 2-8 KCI 全体学术期刊引用指数界面（部分数据省略）

目前，KCI数据库提供的引用指数广泛运用于学术期刊评价、研究成果评价、引用分析等学术评价系统之中，而韩国国内许多科研机构也与研究财团达成协议，完成了KCI数据共享服务。同时，KCI于近两年完成了与Google Scholcar、WOS等海外大型数据库的检索服务链接，海外用户日益增多；KCI海外用户群体的地理分布比较平均，遍布法国、中国、澳大利亚、美国、俄罗斯、日本、德国、乌克兰、英国……KCI的使用足迹遍及世界各地，为提高韩国学术成果国际竞争力做出了重要贡献。

从SCI到KCI，韩国期刊评价体系实现了从借鉴到本土化移植的重大突破，KCI的产生，完成了韩国期刊本土评价体系构建的重要一环。随着KCI在各评价系统的投入使用和海外影响力的不断提升，韩国的学术成果也将从海外逐渐回归本土，这对促进韩国学术发展具有重要意义。特别是对人文社会科学而言，能建立并使用属于本土的引文索引和评价指标是一个学科发展成熟的重要标志，韩国在推动人文社会科学成果评价的本土化上已经迈出了关键一步。

2. 学术期刊登载制度在发展过程中的问题

学术期刊登载制度的出现在韩国学术评价发展过程中具有里程碑意义，它是韩国多年学术评价实践活动的集成，标志着韩国学术评价发展进入系统化与标准化时代。但是，随着登载制度不断深入推行，一些缺点和问题也逐渐显露出来，主要表现在以下几个方面：

第一，政府主导与学界自律的冲突。长期以来，韩国学术期刊评价活动一直依靠研究财团实行管理，这种“政府主导型”的评价体系虽然在期刊投稿、审查、编辑、出版等外在形式的规范管理上具有立竿见影的效果，其权威性与有效性毋庸置疑，但近年来韩国学界认为人为地对学术期刊进行等级划分的行政干预实质上妨碍了学术的自由发展，登载制度“以行政评价取代学术评价”的评价失衡问题是导致近来学术界急功近利、粗制滥造、学术腐败等失范行为的直接原因，给学术发展带来了极大的消极影响，长此以往韩国学术精神必将日渐衰微。

第二，形式考查与内容评价的错位。学术期刊登载制度在引入之初，更多出于期刊扶持项目的需求，因此在考核项目的设置上“形式考查”大于“内容评价”，即后来的“体系评价”占有相当大的比重，特别是在继续评价中“体系评价”占到55%，而在资格审查中也占到了40%的比重。由于满足被量化的外在条件便可以被收录为登载（候补）期刊，僵化的评价模式成为学术期刊重量轻质、学术浮夸、学术泡沫等乱象丛生的催化剂。面对如此困境，韩国学界亟待一场评价制度的改革，希望重新审视登载制度的职能，将学术评价拉回质量考查的轨道上。

第三，对学科成果的多样性认识不够。一直以来，学术期刊登载制度在学科分类上并未多做考量，不论人文社会学科还是科学技术学科均采用统一的评价指标。在探讨如何在期刊评价中对学科分类进行再界定的同时，一些不具有普遍适用性的评价指标被提出讨论，尤其是关于引用指数的使用问题，一度成为学界的热点议题。引用指数作为欧美期刊评价体系的评价指标之一，长期适用于自然科学学术成果的评价。然而相比自然科学，人文社会科学学术成果具有多样性和复杂性，涉及价值判断、历史判断和性质判断，不能全凭引用指标一概而论。另外，新兴学科、边缘学科和区域学科在评价中具有特殊性，例如特殊语言、特殊地域学科本身并不适合翻译成外文，因此不应列入“外语标记”评价范畴，对于这类学科的特殊性，登载制度也未充分考虑。

第四，“低门槛”与“高质量”的矛盾。随着学术期刊登载制度的推行，其影响范围日益扩大，特别是越来越多的大学将之引入教授业绩评价以后，“进入登载学术期刊行列”成为学术期刊发展规划的基本指标。截至2018年6月，韩国研究财团共收录2 438种登载（候补）学术期刊，占全国学术期刊发行总数的43.51%；其中2 095种期刊被选为登载学术期刊，343种为登载候补学术期刊，登载学术期刊与登载候补学术期刊比例大致为5.7∶1①。截至2018年12月，调查结果显示，研究财团每年资格审查中由普通期刊入选登载候补学术期刊的平均入选率为56.0%，其中2001年入选率高达76.0%，2000年以74.5%的入选率次之（如表2-6所示）。

表2-6　1998—2018年学术期刊评价资格审查申请及入选结果

年度	申请	入选	入选率（%）
1998	103	58	56.3
1999	303	201	66.3
2000	184	137	74.5
2001	196	149	76.0
2002	209	142	67.9
2003	231	171	74.0
2004	232	152	65.5

① 韩国学术期刊引用索引（KCI：Korea Citation Index）.（2014-11-15）[2018-06-28]. https://www.kci.go.kr/.

续前表

年度	申请	入选	入选率（%）
2005	203	145	71.4
2006	180	124	68.9
2007	228	135	59.2
2008	218	140	64.2
2009	231	154	66.7
2010	264	168	63.6
2011	182	91	50.0
2012	196	89	45.4
2013	189	77	40.7
2014	186	76	40.9
2015	176	58	33.0
2016	165	51	30.9
2017	182	58	31.9
2018	204	62	30.4
合计	4 262	2 438	57.2

登载（候补）学术期刊的高收录率，一方面是由于近年来学术期刊的自身水平不断提高，另一方面，量化的评价指标是造成登载期刊收录低门槛的主要原因，因为学术期刊只需满足外在量化指标便可以进入登载（候补）学术期刊的大门。登载（候补）学术期刊的大量堆积造成了与普通期刊的差异性渐渐模糊，使得“登载”学术期刊不再是“高质量”期刊的代名词，大大削弱了其整体竞争力。

第五，评价程序公正性问题。此外，由于长期处于政府主导的评价环境之中，学术权力滥用问题逐渐滋生。虚假审查、刻意压低收录率、夸大学术成果等屡见不鲜，登载制度的公正性受到了来自各方的质疑。2010年，国政监察对研究财团学术期刊评价工作提出质疑，认为存在虚假审查行为。随即韩国教育科学技术部对所有登载学术期刊与登载候补学术期刊的评价实况展开盘查，对存在虚假审查行为的学术期刊分别做出撤销、警告和注意的处分。如何杜绝学术权力滥用，构建一个更加完整、科学、公正的评价体系，以保证学术成果评价的公平性与可信度，逐渐成为韩国学者们新的议题。

3. 学术期刊登载制度的改革进程

基于以上种种问题，韩国研究财团决定对期刊评价制度进行改革，以重建学术规范，整饬学术风气。研究财团先后展开多次问卷调查，全面普查期刊发行与学术团体现状，征询有关专家意见，从期刊评价的客观需求出发，对学术期刊登载制度的改革方案展开了密集的研究。

2011 年 1 月，韩国教科部决定成立“学术振兴政策咨询委员会”，主要负责研究学术期刊支援制度及评价制度改革方案。委员会由 6 名大学教授组成，由西江大学教授王相韩担任委员长。委员会除负责研制改革方案之外，还负责优秀学术期刊支援事业政策研究、学术期刊喜好度调查等项目。

2011 年 5 月，由吴世熙率领的研究团队向研究财团提交了《学术期刊评价制度改善方案》。该《方案》面向全国 631 名研究人员进行了问卷调查，根据调查结果对期刊登载制度提出了五点改革建议：现行登载制度可以维持，但需要改善评分设置并强调业绩期限；加强评价过程的公正性和合理性，提高评审专家的专业性和可信赖性；提高期刊收录门槛，保证登载期刊质量；考虑期刊评价新方案的构建细则，期刊等级设置应更多样化；控制学术期刊的发行规模等。同时，《方案》还建议在现有期刊等级设置基础上，在二级学科或三级学科范围内评选核心期刊，提高本土学术期刊的质量水平。《方案》的提出基于学术界大面积问卷调查，真实探究出科研人员对期刊评价制度的态度与期望，为研究财团的后续改革方案提供了基础研究材料。

2011 年 8 月，研究财团成立“学术期刊评价制度发展方案委员会”，由 4 名财团内部人员与 9 名外部专家共同组成，研究财团事务总长出任委员长。发展方案委员会先后导入了“学术期刊评价制度发展方案”“学术期刊评价制度改善（方案）”“优秀学术期刊养成及支援方案”等，进一步加快了期刊评价制度改革的步伐。

2011 年 12 月，韩国教科部发布《学术期刊支援制度改善方案》，宣布学术期刊登载制度至 2014 年 12 月 31 日彻底废止，期刊评价体系向学界自律评价转型；同时学术期刊支援项目规模逐步缩小直至废除，支援方向转向培养世界级优秀期刊及均衡学科发展，重点扶持边缘学科、新兴学科、区域学科①。此外，研究财团从 2012 年起全面停止接收登载候补学术期刊的申报工作。教科部废止登载制度的“重磅宣言”立刻在学术界引起轩然

① 崔泰镇，金素衡，尹爱兰. 透过国内学术期刊现状分析的制度改善方案研究. 韩国大田：韩国研究财团，2013：110.

大波，遭到了韩国大学、学会政策制定方的强烈反对。对此，教科部第二次官金昌经做出如下解释："学术期刊登载制度虽在期刊规范化和数量提升上做出巨大贡献，但登载制度本身与论文水平或质量无关，只要满足一定条件都可以入选为登载学术期刊，且评价体系在管理上也存有漏洞，催生了学术泡沫等脱序行为。"①

2012年6月，研究财团确立《学术期刊支援制度改善方案》的后续改革措施，包括：删除国家级研究开发项目中登载学术期刊的相关评价指标；为大学教员业绩评价新标准设置提供参考依据；对KCI进行改版，建立"学术期刊登录系统"以提高学术期刊运营透明性；提出培养优秀学术期刊，均衡学科发展，重点扶持边缘学科、新兴学科、区域性学科等具体实行方案。然而，反对登载制度废止的声音并没有因为后续措施的出台而中断。由于没有可取代现评价制度的成熟方案，登载制度一经废止将使教授业绩评价等其他学术评价机制陷入尴尬，研究人员现有的学术成果一并将"付诸东流"，因此要求保留或撤回废止计划的意见仍占压倒性比例。

2013年5月，韩国教育部和研究财团就"废除学术评价制度及对学界自律评价的想法"面向全国121所大学的教务处长和研究处长进行了问卷调查。调查结果显示，认为应当保留学术期刊登载制度的意见占89.2%，其中75.2%认为现行登载制度有改善的必要，另外14.0%认为完全没有改善的必要；而要求彻底废止登载制度的比例仅为9.1%。同时，面向543所期刊发行机构实施的问卷调查也得到了相似结果，仅有21.5%的学会完全同意废止登载制度并转为学界自律评价，70.4%的发行机构对当即废止登载制度持否定态度（如图2-9所示）②。

2013年7月，教科部决定保留"废止学术期刊登载制度"的相关决议，登载制度继续维持。而对旧登载制度存在的问题将于2013年年内制定出改善方案，为此教科部提出了几个改革方向：首先登载制度将由以"形式考查"为考查重点转向以"内容质量"为考查核心，计划增大质量评价指标比重；其次考虑各学科特性，设置多样化的评价标准；最后，将评价主权由政府归还给学术界，建议在学界内部成立评审委员会，负责设置评价标准并执行评价全过程。

教科部的这一决议，使登载制度废止风波暂时落下帷幕，大量研究人员积极投入改善方案的研究当中。2014年5月13日，韩国教育部与研究财

① 学术期刊登载制度实行13年遭研究财团废止．医协新闻，2011-12-07.
② 90%的大学反对废止学术期刊登载制度．教授新闻，2013-07-15.

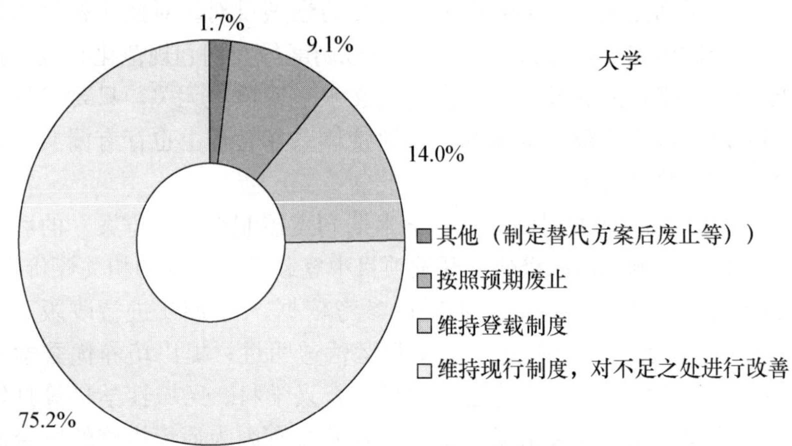

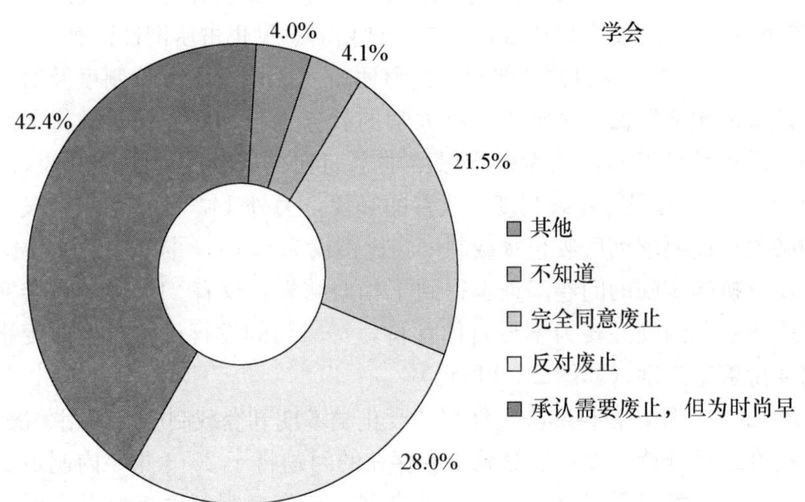

图 2-9　2013 年韩国研究财团“废除学术评价制度及对学界自律评价的想法”调查结果

团共同发布了《学术期刊登载制度改善方案》，打开了期刊评价的新局面，韩国学术期刊评价体系开始进入由政府主导向学界自主评价的改革过渡期。

《学术期刊登载制度改善方案》基于业界专家大量研究成果，先后召开多次公证会，最终在原有学术期刊评价体系之上针对不合理之处做出了大幅修改。与旧方案相比，新出台的改善方案更加注重期刊内容质量方面的考察，期刊等级划分更加明确，充分考虑了学科之间的独立性，实行指标差异化评价，并试图通过引导学术界自我评价最终达到学术自律。新方案的特征如下：

第一，增加“内容评价”所占比重，加强质量考察。在旧方案中，相比“内容评价”，“体系评价”所占比重更大，特别是在继续评价中“体系评价”占到 55%，而在资格审查中也占到了 40%的比重。而在新出台的改善方案中，“内容评价”所占比重增大至 60%，原“体系评价”中的部分基本考核指标归入申请资格审查。

第二，新设“优秀登载学术期刊”等级，全面提高期刊质量水平。一直以来学术期刊登载制度的高收录率在韩国国内广受诟病，有专家认为高收录率降低了普通期刊与登载期刊之间的门槛，弱化了登载期刊的竞争力。而新方案增设了“优秀登载学术期刊”等级，即在继续评价中，各学科排名前 10%的登载学术期刊将被指定为“优秀登载学术期刊”，以此提高登载学术期刊的竞争力，全面提高期刊质量水平。

第三，考虑学科独立性，新增“学科领域特殊评价”。在旧的评价体系中，对学科的独立性、发行机构的特殊性欠缺考量，人文社会学科与科学技术学科的期刊评价均采用统一指标。特别是作为理工类期刊传统评价指标的引用指数，对人文社科期刊评价具有不适应性。在新方案中，学科被分为“人文体艺类”“社会科学类”“科学技术类”，分别适用不同的评价指标。同时，学术团体可根据自身特质自由选择是否选用该评价指标，其比重将占继续评价的 10%①。

第四，引入“再认证”制度，引导学术界自我规范。韩国的学术期刊评价制度一直采用由政府主导的评价方式，虽在期刊规范管理上取得了一定成果，但学术界整体的自律能力并未得到明显提高。新方案的“再认证”制度在缓解管理部门评价负担的同时，强调加强学术团体的自律能力。其中，登载学术期刊的认证周期为每三年一次，而优秀登载学术期刊的周期则为五年一次，通过周期内的自我管理最终形成学术界的自律氛围。

评价制度改善方案的颁布改变了韩国国内的整体评价环境，势必给其学术界带来一轮新的冲击。特别是“优秀登载学术期刊”的设定，会引发学术期刊的整体竞争力得到全面提高；而“再认证”制度的设置，将逐渐把期刊评价权力由政府归还给学术界，一个由学术界自律评价的新环境势将改变韩国学术研究的整体格局。

---

① 权亨镇. 学术期刊“内容评价”增至 60%，新设“学科领域特殊评价”. 教授新闻，2014-04-14.

第三章

中韩学术期刊评价体系比较

“核心期刊”的概念进入中韩两国后，随着学术期刊的繁荣发展，“核心期刊”的影响力也逐渐扩大。为能够准确地反映期刊学术水平，两国学者、机构已初步建立了一套相对完整的学术期刊评价体系。目前，中韩两国都以定量与定性相结合的方式进行期刊综合评价，但从具体评价流程、来源期刊的选择到分级目的等方面却存在较大差异。

一、选刊原则比较

（一）中国学术期刊评价体系选刊原则

纵观中国各学术期刊评级体系，均有不同的领域范畴与相应的评价原则。从选刊原则上看，国内期刊评价比较关注刊源定位、学科分类、核心期刊数量界定等问题，同时包括期刊编辑出版是否符合国家标准，是否具有 ISSN 或 CN 号等。此外，评价统计指标来源多元化是中国评价体系的主要特点。除评价机构自建的引文索引外，一些学科齐全、收录完整、统计结果准确并具有较大影响力的文摘、索引、数据库等也常被选为统计源使用，如中国人文社会科学引文数据库同时被北京大学《中文核心期刊要目总览》、社科院《中国人文社会科学期刊 AMI 综合评价报告》作为统计数据来源，复印报刊资料的转载量、转载率、综合指数被多个评价体系用于引证转载数据分析。

1.《中文核心期刊要目总览》

《总览》的选刊原则与标准为：（1）建立指标体系，以布氏定律为理论依据，通过文献计量统计筛选各学科核心期刊列表；（2）学科划分：采用《中国图书馆分类法》对核心期刊表进行学科划分，并考虑学科大小、学科期刊数量、期刊质量因素；（3）核心区数量确定原则：《总览》曾对威尔金森公式、布鲁克斯公式等进行数学论证，根据实际需要调整核心区期刊数量①。

在统计源选择上，《总览》选择评价指标统计源的原则是：学科全面，选刊恰当，编辑规范，卷期完整，用户量大，统计准确②。《总览》研制人员根据这一原则结合实际情况不断调整，2017 年版选作评价指标统计源的数据库及文摘刊物达 49 种，统计到的文献数量共计 93 亿余篇次，涉及期

① 常迎春，周杰．国内外期刊评价体系对比分析．管理观察，2011（18）：68．

② 朱强，蔡蓉华，何峻．中文核心期刊要目总览：2011 年版．北京：北京大学出版社，2011：6．

刊 13 953 种。参加核心期刊评审的学科专家近 8 000 位。经过定量筛选和专家定性评审，从我国正在出版的中文期刊中评选出 1 981 种核心期刊，分属七大编 78 个学科类目。较 2014 年版，2017 年版新增以下 6 个指标：特征因子、论文影响分值、5 年影响因子、5 年他引影响因子、Web 下载率、即年指标①。

2.《中国人文社会科学期刊 AMI 综合评价报告》

《综合评价报告》主要从吸引力、管理力和影响力三个层次对人文社会科学期刊进行评价。一是吸引力（attraction power）：指评价客体的外部环境，良好的外部环境能够吸引更多的资源，提升评价客体的吸引力。二是管理力（management power）：指评价客体管理者管理评价客体的能力，促进评价客体发展的能力。三是影响力（impact power）：是评价客体实力的直接表现，是吸引力和管理力水平的最终体现。

该指标体系以《中国人文社会科学期刊评价报告（2014 年）》中指标体系为基础，根据国家近期相关政策文件精神，结合人文学科特点，在充分听取专家意见基础上制定“A 刊 AMI 评价指标体系”。“A 刊 AMI 评价指标体系”，按照期刊学术水平、综合评价得分及实际工作情况依次划分为顶级、权威、核心、扩展及入库五个等级。对 1 304 种中国人文社会科学学术期刊进行初评，采用一票否决指标、学术不端指标或出于停刊等原因剔除 13 种期刊，最终有 1 291 种期刊参与评价，评出 5 种顶级期刊、56 种权威期刊、519 种核心期刊和 711 种扩展期刊②。

以中国社会科学评价研究院自建的《中国人文社会科学期刊引文数据库》（CHSSCD）期刊源为基础，对期刊源中期刊的更名、合并、停刊等情况进行处理，筛选确定出我国发行的 1 291 种 2012 年及以前创刊的中文人文社会科学学术性期刊作为本次期刊评价的期刊源。将 1 291 种期刊源按照 3 个学科大类、23 个学科类和 33 个学科子类进行划分，得到学科分类期刊数量分布表③。

本次评价的数据来源主要是评价院自建、自采数据，第三方数据，期刊编辑部自评数据。其中，自主研发的数据库包括：中国人文社会科学期刊引文数据库（CHSSCD），由中国社会科学院自主研制建设，包含 1 798

① 陈建龙，朱强，张俊娥，等. 中文核心期刊要目总览：2017 年版. 北京：北京大学出版社，2018：12.

② 中国社会科学评价院. 中国人文社会科学期刊 AMI 综合评价报告：2018 年版. 2018-11-16.

③ 同②.

种期刊自1999年至2016年的期刊引文数据；中国人文社会科学论文摘转数据库，由中国社会科学院自主研制建设，包括《新华文摘》、《中国社会科学文摘》、《高等学校文科学术文摘》及中国人民大学复印报刊资料2012—2016年论文摘转数据。

3. CSSCI

CSSCI来源期刊与扩展版来源期刊采用统一遴选原则——“坚持质量优先的原则，总量控制，定量（引文文献计量指标）评价与定性（学科专家）评价相结合，动态调整，高进低出，兼顾地区与学科的平衡”①，具体表现为：研制过程采用中国社会科学研究评价中心提供的各项数据进行分析，在确认拟入选来源期刊后进行同行专家定性评价，删除一号多版、自然科学类以及编辑不规范等不符合标准的期刊，同时考虑地区与学科的合理布局②。

CSSCI具体确定来源期刊的原则有：（1）入选的刊物应能反映当前中国社会科学界各个学科中的最新研究成果，且为学术水平较高、影响较大、编辑出版较为规范的学术刊物；（2）入选的刊物必须正式公开出版发行，且具有ISSN或CN号；（3）入选的刊物所刊载的学术文章应多数列有参考文献；（4）凡属索引、文摘等二次文献类的刊物不予收入；（5）译丛和以发表译文为主的刊物，暂不收入；（6）通俗刊物，以发表文艺作品为主的各种文艺刊物，暂不收入③。

4. 武汉大学《中国学术期刊评价研究报告》系列

武汉大学《中国学术期刊评价研究报告》的评价对象明确为“中国内地连续公开出版发行不少于3年且刊载一次文献的中文学术期刊”，评价范围包括刊载一次文献的纯学术性期刊和部分半学术性期刊。而对界定“学术期刊”，中国科学评价研究中心设定了人为的判定标准：学术论文数超过期刊论文总数50%的期刊为学术期刊，否则为非学术期刊。根据这一标准，研制人员通过查阅《中国期刊引证报告》与《中国学术期刊综合引证报告》全文数据库，对期刊改名、合并、停刊、新增等情况进行统计，最终筛选出评价统计源④。如2015—2016年版，在2013—2014年版6 448种学术期

---

① 南京大学中国社会科学研究评价中心. CSSCI（2010—2011）来源期刊遴选原则与方法.（2009-12-01）[2018-06-28]. http://cssrac.nju.edu.cn/news_show.asp? Articleid=71.

② 潘艳丽，崔蒙，等. 国内外期刊评价检索体系的选刊原则与评价标准. 国际中医中药杂志，2009（3）：260.

③ 邱均平，李爱群. 国内外期刊评价的比较研究. 重庆大学学报（社会科学版），2007（3）：62.

④ 邱均平，燕今伟，刘霞. 中国学术期刊评价研究报告（2013—2014）. 北京：科学出版社，2013：18.

刊的基础上加入了 144 种新刊，剔除了 391 种本版不适合评价的期刊，最终确定了 6 201 种学术期刊作为评价期刊源①。

5. 中国人民大学复印报刊资料

中国人民大学复印报刊资料系列学术期刊是从中国公开出版的 4 000 余种报刊上搜集、精选，并按学科门类进行转载的人文社会科学学术论文刊群。目前复印报刊资料系列期刊有 114 种，包括全文转载学术期刊 93 种。其全文转载的筛选原则是：内容有较高的学术价值、应用价值，含有新观点、新材料、新方法或具有一定代表性，能反映学术研究或实际工作部门的现状、成就及其新发展②。复印报刊资料选刊过程重在体现文献的学术内涵，根据社会发展动态与学科繁荣规律，兼顾用户获取原文献的难易程度等客观标准③精选论文，在一定程度上彰显了其不可替代的同行专家评议价值。

每年复印报刊资料从国内公开出版的近 4 000 种报刊上搜集人文社科论文约 30 万～40 万篇，从中精选出优秀论文进行全文转载，其选文范围覆盖了中国人文社科的绝大部分论文成果④。同时，中国人民大学人文社会科学学术成果评价研究中心基于复印报刊资料的选文评文数据，持续研制了“转载指数排名”“复印报刊资料重要转载来源期刊”“年度十大学术热点”等多项学术评价成果，其中复印报刊资料的转载量、转载率、综合指数等也已逐渐被学术界和期刊界视为人文社科学术评价的参考依据之一。

（二）韩国学术期刊评价体系选刊原则

韩国国内提供引文索引服务的机构主要有研究财团的韩国引文索引（KCI）、韩国科学技术信息研究院的韩国科学引文索引（KSCI）、大韩医学会的韩国医学学术论文引文索引（KoMCI），以及 NAVER“专门信息”引文索引。然而，在各大引文索引中兼容学术期刊评价功能的唯有研究财团一家，其评价体系最为完整；其他引文索引数据库独以文献计量统计为构建宗旨，在选刊过程中或直接援引学术期刊登载制度的遴选结果，或将若

---

① 邱均平，赵蓉英，刘霞，等.《中国学术期刊评价研究报告（2015—2016）》的创新变化和评价结果的宏观分析. 评价与管理，2014（4）：45.

② 周晓英，余隽菡.《复印报刊资料》的核心价值和社会作用. 情报资料工作，2008（5）：8.

③ 宛文红，梁艳红. 人大《复印报刊资料》全文数据库特色功能分析. 图书馆学研究，2008（8）：87.

④ 武宝瑞，钱蓉，杨红艳. 中国人民大学复印报刊资料转载指数排名研究报告（2014）. 北京：中国人民大学出版社，2015：1.

干学科领域内数据库给予整合，来源期刊的遴选标准并不明确。

1. 学术期刊登载制度选刊标准

不同于中国按照一定百分比界定核心期刊的遴选方法，韩国学术期刊登载制度对学术期刊实行“晋升制”界定法，即将学术期刊界定为普通学术期刊、登载候补学术期刊、登载学术期刊及优秀登载学术期刊四个等级，按照评价结果逐层递升或递降，并分别针对不同等级学术期刊实行不同评价指标，共分为“资格审查”、“继续评价”与“再认证”三个评价环节。在实行评价之前，研究财团将对学术期刊进行申请资格认定，判定“合格”或“不合格”，通过资格认定的学术期刊才有资格实行对应的评价环节。其申请资格判定指标如下①：

（1）发行的规则性与定时性：

● 申请评价前 3 年每年至少发行一次（限资格审查评价对象）

● 申请发行规定中注明发行日期（年月日）

● 严格遵守发行规定中标明的发行次数（KCI 登载标准）

● 申请评价前 3 年学术期刊的实际发行日期与规定发行日期平均误差在 14 天以内（KCI 登载标准）

（2）论文篇均评审委员数：

● 论文篇均评审委员至少两名以上

（3）研究伦理：

● 制定研究伦理章程并严格执行

● 研究伦理章程必须在主页公示

（4）论文标题和作者名称的外语标记：

● 在评价范围时间内实际发行的学术期刊，其所有论文标题与作者名称均有外语标注

（5）投稿来源的多样性：

●（学会或其他机构）全体论文投稿人（含国外）中指定机构论文投稿人比例不超过三分之一

●（大学附属研究所）全体论文投稿人（含国外）中指定机构论文投稿人比例不超过二分之一

（6）是否在韩国学术期刊引文索引注册：

● 申请评价的学术期刊须在韩国学术期刊引文索引（KCI）中注册学术期刊发行信息及发行机构（学会、其他机构、大学附属研究所）的相关信息

① 韩国研究财团．学术期刊登载制度改善方案．韩国大田：韩国研究财团，2014：8.

此外，登载制度明确规定被海外知名学术期刊数据库（SCI(E)，SSCI，A&HCI，Scopus）收录的学术期刊可直接被认定为KCI登载学术期刊，但必须具备申请资格，否则不予认证。

2. 其他引文索引选刊标准

KSCI是韩国最大的科学技术领域学术期刊引文索引，由韩国科学技术情报研究院（KISTI）负责组建与管理。2000年11月，KISTI在情报通信部的扶持下，启动"韩国科学引文索引"建设，其后续建设作为韩国电算院（现韩国情报化振兴院）"科学技术与产业技术尖端信息数据库构建"的子项目完成。KSCI在建设之初，其来源期刊的遴选主要经历了三个阶段：第一阶段，即2001年KSCI项目正式启动伊始，KISTI根据韩国学术振兴财团《关于学术期刊分级调查研究》，首先把被评定为A级与B级的67种学术期刊定为数据库来源期刊，此外能够提供全文数据库的学术期刊也被作为数据库来源期刊的优先入选对象①；第二阶段，KSCI据韩国人力资源部与学术振兴财团的标准，以7个科学技术领域、134个学会的156种学术期刊为对象，扩建为拥有1万篇引文文献、10万篇参考文献的数据库；第三阶段，KSCI新导入韩国科学技术领域的200种学术期刊，包含引用文献2.5万篇，参考文献45万篇②。2018年KSCI的来源期刊共计1 670种，拥有引文17 460 953篇，参考文献达89 267 122篇③。KSCI本身并没有建立选刊标准，数据主要来源于韩国科学技术团体总联合会（The Korean Federation of Science and Technology Societies，KOFST）所属学术期刊、SCI(E)及Scopus收录的韩国期刊、大韩医学学术期刊编辑协会（KoreaMed）所属学术期刊④。

韩国医学学术论文引文索引数据库（KoMCI）的收录范围仅限韩国国内医学学术期刊，由来源期刊数据库与引文数据库两大数据库组成。其中来源期刊直接选用了由大韩医学学术期刊编辑协会（KoreaMed）遴选的学术期刊。KoreaMed制定了一套完整的医学学术期刊评价指标，用于判定是否收录学术期刊，对新加入期刊与登载期刊实行分类评价，已登载期刊的再审评价周期为7年，目前执行的评价指标为第八次修订版本，于2014年

---

① 崔广南. 以韩国学术期刊影响力指标分析为目的的韩国科学技术引文索引（KSCI）研究. 韩国文献情报学会期刊，2004：275.

② 韩国科学财团. 提高国内科技类学术期刊质量的方案研究：以KSCI构建方案为中心. 韩国首尔：韩国科学技术部，2007：45.

③ KSCI简介. http://ksci.kisti.re.kr/main/about.ksci.

④ 李钟旭，梁基德，金秉奎，等. 反映韩国科学技术引文数据库的JCR分析研究. 情报管理研究，2012 (3)：29.

9月颁布。医学期刊评价体系采用同行评议制，评价指标主要包括学术期刊编辑团队设置、编辑及发行水准，以及反映学术期刊内容质量的引用情况，由专家评审团结合期刊发行机构提交的历史材料以及实际调查结果对学术期刊进行评分，最终根据总分确定是否收录。KoMCI引用KoreaMed的遴选结果，从根本上保证了来源期刊的编辑质量及内容质量；然而从引文数据库的角度而言，由于医学类期刊的学科特性，其海外的引用文献与参考文献占据相当一部分比例，因此将来源期刊范围限定于韩国国内难免造成文献统计结果的误差，形成KoMCI的最大短板。

由此可见，在韩国学术期刊评价体系选刊原则方面，研究财团的“学术期刊登载制度”占据绝对核心地位，为各评价体系的重点参考范围。如近年来开始提供引文索引服务的NAVER“专门信息”，其引文索引来源期刊完全引用KCI的登载（候补）学术期刊，在KCI数据基础上单独构建引文信息服务。此外，海外知名数据库、行业协会下属会员期刊、业内专家自主遴选结果也属于韩国学术期刊评价体系选刊范围的参考对象。

二、学科分类比较

（一）中国的学科分类

期刊评价体系学科分类作为中文期刊评价工作的重要一环，直接影响到核心期刊评选结果。因此，选择适当的学科分类参考体系对期刊评价工作至关重要。目前，《中国图书馆分类法》、国家标准《学科分类与代码》（GB/T 13745—2009）以及《授予博士、硕士学位和培养研究生的学科、专业目录》是中国学术期刊评价机构常用的分类体系，各机构根据自身学科布局与文献计量需要，对上述分类体系进行适当结构调整和优化改良，形成了具有评价特色的学科分类办法。

1.《中国图书馆分类法》

《中国图书馆分类法》（以下简称《中图法》）由国家图书馆编辑委员会编制，是以科学分类和知识分类为基础，并结合文献内容特点及其某些外表特征进行逻辑划分和系统排列的类目表①。《中图法》主要应用于图书文献资源分类，对类分文献、组织文献分类排架、编制分类检索系统具有重

① 国家图书馆《中国图书馆分类法》编辑委员会．中国图书馆分类法．5版．北京：国家图书馆出版社，2010：5.

要参考意义。2010 年第五版《中图法》正式发行，该版本在第四版的基础上新增 1 631 个类目，停用或直接删除约 2 500 个类目，修改类约 5 200 个，类目总数超过 70 000 个①。《中图法》是一个层层展开的分类系统，基本大类以科学分类为基础，结合文献分类的需要，划分为五大部类，分别为：(1) 马克思主义、列宁主义、毛泽东思想、邓小平理论；(2) 哲学、宗教；(3) 社会科学；(4) 自然科学；(5) 综合性图书。在这五个基本部类的基础上，形成了 22 个大类的知识分类框架（如表 3-1 所示）。

表 3-1 《中图法》基本大类目录

基本部类	分类号	类目名称
马克思主义、列宁主义、毛泽东思想	A	马克思主义、列宁主义、毛泽东思想、邓小平理论
哲学、宗教	B	哲学、宗教
社会科学	C	社会科学总论
	D	政治、法律
	E	军事
	F	经济
	G	文化、科学、教育、体育
	H	语言、文字
	I	文学
	J	艺术
	K	历史、地理
自然科学	N	自然科学总论
	O	数理科学和化学
	P	天文学、地球科学
	Q	生物科学
	R	医药、卫生
	S	农业科学
	T	工业技术
	U	交通运输
	V	航空、航天
	X	环境科学、安全科学
综合性图书	Z	综合性图书

资料来源：国家图书馆《中国图书馆分类法》编辑委员会．中国图书馆分类法．5 版．北京：国家图书馆出版社，2010：2-3．

① 国家图书馆《中国图书馆分类法》编辑委员会．中国图书馆分类法．5 版．北京：国家图书馆出版社，2010：5．

《中图法》强调科学性与实用性有机统一，在组织结构上逐层分类，可满足学科发展需要且易于扩充。其标记符号采用拉丁字母与阿拉伯数字相结合的混合制形式，一般以一个大写字母标记一个大类①。例如，G 代表文化、科学、教育、体育大类，G2 信息与知识传播表示其二级类目，G25 图书馆事业、信息事业表示其三级类目，其余类目逐层累加，均采用数字标志。同时为了使号码醒目，规定每三位一点，例如 G254.0 信息组织理论，G254.1 分类法，G254.11 分类理论与方法。但不是所有的类目标志都是采用这样的方式，也有例外，比如为了适应工业部门分类的需要，采用的就是双字母方式标识其二级类目，如 TP 代表电动化技术、计算机技术，TS 代表轻工业、手工业、生活服务业。

《中图法》作为文献资源分类的大型参考工具，具有类目结构庞大、分类细目明确等特点，是现今国内图书馆使用最广泛的分类法体系，因此适用于优化馆藏资源的核心期刊遴选。其在学术期刊评价领域的应用成果主要有北京大学的《中文核心期刊要目总览》与社科院的《中国人文社会科学期刊 AMI 综合评价报告》。

(1)《中文核心期刊要目总览》。

《总览》依据文献分布"集中与分散"定律，首先对期刊所载学科论文的分布情况及其在各学科被利用情况进行统计分析，再从中找出各学科中利用率较高、影响力较大的学科核心期刊。其学科类目设置的基本原则是：学科发展比较成熟，学科界限清晰，并且已形成了一定数量的期刊群②。同时，针对综合性期刊多学科和跨学科的特点，《总览》在每个类目中设置了一些综合性期刊分类，2017 年版最终确定学科类目 73 个，分为 7 个大编，如表 3-2 所示。

表 3-2　《中文核心期刊要目总览》(2017 年版) 学科类目一览表

各编名称	学科名称
第一编　哲学、社会学、政治、法律	(1) 综合性人文、社会科学；(2) 哲学；(3) 宗教；(4) 社会科学总论 (除民族学)；(5) 民族学；(6) 政治学 (含马列)；(7) 法律
第二编　经济	(1) 综合性经济科学；(2) 经济学/经济管理 (除会计、企业经济)；(3) 会计；(4) 农业经济；(5) 工业经济/邮电通信经济 (含企业经济)；(6) 贸易经济；(7) 财政；(8) 货币、金融、银行、保险

① 马费成，宋恩梅. 信息管理学基础. 武汉：武汉大学出版社，2011.

② 陈建龙，朱强，张俊娥，等，中文核心期刊要目总览：2017 年版. 北京：北京大学出版社，2018.

续前表

各编名称	学科名称
第三编　文化、教育、历史	(1) 文化事业/信息与知识传播（除图书馆事业、信息事业、档案事业）；(2) 图书馆事业、信息事业；(3) 档案学；(4) 科学、科学研究；(5) 教育学/教育事业；(6) 体育；(7) 语言、文字；(8) 文学；(9) 艺术；(10) 历史
第四编　自然科学	(1) 综合性科学技术；(2) 自然科学总论；(3) 数学；(4) 力学；(5) 物理；(6) 化学/晶体学；(7) 天文学；(8) 测绘学；(9) 地球物理学；(10) 大气科学（气象学）；(11) 地质学；(12) 海洋学；(13) 地理学；(14) 生物科学
第五编　医药、卫生	(1) 综合性医药卫生；(2) 预防医学、卫生学；(3) 中国医学；(4) 基础医学；(5) 临床医学/特种医学；(6) 药学
第六编　农业科学	(1) 综合性农业科学；(2) 农业基础科学；(3) 农业工程；(4) 农学（农艺学）、农作物；(5) 植物保护；(6) 园艺；(7) 林业；(8) 畜牧、动物医学、狩猎、蚕、蜂；(9) 水产、渔业
第七编　工业技术	(1) 一般工业技术；(2) 矿业工程；(3) 石油、天然气工业；(4) 冶金工业；(5) 金属学与金属工艺；(6) 机械、仪表工业；(7) 武器工业；(8) 能源与动力工程；(9) 原子能技术；(10) 电工技术；(11) 无线电技术、通信技术；(12) 自动化技术、计算机技术；(13) 化学工业；(14) 轻工业、手工业、生活服务业；(15) 建筑科学；(16) 水利工程；(17) 交通运输；(18) 航空、航天；(19) 环境科学、安全科学

资料来源：陈建龙，朱强，张俊娥，等．中文核心期刊要目总览：2017 年版．北京：北京大学出版社，2018：12.

《总览》作为核心期刊工具书，在收录过程中必须充分考虑学科的划分对核心期刊评选的影响。学科设置过疏过少，专业性强的小学科中的优秀期刊就容易被淹没，无法进入核心区；学科设置过细过多，则文献的“集中效应”难以体现，可能会造成一般性期刊也进入核心区，从而导致学科之间核心期刊数量和质量的不平衡①。因此，在划分学科时要考虑很多因素，例如学科体系的学科划分、学科期刊的数量、期刊的性质等②。学科类目的划分不能过细也不能过粗，要包含一定数量的学科期刊群，也要保证核心期刊表的合理性和准确性。因此，《总览》在参考《中图法》学科划

① 陈建龙，朱强，张俊娥，等．中文核心期刊要目总览：2017 年版．北京：北京大学出版社，2018：80-81.

② 蔡蓉华，史复洋．《中文核心期刊要目总览》研究综述．大学图书馆学报，2002 (5).

分的基础上也有一些创新之处。

首先，《中图法》包含 22 个大类，但是《总览》相较于《中图法》，缺少了 E 军事，G 文化、科学、教育、体育，O 数理科学和化学，P 天文学、地球科学，T 工业技术和 Z 综合性图书这 6 个大类。其次，在二级类目中，《中图法》的 G0 代表的是文化理论，而在《总览》中 G0 表示文化事业，显然文化事业的范围要大于文化理论。在《中图法》中，K9 表示地理，P9 代表自然地理学，而在《总览》中，将这两个二级类目加以合并，K9、P9 表示地理学。最后，《中图法》中的 Z 综合性图书大类不存在于《总览》中，《总览》对于一些综合性很强的学术期刊分设了综合性类目。例如《中图法》中的 F 经济，在《总览》中变成了 F 综合性经济科学；H 语言、文字，在《总览》中合并成语言学。这些综合性类目的分设以及一些二级类目的合并等都是《总览》依据期刊的具体状况进行创新的结果，这样就能确保核心期刊入选的公正性、准确性和完整性。

（2）《中国人文社会科学期刊 AMI 综合评价报告》。

《综合评价报告》以中国社会科学评价研究院自建的《中国人文社会科学期刊引文数据库（CHSSCD）》期刊源为基础，对期刊源中期刊的更名、合并、停刊等情况进行处理，按照 3 个学科大类、23 个学科类和 33 个学科子类进行划分，具体类目如表 3－3 所示。

表 3－3　《中国人文社会科学期刊 AMI 综合评价报告（2018 年）》学科分类表

学科大类	一级学科	二级学科
侧重人文科学	考古文博	考古文博
	历史学	历史学
	马克思主义	马克思主义理论
	民族学与文化学	民族学与文化学
	文学	外国文学
		中国文学
	艺术学	艺术学
	语言学	语言学
	哲学	哲学
	宗教学	宗教学

续前表

学科大类	一级学科	二级学科
侧重社会科学	法学	法学
	管理学	管理学
	环境科学	环境科学
	教育学	教育学
	经济学	财政
		工业经济
		金融
		经济管理
		经济综合
		贸易经济
		农业经济
		世界经济
	人文地理学	人文地理学
	社会学	社会学
	体育学	体育学
	统计学	统计学
	图书馆、情报与档案学	图书馆、情报与档案学
	心理学	心理学
	新闻学与传播学	新闻学与传播学
	政治学	国际政治
		中国政治
侧重综合期刊	综合性人文社会科学	高校综合性学报
		综合人文社科期刊

资料来源：中国社会科学评价院．中国人文社会科学期刊 AMI 综合评价报告：2018 年版．2018-11-16．

由表 3－3 可知，《综合评价报告》引用了《中图法》的 A 马克思主义，B 哲学、宗教，D 政治、法律，F 经济，X 环境科学 5 个大类，其余部分根据人文社会科学学术期刊的评价需要做出了相应修改。首先，《中图法》的 A 大类中，只有马克思主义在《综合评价报告》的一级类目中保留，列宁主义、毛泽东思想、邓小平理论设在其二级类目下；其次，《综合评价报告》将《中图法》的G文化、科学、教育、体育分为一级类目民族学与文化学、环境科学、教育学、体育学；再次，《综合评价报告》引用《中图法》二、三级目录，将其提升至一级目录使用，如《中图法》中K历史、地理大类下的三级目录K85文物考古与二级目录K9地理与历史学科合并在一起，形成考古文博和历史学，《中图法》中C社会科学总论下的三级目录C91社会学，C95民族学、文化人类学，C93管理学，二级类目C8统计学作为《综合评价报告》一级类目使用，图书馆、情报与档案学引自《中图法》的N99三级类目。此外，为便于遴选综合性核心期刊，《综合评价报告》增设了综合性人文社会科学。

2.《学科分类与代码》

《学科分类与代码》标准制定于20世纪90年代，适用于国家宏观管理和科技统计，其出发点是针对科学管理与科学评价，包括科研项目管理与评奖管理等都采用此体例。其分类对象是学科，不同于专业和行业，不能代替文献、情报、图书分类及学术上的各种观点。本标准主要依据学科的研究对象、学科的本质属性或特征、学科的研究方法、学科的派生来源、学科研究的目的与目标等五个方面进行划分。

（1）武汉大学《中国学术期刊评价研究报告》。

武汉大学《中国学术期刊评价研究报告》的学科划分使用中国学科分类国家标准《学科分类与代码》（GB/T 13745—2009）[以下简称国标（2009年版）]中的62个一级学科作为学术期刊学科分类的依据。同时，考虑到期刊的特殊性，在此基础上，又增加了以下3个综合类目：自然科学综合，涉及自然科学、农业科学、医药科学、工程与技术科学领域两个以上（含两个）学科的期刊入此类；医学综合，涉及医学科学两个以上（含两个）学科的期刊入此类；人文社会科学综合，涉及社会科学和人文科学两个以上（含两个）学科的期刊入此类。

据此，武大《中国学术期刊评价研究报告》在学术期刊评价中共划分65个一级学科，即由62个学科和3个综合类组成。

（2）南京大学CSSCI。

"中文社会科学引文索引"（CSSCI）是由南京大学中国社会科学研究评价中心开发研制的引文数据库，用来检索中文人文社会科学领域的论文收录和被引用情况。南京大学CSSCI学科分类情况如表3-4所示。

表 3-4　　南京大学 CSSCI 学科分类

CSSCI 学科分类
管理学学科
哲学学科
经济学学科
政治学学科
社会学类
人口学类
民族学与文化学学科
新闻学与传播学学科
高等教育类
教育综合类
统计学学科
综合性社科期刊
高校综合性学报

3.《授予博士、硕士学位和培养研究生的学科、专业目录》

《授予博士、硕士学位和培养研究生的学科、专业目录》是国务院学位委员会学科评议组审核授予学位的学科、专业范围划分的依据。同时，学位授予单位按本目录中各学科、专业所归属的学科门类，授予相应的学位。培养研究生的高等学校和科研机构以及各有关主管部门，可以参照本目录制定培养研究生的规划，进行招生和培养工作。学科目录是学科系统、科学的分类体系。《授予博士、硕士学位和培养研究生的学科、专业目录》是与学位制度建设密切联系的，从 1981 年开展第一批学位授权审核工作开始制定学科专业目录，中国研究生学科专业目录经历了四次修改。

《授予博士、硕士学位和培养研究生的学科、专业目录》（1997 年颁布）中各学科门类的学科、专业设置情况是：哲学，1 个一级学科，8 种学科、专业；经济学，2 个一级学科，16 种学科、专业；法学，5 个一级学科，31 种学科、专业；教育学，3 个一级学科，17 种学科、专业；文学，4 个一级学科，29 种学科、专业；历史学，1 个一级学科，8 种学科、专业；理学，12 个一级学科，50 种学科、专业；工学，32 个一级学科，113 种学科、专业；农学，8 个一级学科，27 种学科、专业；医学，8 个一级学科，54 种学科、专业；军事学，8 个一级学科，19 种学科、专业；管理学，5 个一级学科，14 种学科、专业。

最新的 2011 年学科目录对学科发展后知识体系必须重新划分的学科，与国家重大战略需求、产业发展和改善民生相关的国家急需学科，学科发展具有前瞻性且有较大社会需求的学科，国家特殊需要的学科进行了增设，并且给人才培养和学科交叉留有空间。新学科目录增加了艺术学门类，学科门类增加到 13 个，一级学科数量从原来的 89 个增加到 109 个，另有 2 个一级学科更名。

中国人民大学复印报刊资料学科分类期刊排名主要参考了教育部《授予博士、硕士学位和培养研究生的学科、专业目录》的学科分类设置，由评委为论文划分学科。汇总期刊在某一学科下被转载的论文数量、得分情况，即形成该期刊在某学科的转载排名。对于交叉性很强的一级学科，如理论经济学与应用经济学，既分别按一级学科对期刊进行排名，又按交叉学科对期刊进行综合排名。军事学、管理科学与工程学科的期刊论文样本较小，暂不进行排名。

具体的学科划分如下：哲学、经济学（理论经济学、应用经济学）、法学、政治学、社会学、民族学、马克思主义理论、教育学、体育学、语言文学（中国语言文学、外国语言文学）、新闻传播学、艺术学、历史学、地理学、管理学（工商管理、农林经济管理、公共管理）、图书馆情报与档案管理共计 17 个学科。

（二）韩国的学科分类

当代韩国学科分类体系始于 20 世纪 60 年代初，经过半个多世纪的探索，逐渐形成了两套相对稳定的分类体系，即十进制分类法与教育系统学科分类法。十进制分类法来源于杜威十进制分类法，主要应用于公共图书馆藏书领域；教育系统学科分类法则适用于韩国高中、大学及研究生院的专业设置。以学术期刊登载制度为代表的学术评价学科分类法既不同于十进制分类法，也不完全等同于教育系统学科分类法，而是在现有分类体系基础之上，针对各自评价需求与自身定位，形成了凸显评价特色的学科分类方法。

1. 十进制分类法

韩国十进制分类法属典型的等级列举式分类法，由韩国图书馆协会分类议员会于 1964 年初次研制成功，此后根据实际需要历经五次改版，现行版本为 2008 年推行的第五版。韩国十进制分类法按照杜威十进制分类法的基本原理，参考日本十进制分类法，根据韩国的图书文献实际情况做出修正制定而成，目前为韩国大部分公共图书馆所用①。

所谓等级列举式分类法，是指用等级表示类目的从属关系，用列举表示类列的完整性，尽量列出所有类目②。韩国十进制分类法将所有图书分为十个大主题领域，其代码与类别分别为 000 总类、100 哲学、200 宗教、300 社会科学、400 自然科学、500 技术科学、600 艺术、700 语言、800 文学、900 历史，这十个主题组成十进制分类法的“主类”。根据需要，十进制分类法将主类下属的图书再细分为十个子领域，称为“纲目”；再将属于纲目的图书分为十个类别，称为“要目”；继续对要目的下属图书细分为 10 个小领域，称为“细目”，并以此类推，再往下分出“细目 2”“细目 3”等。

表 3-5 以不动产税类书籍为例，详细表述了该类图书使用的每个十进制代码代表的类别。韩国十进制分类法以层层分类为特征，既良好地保持了图书类目的完整性，又清晰地反映了图书之间的隶属关系。

表 3-5　韩国十进制分类法的主题区分

分类代码	类别	主题
300	社会科学	主类（main class）
320	经济学	纲目（division）
329	财政	要目（section）
329.4	租税	细目（subsection）
329.43	直接税	细目 2
329.432	不动产税	细目 3

资料来源：高翔.《韩国十进制分类法》的标准区分和《中国图书馆分类法》的总论复分的发展与适用方法的比较研究. 韩国清州：清州大学硕士学位论文，2012：9.

2. 教育系统学科分类法

韩国教育开发院从 1962 年开始实行教育统计调查，旨在为掌握全国人力资源状况，其间 40 年来一直按照人文类、社会类、师范类、自然类、医药类、艺体能类等六大类实施统计。2001 年，韩国教育开发院根据金昌焕《学科（专业）分析与学科（专业）分类体系研究》的研究成果，结合韩国教育系统发展实情，正式确立韩国学科（专业）分类标准。分类体系针对四年制大学与专门大学分别实行学科分类，按照由下至上（down-up）的分类指导思想，最终将四年制大学分为 7 个大分类、33 个中分类、111 个小

① 吴庆恩. 文献分类法对图书检索难度影响分析：以公共图书馆与大型书店的分类方法为中心. 韩国首尔：延世大学大学院文献情报学硕士论文，2008：11.

② 中国百科大辞典. 等级列举式分类法.（2013-03-12）[2018-06-12]. http://epub.cnki.net/kns/brief/default_result.aspx.

分类，将专门大学分为 7 个大分类、28 个中分类、78 个小分类①。然而，当年该分类体系的研制依然旨在掌握学校教育与劳动市场的衔接情况，因此分类对象学科仅限于 2001 年的应届毕业专业。2002 年，韩国职业能力开发院启动《专门大学及大学毕业生调查》，分类体系的不足之处也在此次调查中凸显出来。韩国教育开发院针对此次调查过程中暴露的问题启动修正方案，最终将分类体系的分类范围扩大至普通高中、职业高中、其他学校及大学院。2003 年，新分类体系正式投入使用。

以韩国教育开发院《2013 年学科分类资料集》为例，分类对象涵盖了韩国的 137 所普通高中、1 543 所专门高中、171 所其他学校、6 179 所专门大学、10 869 所四年制大学、8 342 所大学院，总计 27 241 所学校的全部学科。按照大分类、中分类、小分类的分类体系，分类结果如表 3－6 所示。

表 3－6　《2013 年学科分类资料集》学科分类结果

学校类型	大分类（个）	中分类（个）	小分类（个）
普通高中	6		
专门高中	7	25	54
其他学校	6		
专门大学	7	31	76
四年制大学	7	35	121
大学院	7	35	110

资料来源：韩国教育开发院．2013 学科（专业）分类资料集．统计资料 SM2013－13，2013：89－100.

从总体上看，韩国教育系统各级学校的专业设置基本可以分为人文学科、社会学科、教育学科、工学科、自然学科、医药学科和艺体能学科等七个大分类，其中普通高中与其他学校以基础学科教育为主，因此仅有六个大分类，普通高中不设教育学科，其他学校则没有医药学科，且二者均没有中分类与小分类。以大学院为例，每个大分类下属的中分类与小分类情况如下：

● 人文体系

人文体系一般分为语言文学与人文科学两大中分类。其中语言文学包括语言学、国语国文学、日语语言文学、中国语言文学、英美语言文学等小分类学科；而人文科学则包括历史考古学、宗教学、国际区域学、哲学伦理学、文化民俗美术史学、文献情报学、心理学等小分类。

---

① 韩国教育开发院．学科（专业）分析与学科（专业）分类体系研究．韩国首尔：2001 年韩国教育开发院政策研究课题，2011：69－74.

- 社会体系

社会体系包括经营与经济、法律、社会科学等 3 个中分类。经营与经济下属有经营学、经济学、观光学、广告宣传学、金融会计税务学、贸易流通学等；法律中分类下仅有法学一门小分类；社会科学则涵盖了家族社会福利学、国际学、城市地区学、社会学、舆论放送媒体学、政治外交学、行政学等小分类学科。

- 教育体系

教育体系被分为一般教育、幼儿教育、特殊教育、小学教育、中学教育等 5 个中分类。其中一般教育、幼儿教育、特殊教育、小学教育下仅各有一门小分类；而中学教育则又被分为语言教育、人文教育、社会教育、工科教育、自然科学教育、艺体能教育等小分类。

- 工学体系

工学体系被分为建筑、土木城市、交通运输、机械金属、电气电子、精密能源、素材材料、电脑通信、产业、化工、其他学科等 11 个中分类。产业、化工下仅各有 1 个小分类学科；素材材料下属小分类最多，有半导体陶瓷工学、纤维工学、新材料工学、材料工学等 4 个小分类；其余平均每个中分类学科下有 2～3 个下属小分类学科。总计 28 个小分类。

- 自然体系

自然体系下有 4 个中分类，分别为农林水产、生物化学环境、生活科学和数学物理天文地理。农林水产可分为农业学、水产学、山林园艺学；生活化学环境可分为生命科学、生物学、动物兽医学、资源学、化学、环境学；生活科学可分为家庭管理学、食品营养学、衣类衣裳学、教养生活科学；数学物理天文地理则可分为数学、统计学、物理化学、天文气象学、教养自然科学等。总计 18 个小分类。

- 医药体系

医药体系分为医疗、看护、药学及治疗保健 4 个中分类。看护与药学下仅各有一个小分类；医疗下有医学、牙医学、韩医学等学科；治疗保健下有保健学、康复学、医疗工学等学科。总计 8 个小分类。

- 艺体能体系

艺体能体系涵盖了设计、应用艺术、舞蹈体育、美术造型、话剧电影、音乐等 6 个中分类。其中设计下有普通设计、产业设计、视觉设计、时尚设计、其他设计等 5 个小分类；应用艺术可分为工艺、摄影漫画、影像艺术；舞蹈体育可分为舞蹈与体育 2 个小分类；美术造型可分为纯粹美术、应用美术、造型等 3 个小分类；话剧电影下仅有一个话剧电影小分类；音乐下有音乐学、国乐、器乐、声乐、作曲及其他音乐等 6 个小分类。总计 20 个小分类。

如上所述，韩国教育开发院每年都以韩国教育统计 DB 的数据为基准，针对韩国教育体系学科分类情况进行统计分析，同时将新设学科纳入分类体系，对不合理的分类给予调整以完善学科管理机制，最终成果以《学科分类资料集》的形式出版。而分类体系除韩国教育开发院使用以外，长期以来一直作为韩国雇佣情报院、韩国职业能力开发院等国家人才培养系统统计分析的重要依据，对学术期刊登载制度等评价体系也产生了一定影响。

3. 韩国各评价体系的学科分类

（1）韩国研究财团"学术研究领域分类表"。

1998 年，为推进学术研究支援事业繁荣发展并建立科学管理机制，韩国研究财团启动"学文分类表再设定的相关研究"课题，研究成果于 1999 年 11 月发表，标志着研究财团"学术研究领域分类表"正式投入使用。该体系作为韩国国家标准分类体系，十余年来广泛运用于学术研究支援的管理统计，高校研究活动调查，研究课题的申报、审查及评审选定等科研领域，其间启动过三次改善研究，然而其基本分类框架与内容均无大篇幅改动，并沿用至今。

研究财团的"学术研究领域分类表"与教育系统分类体系一致，按照由上至下的分类思想将所有研究领域分为大分类、中分类、小分类、细分类四个等级。截至 2015 年 2 月，分类表共由 8 个大分类、152 个中分类、1 551 个小分类及 2 468 个细分类垂直组成。其中 8 个大分类分别为：人文学、社会科学、自然科学、工学、医药学、农业水利海洋、艺术体育、交叉学科。各等级分类结果如表 3 - 7 所示。

表 3 - 7　　学术研究领域分类情况

大分类	中分类	小分类	细分类
人文学	23	167	298
社会科学	22	269	479
自然科学	13	135	371
工学	28	310	457
医药学	39	409	648
农业水利海洋	7	64	132
艺术体育	12	104	61
交叉学科	8	93	22
合计	152	1 551	2 468

资料来源：韩国研究财团．学术研究领域分类．（2015-03-12）［2018-06-25］．http://www.nrf.re.kr/nrf_tot_cms/show.jsp?show_no=182&check_no=178&c_relation=0&c_relation2=0.

从总体上看，“学术研究领域分类表”比教育体系学科分类更加精细化，其中分类基本相当于教育体系的小分类水平，而小分类与细分类则在此基础上进一步细分，并充分确保研究领域的独立性，避免学科之间的重复性，保证每一门研究类目都“有类可循”。表 3－8 以人文学的中国语与文学为例，试比较研究财团“学术研究领域分类表”与教育开发院“分类体系”（大学院）的异同之处。

表 3－8　　“学术研究领域分类表”与“分类体系”比较

类别	大分类	中分类	小分类	细分类/学科名称
学术研究领域分类表	人文学	中国语与文学	中国语学	音声/音韵学
				声韵学
				词汇学
				语义学
				语法学
				古文字学
				一般文字学
				应用语言学
				中国语史
				其他中国语学
			中文学	中国散文
				中国诗
				中国戏曲
				中国诗赋
				中国古典文学
				中国小说
				词曲
				中国现代文学
				文学批判
				比较文学
				经学
				中国文化学
				中国书籍学
				中国书法学
				其他中文学
			中国语教育	—

续前表

类别	大分类	中分类	小分类	细分类/学科名称
分类体系	人文体系	语言文学	中国语文学	中国语科、中国语翻译学科、中国语中国学科、中国语口译笔译、中国学学科、中国语中文学科、中国语学科、中文学科、汉文学科、韩中学科、韩中专业、韩中口译笔译学科、中国语言文化学科、中国语口译笔译学科、中国语日语文学科、中国区域学科、中国语言和文学学科、汉文古典翻译联办学科、中韩语言文化学科、中国语言指导学科、东洋学科（中语中文专业）、实用中国学学科、中韩翻译学科、韩中文化学科

由表 3-8 可以看出，“学术研究领域分类表”与“分类体系”仅在大分类阶段相同，中分类、小分类与细分类的分类细度完全不同。“学术研究领域分类表”整体上更加体系化，专业分工明确，而“分类体系”在学科名称上存在大量重复现象，尚未形成体系。此外，“学术研究领域分类表”根据科研活动与教育活动的不同性质，在各分类级层上做出适当调整，如：在大分类上，新增农业水利海洋分类与交叉学科，取消教育系列将之归并为社会科学的子属学科；在中分类上，原被归为人文系列人文科学的“心理学”在“学术研究领域分类表”中被归为社会科学的中分类，医药系列中医疗保健下的“医疗工学”在“学术研究领域分类表”中被归属为工学的中分类等。

目前，该分类体系运用于研究财团学术期刊登载制度，为学术评价功能服务，同时引用登载制度的 NAVER“专门信息”在学科分类上也援引了该分类体系。在登载制度实施过程中，一些小学科、交叉学科与特殊学科在期刊评价上的劣势逐渐凸显，针对这一问题登载制度从指标体系出发，新增“学科领域特殊评价”环节。然而由于该环节至今尚未正式实施，一些专家学者对其科学性提出异议。笔者认为，要根本解决上述问题，应当从学科分类本身出发，把学科分类作为学术期刊评价的基石，唯有建立更加科学的分类体系，才能更好地为科学的学术评价保驾护航。

（2）KSCI 学科分类。

KSCI 作为引文数据库，其学科分类设置相对简化，总体上与 SCI 学科设置相似。截至 2015 年 2 月，KSCI 将 661 种学科分为 35 个自然科学领域，分别是：计算机科学与信息、心理学、普通社会科学、经济学、法学、教育学、商业传媒与交通学、普通科学、数学、天文学、物理学、化学、地球科学与地理、生活科学与生物学、植物学、动物学、普通技术、医学与健康、基础医学、社会医学、药理学与病理学、内科医学、外科医学、妇产科学、普通工程、应用物理学、土木工程与建筑施工、城市与环境工程、农学、家庭管理学、管理学与公共关系学、化学工程、制造学、艺术与娱乐、历史与地理等。

三、学术期刊的分级比较

现如今，中韩学术期刊分级已成为较为成熟的学术评价体系之一，呈现出评价制度化、评价方法综合化等较为完善的评价体制，但两国在分级的概念、构成、方法的选择与实施上存在很大的差异。中国比较传统的分级方法是大多以布拉福德定律为理论依据，采用70%累积载文量所对应的期刊为核心期刊的做法，随着中国对学术评价研究的深入展开，在核心期刊的基础上又衍生出了“顶级期刊”“权威期刊”“扩展期刊”等层级；韩国期刊评价侧重“登载”，即被某一引文数据库收录为来源期刊，分级制度主要设置为“登载学术期刊”“登载候补学术期刊”，其在韩国学术界占据绝对权威地位，KCI、KSCI 等大型数据库均参照登载制度遴选来源期刊。

中韩学术期刊分级制度在改革、科学等理论范畴或学术现象中以日益成熟的姿态逐步迈进世界学术评价之林。借鉴中韩两国学术评价体系建设的有益经验，对中韩学术期刊分级制度的探索与思考，对寻求东亚自己评价体系具有积极意义与价值。

（一）中国学术期刊的分级

中国学术期刊的分级主要围绕核心期刊与非核心期刊的界定，近年来随着国内对学术评价研究的深入展开，各界对进一步明确期刊定位的需求日益扩大，因此在核心期刊的基础上又衍生出了“顶级期刊”“权威期刊”“扩展期刊”等层级。在评价方法上，中国较普遍的做法为定量评价与定性评价相结合。其中定量评价方面，由布拉福德的“文献离散定律”、加菲尔德的“文献集中定律”及普莱斯的“文献指数增长规律”和“引文峰值”理论构成的文献计量学三大定律，为核心区的界定提供了基本理论依据；而定性评价主要应用于基础研究与人文社会科学研究，是组织学科领域内相关专家对科研成果直接进行定性评价的活动，国内外都统称之为“同行评议”。中国不同机构根据分级刊物的目标定位与功能实现，在定量与定性上各自有所侧重。同时，近年来多指标综合评价方法成为期刊评价方法的最新趋势，它为专家提供一套可参照的客观依据与标准体系，由同行专家依照统一标准做出综合评价，可视为同行评议制的应用延伸。

1. 中国学术期刊的等级构成

（1）核心期刊遴选。

界定核心期刊与非核心期刊是较传统的期刊分级结构，而按照核心期刊的功能又可将核心期刊分为馆藏核心期刊与学科核心期刊两大类。此外，引文数据来源期刊因与核心期刊有诸多相似之处，二者常被相提并论，然而实质上它们的功能并不能等同于一。

所谓馆藏核心期刊，是指具有较强的专业性和知识性、在图书馆利用率高、具有一定稳定性、体现馆藏特色并被图书馆连续订购的期刊①。由北京大学图书馆主持研制的《中文核心期刊要目总览》是国内起步最早、影响力最广泛的馆藏核心期刊工具。《总览》在研究报告中明确表示其研究目的是“为图书馆期刊订阅工作提供可参考的工具”②，可见《总览》馆藏核心期刊的本质。除文献计量统计外，馆藏核心期刊的界定还必须充分考虑图书馆的性质与读者需求，以最终实现期刊馆藏资源的最优配置。就学科核心期刊遴选而言，目前国内最具代表性的学科核心期刊遴选是社科院文献信息中心研制的《中国人文社会科学期刊AMI综合评价报告》。《综合评价报告》将学科核心期刊定义为：“某学科（或某领域）的核心期刊，是指那些发表该学科（或该领域）论文较多、使用率（含被引率、转摘率和流通率）较高、学术影响较大的期刊。”相比馆藏核心期刊，学科核心期刊的“学术影响力”分析成为评价体系中的主导部分，同时各机构通过期刊的信息分布研究，反映该学科的发展现状与未来走向也是研制主旨之一。

核心期刊本身是文献计量学领域的一种应用，其研究对象是学术期刊，主要目的在于学术期刊的优化使用。不论是馆藏核心期刊还是学科核心期刊，其最主要的特征是核心区的界定必然遵循文献计量学的两个重要定律，即文献集中定律和文献离散定律。因此，不能保证所有的优秀期刊都能进入核心范围，而没有进入核心区的期刊也不代表其本身不是优秀期刊，“核

① 周玉芝，刘钟. 数字环境下馆藏核心期刊的界定与评价. 农业图书情报学刊，2011（11）：188.

② 朱强，戴龙基，蔡蓉华. 中文核心期刊要目总览：2008年版. 北京：北京大学出版社，2008：11.

心期刊”与“优秀期刊”之间不能完全等同。但事实上，核心期刊发展至今其功能早已发生异化，其原始功能逐渐退化，评价功能渐趋突出，被广泛应用于津贴评定、职称评审、论文评奖、期刊评价等领域，已全然演变成一种评价尺度，与知识分子的切身利益密切相连①。然而，功能被异化的核心期刊在实际应用中极有可能发生谬误，在学术界激起的批判声与讨伐声一浪高过一浪。

此外，来源期刊总是与核心期刊等量齐观，诚然二者有众多相似之处，但实际存在本质差别。来源期刊是指编者根据所编数据库的目的、要求，从期刊学术性、编辑标准等方面衡量选出的作为统计源的期刊。通常来说，评选出“来源期刊”只是引文数据库工作程序的始端，统计源一旦确定，在一定周期内数据库的内容将全部来源于来源期刊，以完成数据库制作。值得提出的是，来源期刊在遴选时还需要兼顾地区与学科平衡等因素，因此，即使在同一个学科范围内，来源期刊也不一定都比非来源期刊有更高的质量和学术影响②。但由于来源期刊与核心期刊遴选结果的相似性，社会上将二者混为一谈的机构与读者数见不鲜，甚至将南京大学 CSSCI 来源期刊与北京大学、社科院发布的榜单并称为“三大核心期刊”。来源期刊的遴选程序、评价方法、评价目的均不同于核心期刊，其核心作用在于数据库构建而并非学术评价。来源期刊与核心期刊的误用与混用带来的诸多负面效应，从侧面加剧了社会各界对核心期刊遴选行为的讨伐，在此不再赘述。

（2）学术期刊分级制。

近年来，伴随着各界对核心期刊学术评价功能需求的激增，在核心期刊的基础上又延伸出“顶级期刊”“权威期刊”“扩展期刊”等层级，有利于明确期刊定位，从而为科研管理部门实行分级管理提供必要依据。国内最早的期刊分级制度始于武汉大学中国科学评价研究中心研发的《中国学术期刊评价研究报告——RCCSE 权威、核心期刊排行榜与指南》。该指南首次同时遴选出“权威期刊”与“核心期刊”，采用得分排序与划分等级相结合的方法，提供了国内外第一种中国学术期刊的分类分级排行榜③。

---

① 唐普，赖方中．核心期刊研究与社科学术期刊评价．四川师范大学学报（社会科学版），2004（4）：115.

② 苏新宁．中国人文社会科学期刊学术影响力报告．北京：中国社会科学出版社，2009：34.

③ 邱均平，燕今伟，周明华，等．中国学术期刊评价研究报告：RCCSE 权威、核心期刊排行榜与指南．北京：科学出版社，2009：2.

2009年南京大学中国社会科学研究评价中心出版的《中国人文社会科学期刊学术影响力报告》也同样采用了期刊分级制度，它们通过指标体系计算出的综合值对每一种期刊进行学术定位，将学术期刊划分为四个区域：A类期刊（权威学术期刊区）、B类期刊（核心学术期刊区）、C类期刊（扩展核心期刊区）、D类期刊（一般学术期刊区）[①]。此外，社科院于2013年成立中国社会科学评价中心后，于次年发布《中国人文社会科学期刊评价报告（2014年）》，该报告根据综合评价得分排序，依次将期刊划分为“顶级期刊”“权威期刊”“核心期刊”“扩展期刊”四个层级。

无论是武汉大学、南京大学还是社科院，其学术期刊等级划分的根本原因是由最初单一的揭示学科文献分布规律逐步向揭示学科文献质量和学术影响力分布规律转型，其研究成果也由最初单一的核心期刊遴选转向学术刊物的分级排序。尽管目前在中国，论文评估、职称评审、津贴评定仍普遍以简单的核心期刊与非核心期刊界定为学术成果评定标准，期刊分级的具体应用尚待时日，但它的出现标志着学术评价时代已经到来，这样的有益探索无疑将继续推动中国学术期刊评价更加专业、更加科学、更加完善。

2. 中国学术期刊的分级方法

评价方法是评价主体的评价标准与核心思想的集中体现。传统意义上，评价方法可分为文献计量法与同行评议法两大类，两种方法各有局限，单独采用任何一种方法都会造成评价结果有失偏颇。一方面，由于引用行为的复杂性难以充分描述和统计，仅以文献计量法进行评估容易导致“重量轻质”“重刊不重文”等问题；另一方面，评估主题的主观随意性难以控制，则是同行评议法的主要不足[②]。因此，采用文献计量法与同行评议法相结合的综合评价法是比较理想的评价方法，在实际评价中得到了普遍应用。同时，各机构根据评价的目标定位与核心宗旨，在定量与定性的具体操作上各自有所侧重。除此之外，多指标综合评价方法逐渐成为期刊评价方法的最新趋势，以社科院中国社会科学评价中心研制的《中国人文社会科学期刊评价报告（2014年）》最具代表性。

（1）以定量评价为主的综合评价方法。

纵观中国各机构学术期刊评价，文献计量评估在综合评价方法中均占据绝对主导地位。核心期刊遴选思路比较相似，首先根据文献集中与分散

---

① 苏新宁. 中国人文社会科学期刊学术影响力报告. 北京：中国社会科学出版社，2009：34.

② 中国人民大学人文社会科学学术成果评价研究中心. 人文社会科学论文质量评估指标体系实施方案（试行）. 内部资料，2014：4.

定律确定分学科核心期刊的预选范围，然后将备选核心期刊送予专家评审，由专家从定性的角度对期刊综合水平进行评价，最后结合定量与定性评价结果最终确定核心期刊范围。定量评价的指标主要有期刊总被引频次、影响因子、转载率、即年指数等。北大《总览》、社科院《综合评价报告》、武汉大学《评价报告》、南京大学CSSCI来源期刊遴选均属于该评价方法范畴。

北大《总览》自出版以来界定核心期刊的方法经过几次较大改动：1992年版取累计三个评价指标（被索量、被摘量、被引量）之和的70%归为核心期刊，共选出2 174种核心期刊，占总期刊量的23%，但从使用反馈来看其核心期刊所占比例过大；1996年版和2000年版将核心期刊的界定方法改为取累计载文量的30%～50%、累计文摘量的50%～70%、累计被引量的70%～80%，分别选出1 578种和1 571种核心期刊；2004年版在2000年版的基础上又进行了调整，取各学科专业期刊数量的15%和参评期刊数量的2%，最终选出1 798种核心期刊；2008年版、2011年版、2014年版核心期刊数量用与2004年版相同的方法进行调整，分别选出1 983种、1 982种和1 983种核心期刊；2017年版与2014年版相同，最终评选出1 983种，数量基本持平①。2004年以后较之前版本核心期刊数量有一定增幅，《总览》研制人员认为："2003年后中国期刊出版数量有较大发展，而图书馆采购经费也有所增长，可以订购更多的中文期刊，核心期刊数量相对增加是合理的"②。

社科院《综合评价报告》核心期刊的界定方法是，按照学术水平、综合评价得分及实际工作情况，其对应的期刊数量成为核心期刊的预选范围，再从预选范围中剔除非专业期刊后送予同行专家进行定性评价，最后结合其他指标做出小范围调整，确定最终顶级期刊、权威期刊、核心期刊数量③。2018年版《综合评价报告》共评选出5种顶级期刊、56种权威期刊、519种核心期刊，相较2013年版《要览》增加了96种核心期刊。

武汉大学《评价报告》对学术期刊的分级方法是：按照评价指标计算最终得分，由高到低依次排列，在学科领域分别取期刊数量的5%、6%～20%，21%～50%、51%～80%，81%～100%为A+、A、B+、B、C五

---

① 陈建龙，朱强，张俊娥，等. 中文核心期刊要目总览：2017年版. 北京：北京大学出版社，2018：91.

② 朱强，戴龙基，蔡蓉华. 中文核心期刊要目总览：2008年版. 北京：北京大学出版社，2008：8.

③ 中国社会科学评价院. 中国人文社会科学期刊AMI综合评价报告：2018年版. 北京：中国社会科学评价院，2018-11-16.

个等级，其中A+为“权威期刊”，A为“核心期刊”。可见，武汉大学核心期刊的界定范围设定在20%，这一比例仍与文献计量学的定律相吻合。此外，在划分核心区时，特别考虑到某些理论研究和基础研究较强，但由于引文量较少而难以入选的期刊，经学科专家推进后，适当扩大核心期刊数量使其入选核心区①。

南京大学CSSCI来源期刊是目前中国人文社会科学领域影响力最为广泛的来源期刊遴选项目之一，普遍应用于各大高校科研成果评定。其来源期刊的选刊标准如下：首先将来源期刊总量控制在全国人文社会科学学术性期刊总数的20%，学科来源期刊数以学科期刊数、人力资源数为参数，按7∶3的权重确定各学科来源刊数；然后对学术期刊进行规范性审查，对上两年的“他引影响因子”和“总被引频次”两项指标归一化处理后分别乘以0.8和0.2的权重计算出期刊综合值，并在所在学科内从高到低进行排序，按当年来源期刊预选数的140%确定来源期刊预选名单；最后经过专家定性评价，适当考虑地区与学科分布按照高进低出原则进行调整，确定最终来源期刊数量。CSSCI共选出533种期刊作为2014—2015年的来源期刊，扩展来源期刊189种。

2009年，CSSCI推出《中国人文社会科学期刊学术影响力报告》，该报告根据由一系列复合指标计算出的综合值将各学科领域的来源期刊分为四个区域：A类期刊（权威学术期刊区），每个学科1～2种；B类期刊（核心学术期刊区），为本学科期刊总数的15%～18%；C类期刊（扩展核心学术期刊区），为本学科期刊总数的10%左右；D类期刊（一般学术期刊区），即剩余的全部来源期刊②。尽管该报告从多角度借助大量指标来反映期刊的学术质量和学术影响力，但指标均为量化指标，如篇均引用文献数量、基金论文比例、被引次数、影响因子等，因此评价方法的本质是以定量评价为主。同时，《中国人文社会科学期刊学术影响力报告》的推出，是基于南京大学利用CSSCI引文数据库针对中国学术期刊质量进行的一次较全面的评价，也为学界正确看待来源期刊的学术评价功能提供了良好范例。

（2）以定性评价为主的综合评价方法。

定性评价主要表现为同行评议（peer review），其实质是针对某一领域

---

① 邱均平，燕今伟，周明华. 中国学术期刊评价研究报告：RCCSE权威、核心期刊排行榜与指南. 北京：科学出版社，2009：21-22.

② 苏新宁. 中国人文社会科学期刊学术影响力报告. 北京：中国社会科学出版社，2009：34.

的学术研究成果，组织该领域或与该领域相近的专家进行评价活动①。中国人民大学人文社会科学学术成果评价研究中心是中国目前唯一一家坚持以“同行评议为主，文献计量为补充”的学术评价机构，其每年发表的复印报刊资料重要转载来源期刊是实行同行评议的代表性成果之一。

复印报刊资料选文建立在同行评议基础之上，由各学科领域专家顾问领衔的编辑团队根据统一的体系标准直接决定选文，其成果是定性评价功能的直接体现。复印报刊资料重要转载来源期刊被定义为“某一时间段内，被复印报刊资料转载学术论文数量较多且被学术界、期刊界同行评议为学术质量较好、影响力较大的期刊。研制过程中采用了转载分析法和同行评议定性分析法相结合的研究方法”②。其界定方法是：以三年为一个统计周期，选取两年共转载论文不少于 6 篇且每年被转载均不少于 3 篇的期刊作为来源期刊范围，剔除综合指数③排在约最后 5%的期刊，按照主办单位和学科属性分类后，分别提供给专家进行定性评估，每位同行专家需要对所列期刊中的 20%提出“否定”即“删减”意见以及增补意见，确定最终重要转载来源期刊数量。2017 年版复印报刊资料共从 1 952 种期刊中，根据期刊转载数据和同行定性评审的结果，遴选出 745 种作为重要转载来源期刊，占总转载期刊的 38.17%④。然而，复印报刊资料系列期刊在选刊方面偏向哲学、政治学、经济学、法学等传统大学科，对于个别小学科关注不够，学科分布不均，且相比其他遴选机构选刊样本较小，因此其界定结果不具有普遍适用性。

(3) 多指标综合评价方法。

多指标综合评价方法以同行评议制为基础，为同行专家提供一个可参照的客观依据与标准体系，利于专家根据统一的标准与客观信息做出综合评价。多指标综合评价方法一般采用对指标进行量化处理的办法，减少评价的主观性，增强客观性⑤。2014 年社科院中国社会科学评价中心完成

---

① 任全娥. 人文社会科学成果评价研究. 北京：中国社会科学出版社，2010：205.

② 中国人民大学人文社会科学学术成果评价研究中心，中国人民大学书报资料中心. 复印报刊资料重要转载来源期刊（2017 年版）研制报告.（2018-03-27）[2018-06-25]. http://www.zlzx.org/rank.action? categoryId=e3504260-408f-4334-8cb8-9d31aef48ba5.

③ 期刊转载综合指数=0.3×三年转载量均值的归一值+0.4×三年转载率的归一值+0.3×三年篇均得分的归一值. 中国人民大学人文社会科学学术成果评价研究中心，中国人民大学书报资料中心. 复印报刊资料重要转载来源期刊（2017 年版）研制报告.（2018-03-27）[2018-06-25]. http://www.zlzx.org/rank.action? categoryId=e3504260-408f-4334-8cb8-9d31aef48ba5.

④ 同②.

⑤ 同①210.

“中国人文社会科学期刊综合评价指标体系”设计，并将核心部分首次运用到733种人文社会科学领域学术期刊的评价实践中。

社科院评价中心的评价模型围绕期刊综合水平设置了吸引力、管理力与影响力三个一级指标，其下设有12个二级指标，36个三级指标。综合评价指标体系的总分值为208分，其中一级指标“吸引力”分值为83.5分，“管理力”分值为39.5分，“影响力”的分值为85.0分①。最终，研究人员依照各期刊综合评价得分排序，同时参考期刊所在学科分类的数量，将期刊划分为四个等级：“顶级期刊”，代表学科的最高研究水平，坚持宁缺毋滥原则，故每个学科最多1个顶级期刊；“权威期刊”，等级划分中的第二个级别，代表所在学科较高水平期刊，每个学科一般有1个权威期刊，最多不超过5个；“核心期刊”，等级划分中的第三个级别，能够代表学科的研究水平，基于一定比例确定每个学科的核心期刊数量；“扩展期刊”，等级划分中的最后级别，是其所在学科具有一定学术水平的期刊，即非顶级、权威、核心的剩余期刊均为扩展期刊，数量不限。2014年，评价中心对733种中文人文社会科学学术期刊进行综合评价，共评选出23个领域的17种顶级期刊、40种权威期刊、430种核心期刊和246种扩展期刊②。

社科院的这套评价模型在评价方法上与韩国学术期刊登载制度类似，均属于多指标综合评价方法，它的优势在于用量化的指标提供客观评价的标尺，帮助同行专家做出较为准确的价值判断。同时，“吸引力”与“管理力”两项一级指标的设置说明，该评价体系旨在对期刊综合能力进行评价，改变了以往唯“二八定律”的评价局面，标志着中国学术评价已逐渐脱离文献计量学应用范畴，建立独立的学术评价思想，为中国期刊评价打开了新的视野。

纵观国内近年学术期刊分级发展，其目的和作用与20世纪90年代掀起的热潮相比已发生了本质变化。伴随着学术界对核心期刊功能及应用的一再反思，单纯以研究文献分布规律为目的的核心期刊遴选时代渐行渐远，期刊评价不再是“唯核心期刊马首是瞻”，取而代之的是学术评价时代的来临。在分级设置上，期刊的层级更加多样化，不仅限于核心期刊与非核心期刊，各种“顶级期刊”“权威期刊”“扩展期刊”层出不穷；在评价方法上，各机构不再以传统的文献计量学定律为唯一评价标尺，多指标、多角度的综合评价成为新的发展趋势。伴随着中国学术界对学术评价更加深入

---

① 中国社会科学院中国社会科学评价中心．中国人文社会科学期刊评价报告：2014年．北京：中国社会科学院，2014：10.

② 同①24.

的探讨，期刊评价由单纯文献计量学范畴的核心期刊遴选转向学术评价的积极探索，它必将逐渐引领学术评价体系走向更加科学、完善，更加客观地反映学术水平，为科研管理部门、研究人员、期刊编辑界提供有益参考。

（二）韩国学术期刊的分级

中韩两国在学术期刊分级方法上存在较大差异。与中国强调“核心”评价概念不同的是，韩国学术期刊评价侧重“登载”，即被某一引文数据库收录为来源期刊。因此其分级制度也主要设置为“登载学术期刊”“登载候补学术期刊”等。目前韩国具有代表性的来源期刊遴选制度为研究财团主导的学术期刊登载制度，其在韩国学术界占据绝对权威地位，KCI、KSCI等大型数据库均参照登载制度遴选来源期刊。

1. 韩国学术期刊的等级构成

韩国学术期刊评价体系的核心为“登载”。所谓“登载”，即被某引文数据库列为来源期刊，学术期刊能被其检索。以研究财团的学术期刊登载制度为例，它围绕“登载”将学术期刊分为四个等级，各等级之间的关系表现为“晋升制”，即学术期刊严格按照“一般学术期刊”“登载候补学术期刊”“登载学术期刊”“优秀登载学术期刊”的顺序逐层递进，一般学术期刊不可直接跃升为登载学术期刊，成为优秀登载学术期刊的必要条件是先被评为登载学术期刊（如图3－1所示）。

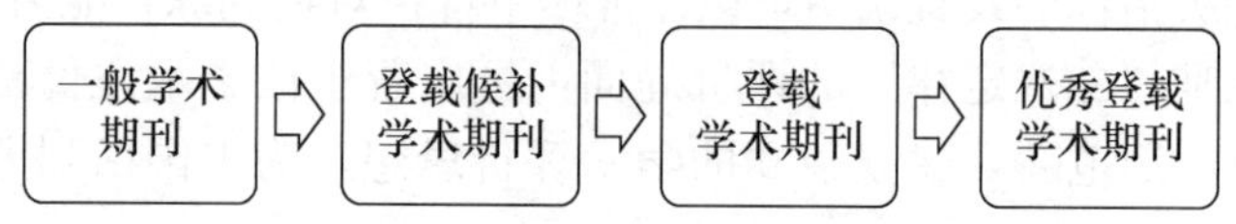

图3－1 学术期刊登载制度刊物等级

于韩国学术期刊评价而言，“登载”二字举足轻重，尤以研究财团的登载学术期刊最具权威性。学术论文作为高校学术评价的重要内容之一，大多数高校依据论文发表的学术刊物等级、学术发表是国内级别还是国外级别等标准来评定论文质量水平，韩国国内发表的论文质量评价主要是根据能否在KCI上登载的学术期刊上发表①。以韩国学中央研究院大学院为例，在每年研究成果认定中，凡是在研究财团登载学术期刊或登载候补学术期刊上发表的学术论文即可被认定为个人学术成果，并可凭该成果替代学分。而部分专业更是硬性要求博士研究生在登载（候补）学术期刊上至少发表

---

① 王晓杰，金佳律，付瑞萱．韩国高校学术评价制度体系的借鉴与反思．吉林师范大学学报（人文社会科学版），2014：113．

两篇学术论文，作为博士课程的必修课程之一。可见，韩国“登载学术期刊”与国内“核心期刊”在学术评价的应用上具有相似效果。不置可否，学术期刊登载制度同样带来了“以刊评文”的负面效应。

2. 韩国学术期刊的分级方法

韩国学术期刊的分级采用分类评价法，学术期刊级别不同，其对应的评价类型也有所区别。未被登载的学术期刊与登载候补学术期刊实行资格审查・继续评价，评价周期为每年一次；（优秀）登载学术期刊则实行再认证评价，登载学术期刊每三年实行一次，优秀登载学术期刊每五年实行一次[①]。评价结构如图 3－2 所示。

图 3－2　学术期刊登载制度评价结构

（1）资格审查・继续评价。

资格审查・继续评价根据评价对象又分别称为资格审查与继续评价，二者评价内容一致。具体由体系评价、内容评价与学科领域特殊评价、综合评价三个环节构成，前两个环节设置了不同的评分标准，总分为 100 分，而综合评价为专家评议部分，即根据体系评价、内容评价与学科领域特殊评价的得分对学术期刊是否登载进行调整，并推选优秀登载学术期刊。该门类的评价结果及其相应措施具体如表 3-9 所示。

表 3－9　　资格审查・继续评价的评价结果及其相应措施

期刊类型	评价环节	80 分以下	80 分以上 85 分以下	85 分以上
一般学术期刊	资格审查	淘汰（登载失败）	认证为登载候补学术期刊	
登载候补学术期刊	继续评价	从登载候补学术期刊淘汰	维持登载候补学术期刊	认证为登载学术期刊
登载学术期刊	继续评价	降级为登载候补学术期刊		维持登载学术期刊

注：资格审查与继续评价采用同一评价指标。
资料来源：韩国研究财团．学术期刊登载制度改善方案．韩国大田：韩国研究财团，2014：13.

① 根据财团的改革计划，2014 年的登载学术期刊在 2015—2017 年间仍实行继续评价，2018 年起所有登载学术期刊开始实行再认证制度。韩国研究财团．学术期刊登载制度改善方案．韩国大田：韩国研究财团，2014：6.

如表 3-9 所示，一般学术期刊在资格审查中达 80 分及以上即可被认证为登载候补学术期刊；登载候补学术期刊在继续评价中达 85 分及以上可升级成为登载学术期刊，未满 80 分则将从登载候补学术期刊中淘汰；于登载学术期刊而言，达到 85 分及以上才可以维持登载学术期刊，否则降级为登载候补学术期刊。在综合评价阶段，学术期刊发展委员会将在每个学科中推选出评价得分排名前 10%的学术期刊为优秀登载学术期刊，作为同类期刊的优质代表，在获得更优厚的政策扶持之余，其再认证周期将由普通登载学术期刊的三年延长至五年。

除根据评价总得分判定是否予以登载之外，登载制度在评价细节上也设置了一定门槛来保证登载学术期刊的质量。如在体系评价或内容评价中未达到满分 70%分值的期刊不论总分分值多少直接实行淘汰（即体系评价未满 21 分，内容评价未满 42 分）；而在学术期刊与收录论文的网络可达性，标题与论文摘要是否翻译成外语，是否注明登载论文的投稿日期、审查日期及发表确定日期，研究伦理强化是否具体、是否规范等特定项目的评价中若得到 0 分，也不论总分分值多少直接以淘汰处理。

（2）再认证评价。

改革后的评价制度为加强学界自我管理，形成学术自律，新增加再认证审查环节。该制度标准从 2018 年起实行，审查对象为财团认证的所有登载学术期刊（含优秀登载学术期刊），其中登载学术期刊的认证周期为每三年一次，优秀登载学术期刊的认证周期为每五年一次。再认证评价的评价结果及其相应措施如表 3-10 所示。

表 3-10　　再认证评价的评价结果及其相应措施

期刊对象	评价环节	未满足基本条件或未满 80 分	满足基本条件并且达 80 分及以上
（优秀）登载学术期刊	再认证	再认证失败（降级为登载候补学术期刊）	再认证成功（维持登载学术期刊）* 再认证周期：3 年或 5 年

资料来源：韩国研究财团. 学术期刊登载制度改善方案. 韩国大田：韩国研究财团，2014：14.

如表 3-10 所示，只有在基本条件与深层条件同时满足审核标准的情况下，再认证申请才能成功，即基本要求评价结果不存在不及格且深层要求评价达到 80 分及以上；若未能满足上述任一条件，再认证即失败，（优秀）登载学术期刊将被降级为登载候补学术期刊。再认证的评价结果将提交至学科委员会与财团专家评审团，确认最终认证结果。

由韩国研究财团直属的韩国学术期刊引文索引（KCI）从 2007 年引文索引数据库开放使用至今，每年都根据登载制度的审核结果对来源期刊进行调整与更新，近年来来源期刊的总体数量浮动不大并呈稳定态势，其中 2018 年 KCI 来源期刊的数量为 2 438 种，拥有论文数据逾 150 万篇。值得提出的是，目前在 KCI 主页可以对 1971—2019 年来源期刊的引文情况进行查询。KCI 以登载（候补）学术期刊引文分析为服务核心，但随着其数据规模的不断扩大，时至今日已发展为包含引文数据、论文信息、机构信息、作者信息以及论文相似度检索等服务的综合性学术信息网站，除引文数据统计源限制在登载（候补）学术期刊外，其他各类信息并不局限于来源期刊，信息覆盖面相对全面。

由此可见，韩国学术期刊评价制度在期刊分级上与中国的制度存在较大差异。首先，二者实行期刊分级的目的不同。韩国各机构制定的登载制度是韩国学术期刊的“指挥棒”，其评价指标的制定旨在提高学术期刊的编辑体系与内容质量，而满足登载条件、进入 KCI 和 KSCI 等大型数据库也已成为所有学术期刊的共同追逐目标。特别是韩国研究财团的学术期刊登载制度，它是韩国政府颁布的评价制度且与期刊扶持政策紧密相连，因此其评价结果在韩国本土评价体系中最具权威性与影响力。反观中国的核心期刊遴选，不论“馆藏核心期刊”还是“学科核心期刊”，均建立在文献计量学的基础之上，统计指标有总被引频次、影响因子、引用半衰期等，其“指挥棒”功能并不像韩国登载制度一样明确，特别是在期刊外在体系考核方面并没有直接联系。

其次，中韩两国期刊分级的方法存在差异。韩国各机构在实行期刊分级时，以研究财团或各协会制定评价指标为基准，以量化评分的方式为手段，以评分结果为界定登载依据，即满足客观条件便可被登载，其界定方法应属于绝对评价方法范畴。这相当于对来源期刊的硬件与软件均设定了一定门槛，从根本上保证了入选期刊的基础质量；而中国的核心期刊遴选大部分以文献集中规律与文献离散规律为理论依据，在界定核心期刊时严格遵循“二八定律”，大致比例均控制在 20%左右，属于相对评价的范畴。在这一点上，笔者认为韩国的界定方法相比于中国制度存在短板。因为绝对评价的指标只在某一特定时期内具有短视效应，对学术期刊可持续发展不具有长期影响力。随着学术期刊编辑水平不断提高，大部分期刊都能满足绝对评价指标要求，此时故步自封的评价指标无异于形同虚设；即使评价项目适当地“水涨船高”，最终也只能在编辑体系上达到最优水平，因为量化的指标在根本上不能对期刊内容质量起到促进作用。而这一问题，也是当今韩国学术期刊评价界面临的最大挑战，学术圈一度沸沸扬扬的“登载制度废止风波”的根本原因也源于此。最终学术期刊评价体系应当回归论文内容本身，不论何种评价体系都应当为质量服务，而不是期刊外在的编辑水平。

最后，中韩两国期刊分级的社会认可度不尽相同。韩国研究财团的学术期刊登载制度在韩国学术界享有绝对权威地位，其评价结果几乎受到所有高校与科研机构的一致认可，即便是登载候补学术期刊也象征着该期刊在学科领域内极高的学术声望，与登载学术期刊几近享有同等地位。相较之下，中国不同机构遴选的核心期刊在不同科研机构的待遇大相径庭，人文社会科学领域内除教育部委任南京大学组织的 CSSCI 遴选受到较为普遍认可外，北大、社科院、武大、人大等体系在社会上的认可度可谓“冰火两重天”。纵观各高校科研成果认定参考目录，比较普遍的做法是以 CSSCI 为基础，结合高校发展特色进行增删修订，最终由高校或专业院系圈定核心期刊范围。就图书情报档案学而言，《中国人民大学核心期刊目录（2011 修订）》共选出《中国图书馆学报》《图书情报工作》等 20 种学术期刊为核心期刊，而《南开大学中文核心期刊表（2009 年版）》同样选出 20 种图情档类核心期刊。然而二者的遴选结果并不一致：同为 CSSCI 来源期刊的《图书馆建设》《图书馆学研究》被人大选为圈选核心期刊，却没有出现在南开大学核心期刊表内；此外，《中国人民大学核心期刊目录》中将复印报刊资料学术系列刊列为重要文摘之一，对其科研成果给予认定，在南开大学核心期刊表中却不见任何此类文摘的踪影。而北大、社科院、武大等机构的期刊分级结果尽管具有一定知名度，但最终在各高校科研处起到的作用仅限于“参考”，学术成果认定的主体仍为高校或专业院系。

四、同行专家评审制度比较

同行专家评审制度起源于 17 世纪的学术性期刊，是对待发表科学论文的可接受程度和科学发现真实性的评判。所谓同行专家评审，或称同行评议，在美国国会技术评估办公室高级专家 Chubin 的专著《无同行的科学——同行评议和美国的科学政策》中，被定义为“是用于评价科学工作的一种组织方法”。而英国苏塞克斯大学科技政策研究中心 Gibbons 和曼彻斯特大学科技政策研究所 Georghiou 对同行评议方法的实施进行了研究，他们给同行评议一个更具体的定义，即“同行评议是由该领域的科学家或邻近领域的科学家以提问的方式评价本领域研究工作科学价值的代名词”。

其实，实施同行专家评审制度的主要目的在于判断复杂稿件的学术价值和保证出版物的质量。现如今，同行专家评审制度已成为科学团体内部进行学术评价的一种常用方法。当前中韩两国都将同行评议采纳为学术期刊定性评价主要形式，但两国在评审组成、评价对象、评价方法的选择和实施上存在一定差异。

（一）中国的同行专家评审制度

中国 2002 年 12 月颁布的《国家自然科学基金项目管理规定（试行）》给同行评议下的定义是：指同行评议专家对申请项目的创新性、研究价值、研究目标、研究方案等做出独立的判断和评价①。其实施的主要目的在于判断复杂稿件的学术价值和保证出版物的质量。现如今，它已成为科学共同体内部进行学术评价的一种常用方法。

中国不同评价机构在定量和定性上各有所侧重，因此专家定性评价地位各不相同，或占据主体地位，或为文献计量评价补充指标。但各家机构都坚持从学术期刊影响、对推动学科发展的作用等方面进行评估，同时兼顾期刊获奖情况、编辑水平以及作者构成情况等多维指标，既针对学术期刊的特征进行了较为全面的评价，又有效地避免了评审过程中由主观因素造成的偏差。

1. 同行评议专家的来源与组织结构

虽然评价机构为满足不同评价需要在评价主体的选择上具有一定差异性，但中国同行评议专家基本来源于三个领域：学科专家、评价专家以及期刊编辑或图书管理员，分别代表学术期刊的直接创作者与受众、第三方评价组织与传播媒介。如武汉大学《中国学术期刊评价研究报告》的同行评议专家来源于：（1）学科专家——该学科领域的理事会成员专家和高校教授；（2）评价专家——各学科领域的专家和各政府机构的领导；（3）图书馆的学科馆员——主要来自高校图书馆界②。再如，《综合评价报告》的评估主体构成主要来自三部分：（1）上一版核心期刊和来源期刊的主编、副主编；（2）各学科的权威专家；（3）文摘编辑部的评刊专家③。此外，

---

① 胡明铭，黄菊芳．同行评议研究综述．北京：中国科学基金，2005（4）：11.

② 中国科学评价研究中心．中国学术期刊评价研究报告（2013—2014）．北京：科学出版社，2013：23.

③ 中国社会科学评价院．中国人文社会科学期刊 AMI 综合评价报告：2018 年版．北京：中国社会科学评价院，2018-11-16.

为保证评价产品的公信力，评价机构要求参与同行评议的专家具备一定资质，如北大《总览》要求所有学科专家具备正高级职称，在领域内具有较高学术影响力，同时还应具有良好的学术道德，具备治学严谨、客观公正、责任心强等优秀品质。《总览》通过多年研制工作的积累已将收集的学科专家信息建立数据库，在评价周期到来之时通过电子邮件方式广泛征聘学科评审专家参与评审，近年参评专家数量保持大幅度增加，2017 年版评审专家人数达到 33 879 人①。

在以同行评议为主的评价体系中，专家评审结果被视为其评价工作的重要参考指标，评价指标更加多元、评价流程更具层次，因此其评议专家相应呈现出规模化与系统化的特点。中国人民大学复印报刊资料的同行专家评审过程表现为学术文献遴选，由学科专家与期刊编辑共同完成，根据不同职能他们被系统化地分为试评组、复评组、终评组。其中试评组负责对所有论文进行初步评估，筛选掉非学术性论文；复评组负责区分论文的优劣等级，淘汰质量较差的论文，并对质量在一般以上的学术论文进行评估；终评组负责对进入终评的论文进行再次评估，因此该组评委要求具有较高的专业知识水平和较丰富的实践经验，并在此专业领域内具有一定的权威，能较好地把握评估标准②。复印报刊资料按月度循环组织同行专家对论文质量进行初评、复评和终评，保证每篇论文共有 5～7 名评委完成全流程的评估③。通过三个环节分布评估，评审组间各司其职，既适应了人文社会科学学术成果定性评价的客观需要，又最大限度地规避了同行评议中“权威主义”“人情干扰”等负面效益。

2. 评价对象与内容

中国学术期刊评价专家评审的对象主要分为两类：一类是直接以学术论文为评审对象，另一类是以期刊本身为评审对象。北大、社科院、南京大学 CSSCI 等以定量评价为主的评价机构在专家评审上均以期刊本身为评价对象，而中国人民大学复印报刊资料则是典型的以论文为直接评估对象的体系。

北大《总览》、社科院《综合评价报告》、武汉大学《中国学术期刊评价研究报告》以及南京大学 CSSCI 来源期刊遴选在研制过程中均把专家定性评价放在评价实施过程的最后一个环节，专家评价对象多为经文献计量

① 陈建龙，朱强，张俊娥，等. 中文核心期刊要目总览：2017 年版. 北京：北京大学出版社，2018：91.

② 武宝瑞，钱蓉，杨红艳. 中国人民大学复印报刊资料转载指数排名研究报告（2014). 北京：中国人民大学出版社，2015：5-7.

③ 同②6.

统计出的核心期刊备选表，通过专家运用专业知识和判断能力，或根据定性评价指标为备选期刊打分，或直接在核心期刊备选表基础上进行调整、增补，最终确定入选期刊。如北大《总览》评议专家的评审内容包括调整核心期刊排序、调整核心期刊表、增补优秀学术期刊进入核心期刊表和修改学科核心期刊数量等四个方面。

为被选期刊进行定性打分的评价体系如社科院《综合评价报告》、武汉大学《中国学术期刊评价研究报告》等，其评价内容多围绕刊物本身，如《综合评价报告》的定性评价重点围绕期刊学术性、论文的学理性与创新性、编辑质量、学术规范性与刊物公信度等指标，按照定性评价与定量评价各占权重 0.3 与 0.7，将专家打分分值与学科引证表数据综合值各自加权相加后，最终得出学术期刊的“综合评价值”。

以论文为直接评估对象的中国人民大学复印报刊资料，将“有效反映论文质量”视为其评价要义，主要通过指标体系表现：以直接反映论文内容质量的定性指标为主，如学术创新程度、论证完备程度、社会价值、难易程度；以间接反映论文质量的指标为辅，如课题立项、发表载体①。以学术论文为直接评估对象，有效规避了“以刊评文”带来的种种弊端，且更加符合人文社会科学的研究规律与发展特点。

3. 评价方法与工具

同行评议有许多实施方法。从形式上划分，传统同行评议方法可分为通信评议、会议评议、调查评议和组合评议②。近几年随着网络技术的普及和应用，中国同行评议工作的实施主要通过网络进行，北京大学、武汉大学、中国人民大学等评价机构专门建立了评估系统，评估专家登录系统即可进行操作，在克服地理限制的同时，大大缩短了评价周期，提高了工作效率。

图 3-3 为中国人民大学人文社科论文质量评估系统界面，其主要功能包括：论文信息管理，指标体系管理，评估分数录入、查看、修改、计算合成，评分排序统计等③。

北大《总览》通过网络主要收集专家为备选核心期刊提出的评审意见。在专家正式开展网络评议之前，项目组将为专家寄送学科期刊送审表，送审表由核心区和扩展区两部分组成，其中核心区期刊为定量评价初定的核心期刊，扩展区期刊为核心区期刊的 0.5～1.0 倍。该表列出了入选期刊的

① 武宝瑞，钱蓉，杨红艳. 中国人民大学复印报刊资料转载指数排名研究报告（2014）. 北京：中国人民大学出版社，2015：7.

② 邱均平，文庭孝. 评价学. 北京：科学出版社，2010：153.

③ 同①6.

图 3-3 中国人民大学人文社科论文质量评估系统界面

综合评价排序号、隶属度、各评价指标的统计数据、各评价指标的权重等数据①，为专家进行网络评审提供了必要参考。各学科专家根据送审表中的数据，结合客观实际对备选核心期刊进行调整与增补，同时说明理由。研制项目组在汇总审定专家评审结果后，对被专家调整的数据进行再审查，进一步审阅专家意见相左的刊物，最终才能确定入选的核心期刊。

复印报刊资料的同行评议方法则遵循“指标通用、分类设置权重、同类比较”的原则，即对人文社会科学所有论文设置通用的评估指标，但根据论文的论述题材与所在学科，设置不同的指标权重分配方案，在分析评估分数时，对相同学科的论文进行同类比较②。具体操作时，选择两个 5 分量表嵌套的“21 分量表”（如图 3-4 所示），要求评委在打分时，先判断论文水平处于五个基本等级中的哪一级，再左右微调论文的最终得分。这种方法避免了因分级过少而强行做出选择时造成的评估信息丢失，或因分级过多而超出评委判断能力造成的失误③。

此外，根据评价需要，各评价机构在同行评议实施过程中还会辅以会议、调查等其他形式，如社科院在研制《中国人文社会科学期刊综合评价指标体系》时兼以调查评议，走访了大量期刊发行机构以获得客观、准确的评价信息。

---

① 朱强，蔡蓉华，何峻．中文核心期刊要目总览：2011 年版．北京：北京大学出版社，2011：12.

② 中国人民大学学术成果评价研究中心．人文社会科学论文质量评估指标体系．北京：中国人民大学人文社会科学学术成果评价研究中心，2014：8.

③ 武宝瑞，钱蓉，杨红艳．中国人民大学复印报刊资料转载指数排名研究报告（2014）．北京：中国人民大学出版社，2015：6.

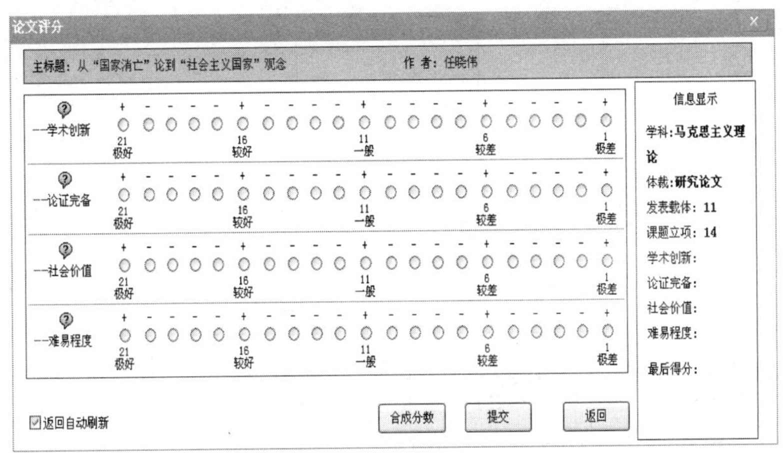

图 3-4　中国人民大学复印报刊资料专家评审打分界面

（二）韩国的同行专家评审制度

在韩国，同行评议在各个业界的绩效评估、决策支撑、咨询诊断中均发挥重要作用。作为学术期刊评价的权威体系，学术期刊登载制度选择将同行评议作为评价的主导方法。韩国研究财团下属成立的学术期刊发展委员会是负责登载制度评价实施的专家评审团体，评价范围涵盖所有环节。该委员会产生于学术期刊登载制度由“废止”重新走向“改革”的波折之中，韩国教育部对其定位为“为完成学界自律的过渡性组织”①，旨在通过将学术评价的主体由政府机关逐步归还学术界同行，最终实现学术界的全面自律。

1. 学术期刊发展委员会的组织结构

2014 年 4 月，韩国研究财团完成了学术期刊委员会的初期组建工作。委员会以学术界各领域同行专家为核心成员，分为本委员会与分科委员会两个层级，其中分科委员会为本委员会下属组织，每个分科委员会下设置专家评审团。此外，为保证评价的专业性，计划每个学科（以中分类为基准）平均分配 2～3 名专家，使学术期刊发展委员会的总规模最终达 300～400 人。学术期刊发展委员会组织结构如图 3-5 所示。

目前委员会共由来自学术界各个领域的 35 位资深专家组成，同时设委员长一名，现由前 SCOPE 韩国期刊选定委员会委员长、首尔大学物理系教授金正久出任。

---

① 权亨镇. 学术期刊评价走向学界自律体系. 教授新闻，2014-04-14.

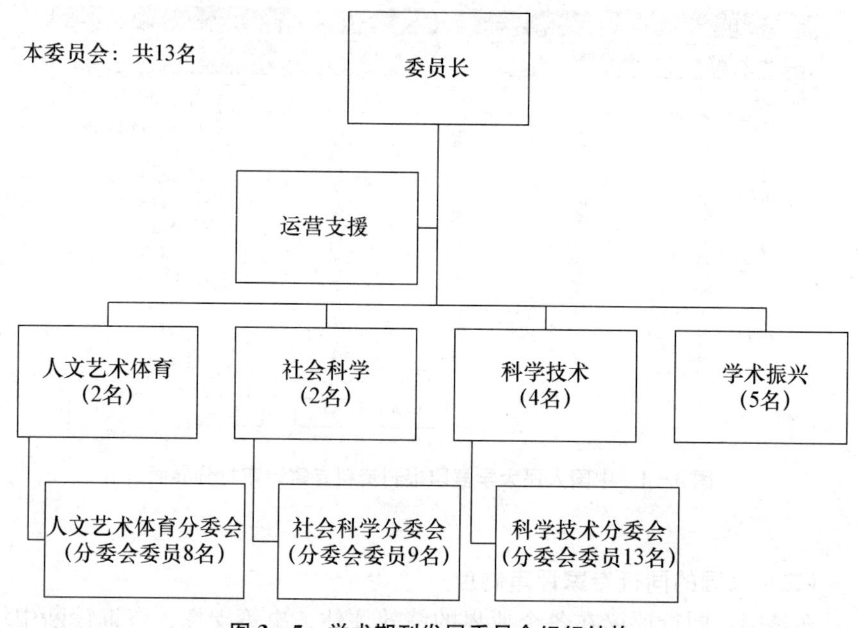

图 3-5　学术期刊发展委员会组织结构

资料来源：权亨镇．学术期刊评价走向学界自律体系．教授新闻．2014-04-14.

本委员会是发展委员会的核心组织，在委员会的运营中统领、分配、协调各方资源，处于主导地位。现有委员 13 名，由 8 名学科专家与 5 名学术振兴委员组成。本委员会主要负责登载制度的改善及每年评价计划的确立并提供支持，同时对每年登载评审的结果进行最终审议。此外，在学术期刊扶持方面，本委员会负责设计新兴学科与小学科的扶持方案，并为一般学术期刊扶持事业提供政策咨询。

分科委员会是发展委员会的基层部门，其专家评审团直接负责每年学术期刊登载制度的评审活动，目前由人文艺术体育分委会（8 名委员）、社会科学分委会（9 名委员）、科学技术分委会（13 名委员）组成。除每年例行的学术期刊评价工作外，分科委员会的委员职责还涵盖了反馈登载制度指标内容实施情况、积极对学术期刊扶持事业献计献策等内容。

2. 同行评议专家的来源与遴选标准

根据韩国研究财团 2013 年 11 月向韩国各大学术机构下发的《学术期刊发展委员会候选人公告》①，委员会委员主要从韩国学术团体与登载（候补）学术期刊的编辑中推荐产生。其中学术团体范围为韩国学术团体总联

① 韩国研究财团．学术期刊发展委员会候选人公告．（2013-11-11）［2018-06-25］．http://www.kafe.or.kr/bbs/board.php?bo_table=notice&isframe=&wr_id=90&page=2.

合会、韩国人文学总联合会、全国历史学大会协会、韩国社会科学协会、韩国科学技术人团体总联合会、艺术体育学术振兴协会等具有代表性的学术团体或所有在 KCI 注册的学会与大学附属研究机构；编辑成为候选人的条件是，属来自登载（候补）学术期刊的编辑，并由 5 名以上相关研究人员推荐。候选人具体要求如下：

➢ 在相关领域从事学术活动并拥有 20 年以上科研经历的研究人员；

➢ 拥有登载（候补）学术期刊 1 年以上编辑经验的研究人员；

➢ 在登载（候补）学术期刊发表 3 篇以上文章的研究人员（或在 WOS、Scopus 发表文章 2 篇以上）。

各分科委员会委员的任期一般为 3 年，部分聘任委员的任期可缩短为 1～2 年，而本委员会与委员长的任期原则上为 1 年，由每年初任免的委员通过协商或互选的方式选出新一届本委员会委员与委员长。

3. 评价对象与内容

学术期刊发展委员会的评价工作涵盖各个等级学术期刊，并贯穿整个登载制度评价流程。图 3-6 是学术期刊登载制度的评价模型，韩国研究财团、学术期刊发展委员会分科委员会与本委员会是学术期刊登载制度中的三大评价主体，直接参与资格审查·继续评价、再认证以及优秀登载学术期刊推荐等各环节评价。

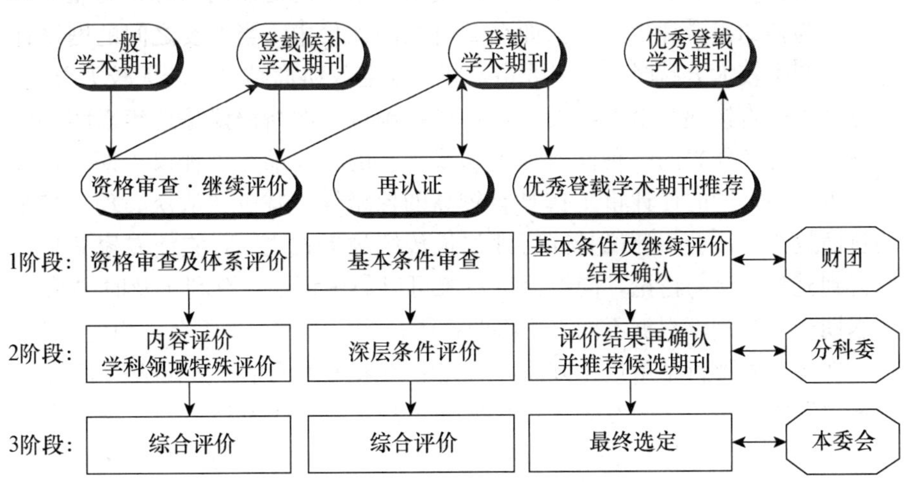

图 3-6　学术期刊登载制度评价模型

其中韩国研究财团负责 1 阶段的审查环节，在资格审查·继续评价与再认证环节中对期刊发行机构在系统中申报的自我评价信息进行确认。由于 1 阶段均为期刊发行机构的自我鉴定且以定量评价为主，因此研究财团本身并没有直接介入期刊评价之中。收紧政府部门对学术评价的干涉是登载制度改善后的重大改变之一，研究财团作为组织学术期刊评价的行政机构，由全权负责学术期刊评价的主导性地位退至确认定量评价结果的辅助性角色，从本质上体现了韩国政府将学术话语权归还学术界的态度与决心。

分科委员会是直接参与期刊定性评价的核心组织，分科委员会委员将组织各学科同行专家依据评价指标对学术期刊的内容进行深层评价，评价范围涵盖内容评价、学科领域特殊评价、深层条件评价等。每个学科由2～3名同行专家组成的专家评审团通过网络评估系统对各学术期刊进行评估，依据专家自身的知识储备与行业经验对期刊进行的价值判断，并通过打分表达主观印象。同时，在优秀登载学术期刊的推荐中，分科委员会要在对评价结果进行确认后从每个学科中推荐出一定数量的优秀候选期刊。

委员会作为整个登载制度评价流程的指挥团队与权威部门，负责组织委员对所有评价环节的内容及结果进行再讨论与分析，收集并解决评价中出现的问题，确认最终评价结果，在同行评议制中发挥最后关卡作用。此外，本委员会在优秀学术期刊选定中享有最高话语权，每个学科中排名前10%的学术期刊只有在经过本委员会审查后才可被认定为该年度的优秀登载学术期刊。

4. 评价方法与工具

学术期刊发展委员会在整个评价流程中采用的是以网络评议为主、会议评价为辅的组合评价形式。如在2阶段的评价中，当评委之间的网络评分结果产生较大分歧时，分科委员会将组织会议协商结果；若无较大分歧，评分结果将直接递交至本委员会进行最终确认。网络评议是近年来随着网络技术的普及新兴的一种同行评议形式，它的普及缩短了评议周期，提高了评审效率，同时使评审工作具有较高的保密性，减少“从众心理”带来的负面效应。而会议评议是同行评议最传统的形式之一，它使专家意见可以得到充分交流与讨论，同类评价对象可以集中评议，有利于及时决策①。学术期刊登载制度根据不同需要将两种同行评议方式交叉组合，相得益彰。

在将定性评价结果量化方面，研究财团采用由两个5分量表嵌套的10分量“等距量表”作为专家评审打分的工具，应用于资格审查·继续评价与再认证的定性评价环节。其设置的基本依据为心理学的短时记忆容量规律，即人的短时记忆为4～9个信息单位不等，评分过程也符合这一规律。如图3-7所示，专家评委在打分时首先根据指标内容判断被评价期刊属于A～E中的哪一级，然后根据具体情况微调分值，评分时的最小单位为1

① 邱均平，文庭孝. 评价学. 北京：科学出版社，2010：155.

分。这种方法的优势在于既避免了因分级过少而强行做出选择时造成的评估信息丢失，又防止了因分级过多而超出评委判断能力造成的失误①。

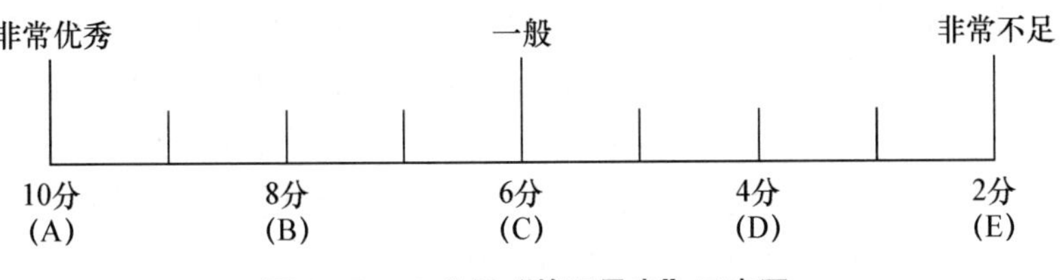

图 3－7　10 分量"等距量表"示意图

此外，韩国研究财团为学术期刊登载评价专门建立了期刊评价板块，每年申请评价的期刊发行机构可通过研究财团网站完成自我鉴定。该板块的主要内容包括：扶持申请信息、学术期刊及机构概况、申请资格一览表、自我评价书、计划书附件上传等。以资格审查的体系评价为例，其评价操作界面如图 3－8 所示。

연구과제신청

지원신청정보 | 학술지및기관개요 | 신청자격 총괄표 | 자체평가서 | 계획서파일탑재 | 신청완료

❷ 저장　✕ 신청포기

자체평가서총괄표(신규)

사업년도	2014	사업명	학술지평가
지원분야	등재후보학술지	학술지명	

NO	평가항목	배점 ❶	평가점수
1	연간 학술지 발간횟수	3	0
2	학술지 및 수록 논문의 온라인 접근성(KCI 등록 포함)	7	0
3	주제어 및 논문 초록의 외국어화	5	0
4	게재 논문의 투고, 심사, 게재확정일자 기재	4	0
5	논문게재율	5	0
6	편집위원의 균형성	4	0
7	편집위원장의 안정성	2	0

❷ 저장

图 3－8　韩国研究财团学术期刊登载制度评价平台

资料来源：韩国研究财团. 2015 年学术期刊评价申请说明书.（2015－03－01）[2018－06－25]. https://www.kci.go.kr/kciportal/ss-mng/bbs/bbsNoticeView.kci.

---

①　武宝瑞，钱蓉，杨红艳. 中国人民大学复印报刊资料转载指数排名研究报告（2014）. 北京：中国人民大学出版社，2015：6.

纵观中韩学术期刊同行专家评审制度，二者从内到外呈现出较大的差异性，在具体的理论生成和体系生成中保留着鲜明的个性空间。

首先，中韩两国不同的学术评价环境导致同行评议的组建模式不同。在中国，学术评价主要由各评价机构负责实施，目前北大、社科院、南大、武大、人大等评价机构不同程度地覆盖了中国人文社科的学术评价“版图”，评价体系亦各具特色。我国评价机构独立组建同行专家评审队伍，各专家评审团队的组织架构虽不尽相同，但其中有相当比例的评委相互重合，评价对象也具有较高耦合度。反观韩国，研究财团作为韩国唯一的学术期刊评价管理部门，其下属的学术期刊发展委员会是韩国学术期刊评价的权威团队，凭借研究财团的巨大影响力吸引学科专家与评价专家，集中实施同行评议，避免人力物力资源浪费。

其次，中韩学术期刊同行评议的评价内容各有所重。在中国，除人大复印报刊资料以外的大部分学术评价都偏重学术期刊的文献计量结果，将同行评议作为判定期刊质量的辅助性指标，且评价内容紧密围绕学术期刊本身，多从编辑质量、学术性、公信度等宏观维度进行评价。而韩国学术期刊登载制度则将同行评议的决定性作用贯穿始终，学术期刊发展委员会参与评价各个环节。同时，学术期刊登载制度十分重视期刊编委会的组成，因此在关注期刊与论文本身的同时，对编委团队的组建情况与规章制度完备度都提出了要求，值得中国评价机构参考与借鉴。

近年来，随着学术期刊评价国际化的不断升温，中韩两国许多学者将目光投向西方评价体系，希望通过借鉴西方学术发展的成熟经验以提高本国在世界范围内的学术影响力。然而，我们必须清楚地意识到，由于东西方学术土壤的差异，“师夷长技”并不足以全面推动东亚学术圈的繁荣发展。在西方评价体系占主导地位的现阶段，作为东亚邻邦的中韩两国，通过相互比较、借鉴，完善各自的评价体系，从而以更广阔的视野适应当今时代特征和人文社会科学研究的国际化大趋势，这对于中韩学术期刊发展和学术评价研究至关重要。

五、期刊评价指标体系比较

指标体系是具有一定层次结构的评价指标集合。评价指标，是将具有原则性、概括性和抽象性特征的评价目标，经过逐级分解之后，使之最终成为具体的、行为化的和可测的诸分目标①。因此，评价指标体系首先应当建立在科学合理的成果评价目标体系之上。一般而言，指标体系由若干个不同性质的指标项以串联形式或并联形式组成层次结构，评价者通过指标权重的赋值反映评价指标对评价结果贡献的大小或影响程度，最后通过数学计量方法得出科学的评价分数。

(一) 中国学术期刊评价指标体系

根据不同的评价方法，中国学术期刊评价指标体系主要分为文献计量指标体系与同行评议指标体系两大类，此外随着综合评价的发展，围绕期刊吸引力、管理力的指标体系也在近年新兴的评价体系中初显锋芒。

1. 学术期刊评价指标体系

基于中国学术期刊评价中普遍采用的定量评价与定性评价相结合的综合评价法，文献计量指标体系与同行评议指标体系是当前使用最广泛的两类体系。其中，大部分机构又将引证计量方式作为学术评估的主要方式，表现为在评价实施过程中将文献计量指标作为评价基本依据，如北京大学《中文核心期刊要目总览》、社科院《中国人文社会科学期刊 AMI 综合评价报告》、南京大学 CSSCI 引文数据库来源期刊遴选以及武汉大学《中国学术期刊评价研究报告》等。

中国人民大学人文社会科学学术成果评价研究中心依托自主研发的《人文社会科学论文质量评估指标体系》，将同行评议指标体系作为评价主体，其评价成果《复印报刊资料重要转载来源期刊》与《复印报刊资料转载学术论文指数排名研究报告》以其同行评议的评价特色在众多期刊评价产品中独树一帜。

此外，社科院于 2014 年发布的《中国人文社会科学期刊综合评价指标体系》除传统的文献计量指标与专家定性指标之外，创新性地加入了对期刊吸引力与管理力的考量，并新增意识形态属性指标，为中国学术期刊综合评价开辟了新的方向。

中国人文社会科学领域主要评价机构指标体系的对比分析如表 3－11 所示。

① 任全娥. 人文社会科学成果评价研究. 北京：中国社会科学出版社，2010：186.

表 3-11　　中国主要评价机构学术期刊指标体系的对比

<table>
<tr><th rowspan="2">机构名称</th><th colspan="2">评估指标</th><th rowspan="2">指标权重分配</th><th rowspan="2">分值合成</th></tr>
<tr><th>文献计量</th><th>同行评议</th></tr>
<tr><td>北京大学：《中文核心期刊要目总览 2008》</td><td>被索量、被摘量、被引量、他引量、被摘率、影响因子获奖或重要检索工具收录基金论文比、Web 下载量</td><td>针对初选核心期刊，专家再进行评审调整期刊表的排序及内容</td><td>征求学科专家意见，确定权重</td><td>模糊综合评判法</td></tr>
<tr><td>南京大学：《中国人文社会科学期刊学术影响力报告 2009》</td><td>期刊学术规范量化指标：期刊篇均引用文献数、本学科论文比例、本机构论文比例、期刊作者地区分布、基金论文比例
学术成果的引用指标：期刊被引次数、期刊即年指数、期刊影响因子、期刊被引广度、期刊半衰期
重要二次文献收录指数：Web 即年下载率</td><td>无</td><td>按照各指标重要性人工分配权重</td><td>模糊综合评判法</td></tr>
<tr><td>武汉大学：《中国学术期刊评价 2009 研究报告》</td><td>基金论文比、总被引频次、影响因子、Web 下载率、二次文献转载量</td><td>专家定性期刊评估指标</td><td>采用层次分析法确定指标权重</td><td>差异加权求和法</td></tr>
<tr><td>社科院：《中国人文社会科学核心期刊要览 2013》</td><td>被引率：期刊学科影响因子、期刊影响因子、总被引频次
转摘率：三大文摘转摘率、核心报刊转摘率、复印报刊资料转摘率
其他指标：借阅率、下载率等</td><td>专家定性评价：设置五项指标，由专家对候选核心期刊打分</td><td>按照评价指标重要程度人工分配权重</td><td>模糊综合评判法</td></tr>
</table>

续前表

机构名称	评估指标		指标权重分配	分值合成
	文献计量	同行评议		
中国人民大学：《人文社会科学论文质量评估指标体系 2014》	Web下载频次、被他引频次、被转载次数	**主要指标**：学术创新程度、论证完备程度社会价值、难易程度 **辅助指标**：课题立项、发表载体	征求学科专家意见，分类设置权重	计量数据归一化后，差异加权求和
社科院：《中国人文社会科学期刊综合评价指标体系 2014》	**吸引力指标**：学术声誉、收录情况、作者状况、论文状况 **管理力指标**：导向管理、编辑人员管理、流程管理、信息化管理 **影响力指标**：学术影响力、政策影响力、国际影响力		无	单位加权求和

由表 3-11 可知，从指标体系的评估对象来看，除人大以“学术论文”为直接评估对象外，其余各评价机构的评价指标均围绕“学术期刊”展开；从指标内容来看，北京大学、社科院、南京大学与武汉大学过于偏重引文分析指标，其同行评议指标过于简单甚至没有；从权重分配与分值合成来看，各体系均以人工分配权重为主，模糊综合评判法与加权求和法是分值合成的常规方法，其中模糊综合评判法在以定量评价为主的体系中应用普遍。

（1）文献计量指标体系。

文献计量指标体系是通过文献计量数据反映学术期刊引证特征，从而间接衡量期刊学术水平的指标集合。该体系需要相应的文献量支撑，在宏观层次更有效，评价效果具有较强客观性[①]。文献计量指标可分为：1）引文分析指标，如总被引频次、影响因子、即年指数、他引量、被引半衰期等；2）期刊计量指标，如基金论文比、平均作者数、地区分布数、海外论文比、本机构论文比例等；3）网络计量学指标，如 Web 即年下载率等。在中国现有文献计量指标体系中，大部分机构的指标体系以引文分析指标为主、以期刊计量指标为辅，近年来随着网络应用的普及，Web 即年下载率等网络计量学指标也得到了广泛使用。

北京大学作为中国最早大规模引入文献计量方式进行学术评估的知名

① 邱均平，文庭孝. 评价学. 北京：科学出版社，2010：126.

体系，其选择评价指标的基本原则是：能够反映期刊学术水平、核心效益明显、有较好的统计源、具有可操作性等①。《总览》在这一原则的指导下，结合实际操作情况不断对各项指标进行修正，在至今已编制完成的八版《总览》中，其指标体系均有不同程度更动（如表3-12所示）。

表3-12 《总览》各版评价指标体系构成

版本	评价指标
1992	载文量、文摘量、被引量
1996	被索量、被摘量、被引量、载文量、被摘率、影响因子
2000	被索量、被摘量、被引量、载文量、被摘率、影响因子
2004	被索量、被摘量、被引量、他引量、被摘率、影响因子、获奖或被重要检索工具收录
2008	被索量、被摘量、被引量、他引量、被摘率、影响因子、获奖或被重要检索系统收录、基金论文比、Web下载量
2011	被索量、被摘量、被引量、他引量、被摘率、影响因子、被重要检索系统收录、基金论文比、Web下载量
2014	被索量、被摘量、被引量、他引量、被摘率、影响因子、他引影响因子、被重要检索系统收录、基金论文比、Web下载量、论文被引指数、互引指数
2017	被摘量（全文、摘要）、被摘率（全文、摘要）、被引量、他引量（期刊、博士论文、会议论文）、影响因子、他引影响因子、5年影响因子、5年他引影响因子、特征因子、论文影响分值、论文被引指数、互引指数、获奖或被重要检索工具收录、基金论文比（国家级、省部级）、Web下载量、Web下载率

注：本书中所提到的评价指标均为学科指标，如影响因子为学科影响因子。

资料来源：陈建龙，朱强，张俊娥，等. 中文核心期刊要目总览：2017年版. 北京：北京大学出版社，2018：83.

早期的《总览》选用的指标项较少，仅包含载文量、文摘量、被引量三项，这是受当时客观条件所限，合适的统计源很少且大多为书本式工具，只能进行手工统计，统计工作量巨大。随着信息技术的普及，引证数据统计效率大幅提升，1996年《总览》将指标项扩充至6项，反映学术期刊影响力的影响因子首次出现于指标体系当中。之后，为顺应期刊数字化出版及网络传播的新趋势，2008年版增加了Web下载量指标，以研究分析期刊

① 朱强，蔡蓉华，何峻. 中文核心期刊要目总览：2011年版. 北京：北京大学出版社，2011：4.

网络使用数据的作用和影响，从阅读使用角度出发来对期刊进行评价[①]。此外，伴随着期刊管理部门对期刊评奖的限制，2011 年版将原“获奖或被重要检索系统收录”指标改为“被重要检索系统收录”指标。

2017 年版《总览》各指标定义如下[②]：

被摘量：被文摘检索工具全文转载的次数及被摘录的次数。

被引量：被某学科论文引用的总次数。

被摘率：分母为当年发表论文的总数，分子为被全文（含摘要）转载总次数。

他引量：被他刊、某学科博士论文、某学科会议论文引用的总次数。

影响因子：分别为影响因子、他引影响因子、5 年影响因子、5 年他引影响因子。分子为“该刊前 2 年和 5 年所发表论文的总数”；分母为“前 2 年和 5 年被引用的总次数”。

特征因子：期刊前 5 年矩阵，以类似于 PageRank 的算法迭代计算出期刊的权重影响值，实现引文数量与价值的综合评价。

论文影响分值：前 5 年特征因子分值与该刊前 5 年所发表论文总数的比值。

论文被引指数：分母为前 5 年所登载论文的总数，分子为被引用次数大于或等于 1 的论文篇数。

互引指数：在 4 年统计时间窗口内，在计算某刊被其他引用频次数据的偏度系数的基础上，对其进行标准化和正向化处理后得出的值。

获奖或被重要检索系统收录：被重要数据库收录以及获国家奖或国家基金资助。

基金论文比：国家级及省部级基金论文比。分母为发表论文总数；分子为基金论文数。

Web 下载量：当年被全文下载的总次数。

Web 下载率：前 3 年发表的某学科的论文在统计当年被全文下载的总次数除以该刊前 3 年所发表并上网论文的总数。

2017 年版《总览》采用多指标评价体系，从多角度对学术期刊进行评价，可以克服单指标评价的片面性，使评价结果更加符合客观实际。

（2）同行评议指标体系。

同行评议指标体系是同行专家运用专业知识和经验对评价对象做出主

---

① 朱强，蔡蓉华，何峻. 中文核心期刊要目总览：2011 年版. 北京：北京大学出版社，2011：5.

② 陈建龙，朱强，张俊娥，等. 中文核心期刊要目总览：2017 年版. 北京：北京大学出版社，2018：84-89.

观判断的依据。根据学术成果评价的相关理论，科学研究及其成果质量评判实质上主要涉及创新性、价值性与科学性这三个方面①。因此一套完整的同行评议指标体系也应主要围绕这三个方面设置而成，常用的评价指标有学术性、创新性、规范性、社会声誉等。

中国目前较主流的期刊评价体系，大部分将同行评议指标作为核心期刊初选后专家审核的参考依据，同行评议指标处于辅助性指标地位。最为完整的同行评议指标体系应属由中国人民大学人文社会科学学术成果评价研究中心研制的《人文社会科学论文质量评估指标体系》，该体系以学术论文为直接评估对象，考虑人文社会科学的研究特点和规律，坚持同行评议的主体地位（如图 3-9 所示）。

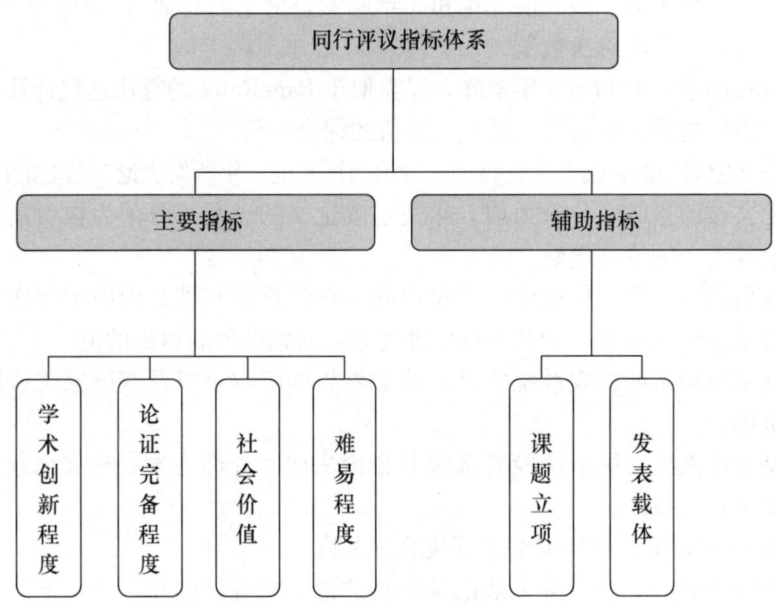

图 3-9 《人文社会科学论文质量评估指标体系》同行评议指标体系

资料来源：中国人民大学人文社会科学学术成果评价研究中心．人文社会科学论文质量评估指标体系实施方案（试行）．内部资料，2014：7.

如图 3-9 所示，《指标体系》将同行评议指标分为主要指标和辅助指标两类，主要指标包含学术创新程度、论证完备程度、社会价值与难易程度四项；辅助指标包含课题立项与发表载体两项。其指标的具体内涵与评估内容如表 3-13 所示。

① 任全娥．人文社会科学成果评价研究．北京：中国社会科学出版社，2010：191.

表 3-13　　　　人大体系同行评议的指标与评估内容

<table>
<tr><th>类别</th><th>评估指标</th><th>指标内涵</th><th>评估内容</th></tr>
<tr><td rowspan="7">主要指标</td><td>学术创新程度</td><td>衡量论文提供的新知识对学术发展的促进程度</td><td>以下内容对学术发展的促进程度：
➢ 提出新的（或修正完善已有的）学说、理论、观点、问题、阐释等
➢ 提出新的（或改进运用已有的）方法、视角等
➢ 发现新的资料、史料、证据、数据等
➢ 对已有成果做出新的概括、评析（仅指综述文章）</td></tr>
<tr><td rowspan="3">论证完备程度</td><td rowspan="3">衡量论文的研究规范程度和严谨程度</td><td>研究方法有效性：
➢ 研究方法科学性
➢ 研究方法适当性（对于研究问题）</td></tr>
<tr><td>论据可靠性：
➢ 资料占有全面性
➢ 资料来源真实性
➢ 资料引证规范性</td></tr>
<tr><td>论证逻辑性：
➢ 理论前提科学性
➢ 概念使用准确性
➢ 论证过程系统性
➢ 逻辑推理严密性</td></tr>
<tr><td>社会价值</td><td>衡量论文对社会发展进步可能产生的推动作用的大小</td><td>➢ 对解决经济、政治、社会建设中问题的推动作用
➢ 对思想道德文化建设的推动作用</td></tr>
<tr><td rowspan="2">难易程度</td><td rowspan="2">衡量论文研究投入劳动的多少</td><td>论题复杂度：
➢ 理论难点的多少
➢ 证实研究的难度</td></tr>
<tr><td>资料难度：
➢ 资料搜集难度
➢ 资料处理难度</td></tr>
<tr><td rowspan="2">辅助指标</td><td>课题立项</td><td>论文来源的课题立项情况</td><td>➢ 国家级（21 分）
➢ 省部级（14 分）
➢ 其他立项（8 分）
➢ 无立项（1 分）</td></tr>
<tr><td>发表载体</td><td>论文发表载体的学术影响力</td><td>➢ 核心报刊（21 分）
➢ 非核心报刊（11 分）</td></tr>
</table>

资料来源：中国人民大学人文社会科学学术成果评价研究中心．人文社会科学论文质量评估指标体系实施方案（试行）．内部资料，2014：9-10.

人民大学《指标体系》以论文为直接评估对象，从根本上规避了文献计量方法“以刊评文”的负面效应；同时评价结果可随时发布，解决了部分指标滞后性的问题。目前国内以论文为直接评估对象的指标体系唯此一家，这是由于人大评价中心依托复印报刊资料100多名各学科高水平编辑和150余位学界知名专家组成的顾问团队，产生其评价产品的同行评议本质是各位编辑和专家共同选文、评文、编辑的过程。

同行评议指标作为文献计量学的补充指标使用时，其评价对象一般为学术期刊本身。如社科院《要览》在定量分析形成排序表后对备选期刊进行定性打分，其定性评价指标如下①：

A. 期刊的学术性（期刊内容的学术含量及比重）

B. 论文的学理性与创新性

C. 编辑质量（编校差错率及选题策划能力）

D. 学术规范性（论文的写作规范和著录规范）

E. 刊物公信度（学术水平与学风的社会认同度）

由此可知，以学术期刊为评价对象的定性评价指标主要从期刊的学术影响力、对学科发展的推动作用以及编辑出版规范等方面进行考量，与人大体系的评价角度分属两个不同层次——人民大学指标体系重在微观的、个体的学术质量把控，而其他机构侧重宏观的、整体的学术影响力评价。

（3）其他指标体系。

除常规的文献计量指标与专家定性指标之外，近年来随着学术评价概念的深入发展，期刊评价指标逐渐走向多样化，力争从更多元的视角反映期刊的综合实力。如社科院2014年发布的《中国人文社会科学期刊综合评价指标体系》，一改按照文献计量与同行评议标准将指标体系一分为二的传统方法，将定量指标与定性指标整合于一套体系当中，并将之按照等级标准量化成分值，由专家依据客观资料实施综合评分。

如表3-14所示，社科院《中国人文社会科学期刊综合评价指标体系》共由五级指标构成，其中一级指标3个，包括“吸引力”“管理力”“影响力”；二级指标12个，“吸引力”之下包括学术声誉、收录情况、作者状况、论文状况，“管理力”之下包括导向管理、编辑人员管理、流程管理、信息化管理；“影响力”之下包括学术影响力、政策影响力、社会影响力、

① 姜晓辉. 中国人文社会科学核心期刊要览：2013年版. 北京：社会科学文献出版社，2014：13.

国际影响力；三级指标 36 个，总分值为 208 分。

表 3-14　　社科院《中国人文社会科学期刊综合评价指标体系》

一级指标	二级指标	三级指标	四级指标	五级指标
吸引力（83.5 分）	学术声誉（64 分）	国家级奖励（8 分）	出版政府奖（5 分）	出版政府奖或提名奖
			国家社科基金资助期刊（3 分）	
		省部级奖励（1 分）	国家新闻出版广电总局奖励（1 分）	百强社科期刊
		期刊论文获奖（10 分）	期刊论文获奖（10 分）	
		同行评议（45 分）	学科专家评议（18 分）	
			期刊编辑评议（18 分）	
			普通读者评议（9 分）	
	收录情况（8 分）	《中国人文社会科学期刊 AMI 综合评价报告》（2 分）		
		《中文核心期刊要目总览》（2 分）		
		《中文社会科学引文索引》（2 分）		
		《中国学术期刊评价研究报告》（2 分）		
	作者状况（2.5 分）	作者机构分布广度（1.5 分）		
		作者地区分布广度（1 分）		
	论文状况（9 分）	基金论文比（3 分）		
		论文下载（3 分）		
		开放获取（OA）情况（3 分）		

续前表

一级指标	二级指标	三级指标	四级指标	五级指标
管理力（39.5分）	导向管理（10分）	价值导向（10分）		
		学术不端（最高0分）		
	编辑人员管理（6分）	业务水平（2分）	客观指标	
			主观指标	
		获奖情况（2分）	领军人才	
			优秀人物	
		编研结合（2分）		
	流程管理（18分）	评审规范（5分）	制度建设	匿名审稿
				多级审稿制度
			执行情况	评审报告内部公开
				评审报告社会公开
		编辑规范（8分）	技术编辑规范	
			论文规范	中文题录信息完整
				英文题录信息完整
				参考文献著录形式规范
				参考文献引用真实准确
		出版规范（5分）	形式规范	
			周期规范	
	信息化管理（5.5分）	独立网站（1分）	及时性	
			独立性	
		在线稿件处理系统（1.5分）		
		刊网合一（3分）		

续前表

一级指标	二级指标	三级指标	四级指标	五级指标
影响力（85分）	学术影响力（48分）	影响因子（30分）	即年指标	
			2年影响因子	
			5年影响因子	
		论文转载量（10分）	中国社会科学文摘	
			新华文摘	
			高等学校文科学术文摘	
			人大复印报刊资料	
		期刊与学科的关系指标（8分）	学科扩展指标	
			学科影响指标	
	政策影响力（8分）	国家级（5分）		
		省部级（3分）		
	社会影响力（15分）	网络显示度（5分）		
		期刊组织专业会议（5分）		
		社会关系能力（5分）		
	国际影响力（14分）	编委国际化（2分）		
		作者国际化（2分）		
		国际引用指数（5分）		
		国际检索系统收录（5分）		

资料来源：中国社会科学院中国社会科学评价中心．中国人文社会科学期刊评价报告：2014年．北京：中国社会科学院，2015：12-16.

相较于以学术影响力为核心的学术期刊评价，社科院《综合评价指标体系》为了体现“综合评价”，从吸引力、管理力和影响力三个层级设置了综合评价模型，分别从评价客体的外部环境、管理能力、综合实力三个方面对期刊进行评价，是学术期刊评价角度的全新尝试，也开辟了综合评分法在学术评价领域的最新应用。

2. 指标权重的确定

权重也称权或权数，是指以某种数量形式对比、权衡被评价事物总体中诸因素相对重要程度的衡量值。在评价中，权重值的确定直接影响到评价的结果，权重值的变动可能引起评价对象优劣顺序的改变①。因此，权重设置的科学性对学术期刊评价结果举足轻重。

中国各评价机构在设置指标权重时一般采用主观赋权法，没有统一的标准，主要依靠专家的主观价值判断为指标确定权重。与主观赋权法相对的是客观赋权法，以层次分析法（analytic hierarchy process，AHP）最具代表性且应用较多，这是一种多目标、多准则的决策方法，特点是将定性问题转化为定量分析，把定性分析和定量分析结合起来②，通过两两比较逐步求出各指标的权重。武汉大学在研制《中国学术期刊评价研究报告》时就采用了AHP确定各指标的权重系数，最终构建出其指标体系（如表3-15所示）。

表3-15　　武汉大学中国学术期刊评价指标体系

评价指标	基金论文比	总被引频次	影响因子	Web即年下载率	二次文献转载或收录	专家定性评价
权重系数	0.149 3	0.200 5	0.351 6	0.049 6	0.199 3	0.049 7

资料来源：邱均平，燕今伟，刘霞．中国学术期刊评价研究报告（2013—2014）．北京：科学出版社，2013：18.

同时，按照不同学科分类设置权重也是中国学术期刊评价体系的传统做法，如北京大学的《总览》与人民大学的《指标体系》，它们在征询专家意见后按照每一学科的不同属性分别设置差异不等的权重系数，以最大限度消除指标体系的学科差异，提高了指标体系的适用性。表3-16为人民大学《指标体系》各学科研究论文的指标权重分配。

表3-16　　人民大学《指标体系》各学科研究论文的指标权重分配

学科	主要指标85%				辅助指标15%	
	学术创新程度	论证完备程度	社会价值	难易程度	课题立项	发表载体
哲学	38%	28%	18%	16%	33%	67%

① 邱均平，文庭孝．评价学．北京：科学出版社，2010：143.

② 任全娥．人文社会科学成果评价研究．北京：中国社会科学出版社，2010：210.

续前表

学科	主要指标 85%				辅助指标 15%	
	学术创新程度	论证完备程度	社会价值	难易程度	课题立项	发表载体
理论经济学	36%	27%	21%	16%	53%	47%
应用经济学	41%	24%	22%	13%	40%	60%
法学	32%	24%	26%	18%	40%	60%
政治学	33%	24%	28%	15%	47%	53%
社会学	36%	25%	23%	16%	53%	47%
民族学	36%	25%	23%	16%	53%	47%
马克思主义理论	34%	21%	31%	14%	40%	60%
教育学	37%	24%	21%	18%	50%	50%
心理学	39%	21%	29%	11%	40%	60%
体育学	34%	25%	24%	17%	40%	60%
中国语言文学	41%	24%	18%	17%	53%	47%
外国语言文学	41%	24%	18%	17%	53%	47%
新闻学	38%	23%	28%	11%	47%	53%
艺术学	46%	24%	18%	12%	33%	67%
历史学	34%	25%	26%	15%	50%	50%
人文地理学	34%	25%	26%	15%	50%	50%
管理科学与工程	29%	29%	30%	12%	47%	53%
工商管理	29%	29%	30%	12%	47%	53%
农林经济管理	29%	29%	30%	12%	47%	53%
公共管理	29%	29%	30%	12%	47%	53%
图情档	39%	25%	25%	11%	47%	53%

资料来源：中国人民大学人文社会科学学术成果评价研究中心．人文社会科学论文质量评估指标体系实施方案（试行）．内部资料，2014：11.

3．分值的合成

“量化”“加权”“合成”是所有多指标综合评价法的三项基本条件①。

① 苏为华．多指标综合评价理论与方法问题研究．厦门：厦门大学博士学位论文，2000：271.

作为期刊评价实施过程的最后一个环节，分值合成方法的选择同样左右评价结果的准确性。中国学术期刊评价常用的分值合成方法有两类——模糊综合评价法和指标加权求和法，其中指标加权求和法又分为单位加权求和法与差异加权求和法。以下分别说明。

（1）模糊综合评价法。

采用模糊数学对事物的多种因素做出综合评价的方法，称为模糊综合评价法。适用于模糊综合评价法的对象有两个特征：一是对评价对象做出评价需考虑多个因素；二是对各因素的评价是用类别语言来描述的[①]。其中“多个因素”是综合评价的前提，分类则是采用模糊的根本原因。模糊综合评价法首先要计算出某学术期刊在各类别指标上的隶属度，取隶属度最大的类别作为该事物的类别（也有指标体系将这个过程称作“归一化”）。采用模糊综合评价法的优点是可以使不同性质和不同数量等级的评价指标数据具有较好的可比性，再根据指标的重要程度进行加权平均，可以使得各评价指标在综合评价中起到恰当的作用，从而使评价结果更为客观合理[②]。

北京大学的《总览》、社科院的《综合评价报告》以及南京大学苏新宁主编的《中国人文社会科学期刊学术影响力报告》均采用了模糊综合评价法计算指标综合值。下面以北京大学《总览》的分值合成数学模型为例，说明模糊综合评价法在学术期刊评价中的具体统计步骤[③]。

1）构成原始统计数据矩阵 V：

$$V=\begin{bmatrix} v_{11} & v_{12} & \cdots & v_{1j} & \cdots & v_{1J} \\ \vdots & \vdots & & \vdots & & \vdots \\ v_{i1} & v_{i2} & \cdots & v_{ij} & \cdots & v_{iJ} \\ \vdots & \vdots & & \vdots & & \vdots \\ v_{I1} & v_{I2} & \cdots & v_{Ij} & \cdots & v_{IJ} \end{bmatrix}$$

其中，i 为期刊编号（$i=1, 2, 3, \cdots, I$）；j 为指标编号（$j=1, 2, 3, \cdots, J$）。

2）将统计数据转换成对核心期刊的隶属度 C_{ij}，第 i 种期刊对第 j 个

① 卜卫，周海宏，刘晓红．社会科学成果价值评估．北京：社会科学文献出版社，1999：155.

② 朱强，蔡蓉华，何峻．中文核心期刊要目总览：2011 年版．北京：北京大学出版社，2011：11.

③ 同②.

指标的隶属度定义为：

$$C_{ij}=\upsilon_{ij}/\bigvee_{i=1}^{I}(\upsilon_{ij})$$

其中，分母$\bigvee_{i=1}^{I}$（υ_{ij}）表示在j指标统计数据中，取最大值为分母。

换算后得到评价矩阵C：

$$C=\begin{bmatrix} c_{11} & c_{12} & \cdots & c_{1j} & \cdots & c_{1J} \\ \vdots & \vdots & & \vdots & & \vdots \\ c_{i1} & c_{i2} & \cdots & c_{ij} & \cdots & c_{iJ} \\ \vdots & \vdots & & \vdots & & \vdots \\ c_{I1} & c_{I2} & \cdots & c_{Ij} & \cdots & c_{IJ} \end{bmatrix}$$

3）征求专家意见，确定各指标权重，构成权重向量：

$$B=(b_1,b_2,\cdots,b_j,\cdots,b_J),\sum_{j=1}^{J}b_j=1$$

4）对评价矩阵做加权平均：

$$A=B\times C^{\mathrm{T}}=(b_1,b_2,\cdots,b_j,\cdots,b_J)\begin{bmatrix} c_{11} & c_{12} & \cdots & c_{1j} & \cdots & c_{1J} \\ \vdots & \vdots & & \vdots & & \vdots \\ c_{i1} & c_{i2} & \cdots & c_{ij} & \cdots & c_{iJ} \\ \vdots & \vdots & & \vdots & & \vdots \\ c_{I1} & c_{I2} & \cdots & c_{Ij} & \cdots & c_{IJ} \end{bmatrix}^{\mathrm{T}}$$

$$=(a_1,a_2,\cdots,a_i,\cdots,a_I)$$

得到综合评价隶属度表，将期刊按隶属度降序排列，得到定量统计的综合评价期刊排序表。

值得提出的是，对以遴选核心期刊为研制宗旨的《总览》与《综合评价报告》而言，采用模糊综合评价法计算出的综合值是期刊的质量水平分值，并非其界定核心期刊的根本依据。《总览》与《综合评价报告》的核心期刊界定按照文献集中与离散定律，从各学科中按照使用率找出最常用的学术期刊。从操作顺序上看，一般是先划定核心期刊范围，然后根据指标体系计算出的综合值为各期刊排序。而同样采用模糊综合评价法的武汉大学《中国人文社会科学期刊学术影响力报告》由于不存在核心期刊界定问题，直接将计算出的综合值作为期刊学术级别的划分依据，详见本章节“学术期刊的分级比较”部分。

（2）指标加权求和法。

指标加权求和法即各指标乘以权重后相加得到总分的方法，该方法适用于某一指标内有互偿关系的各子指标之间，即在某一指标上得了低分（或高分），可通过在另一指标上得高分（或低分）来补偿[①]。加权求和又可分为差异加权求和和单位加权求和。所谓差异加权求和，是将指标乘以预设的权重系数后相加，如武汉大学《中国学术期刊评价研究报告》与中国人民大学《指标体系》在分值合成时采用此法；而单位加权求和是特殊的差异加权求和，每项指标权重默认为1，指标得分不做任何处理，直接相加，如依靠专家打分的社科院《中国人文社会科学期刊评价报告》，在分值合成时将各指标得分直接相加。

（二）韩国学术期刊评价指标体系

评价指标是由评价目标决定的，中国学术期刊评价基于文献计量学定律，评价目的始于“优化文献资源”，因此指标统计来源数据大、覆盖范围广是当前各评价指标体系的基本特征。相比之下，以提高期刊质量为核心宗旨的韩国学术期刊评价，其指标体系主要围绕学术期刊的编辑系统设置而成，主要包括编委组成、出版发行、编辑规范等内容，评价依据大多采用直接性指标，评价对象也比较明确。如果将中国常见的核心期刊大规模遴选比作一场期刊界定期举行的“海选”，那么韩国的期刊评价体系则类似于学术期刊个体之间的“晋级赛”，期刊的等级逐层递进，不同阶段适用的指标体系也有所区别。本部分以韩国研究财团学术期刊登载制度为例，分析韩国学术期刊评价指标体系的特点。

1. 学术期刊登载指标体系

研究财团学术期刊登载制度的评价指标根据学术期刊的不同级别分别设置了“资格审查·继续评价”与“再认证”两种指标体系。其中“资格审查·继续评价”是将原面向一般学术期刊的资格审查与面向登载候补学术期刊的继续评价合并后产生的体系，同时对部分指标进行了修正；“再认证”为新设评价类型，评价对象为登载学术期刊，它的特点是评价周期长（三年或五年），旨在减轻登载学术期刊的年审负担，逐步引导发行机构自觉把控期刊质量，最终打造学界自律氛围。两种评价类型的评价对象虽有所区别，但评价内容与方法并无太大差异，评价指标主要围绕期刊的编辑

---

① 卜卫，周海宏，刘晓红．社会科学成果价值评估．北京：社会科学文献出版社，1999：154.

规范、编委组成、发行周期、信息化管理、国际化等方面分三个阶段对期刊进行评价，具体评价流程如表 3－17 所示。

表 3－17　　学术期刊登载制度评价流程

评价类型	评价阶段	审查内容	指标项	总分	评价方法
资格审查·继续评价	1 阶段	资格审查与体系评价	7 项	30 分	自我评价及财团确认
	2 阶段	内容评价	6 项	60 分	在线个别评价并由本学科专家委员会（或专家评审团）评议
		学科领域特殊评价	4 项	10 分	学术期刊发展委员会评议
	3 阶段	综合评价			学术期刊发展委员会评议
再认证	1 阶段	基本要求审查	7 项		自我评价及财团确认
	2 阶段	深层要求评价	6 项	100 分	在线个别评价并由本学科专家委员会（或专家评审团）评议
	3 阶段	综合评价			学术期刊发展委员会评议

● 第一类型：资格审查·继续评价

资格审查·继续评价是针对一般学术期刊和登载候补学术期刊实施的评价环节，评价周期为每年一次。如图 3－10 所示，该评价环节由三个评价阶段构成，其中 1 阶段体系评价指标有 7 项；2 阶段内容评价指标有 6 项、学科领域特殊评价指标有 4 项；3 阶段为财团学术期刊发展委员会对评价结果进行综合评价，不设指标。该类型指标体系的总分值为 100 分，体系评价分值为 30 分，内容评价分值为 60 分，学科领域特殊评价为 10 分。

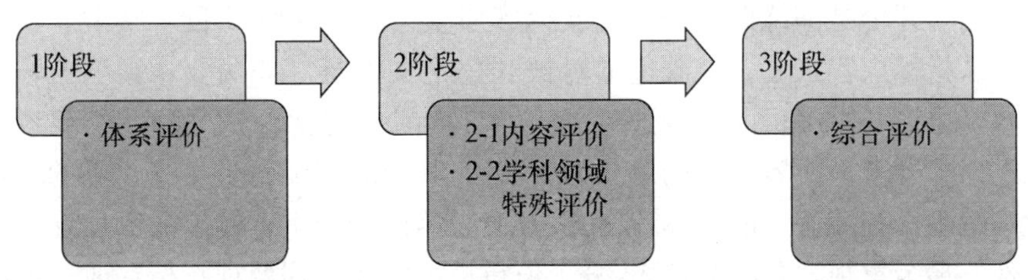

图 3－10　资格审查·继续评价评价流程

(1) 体系评价。

体系评价的各评价指标反映了对期刊发行规范、编辑规范及编委组成的考察，共由7项指标构成（如表3-18所示）。其中最大分值指标为“学术期刊与收录论文的网络可达性（包括KCI登载）”，占7分，这与韩国一直强调的互联网信息化建设密切相关。同时，长期实践表明，期刊总编任职的稳定性对学术期刊的发行质量具有重要影响，因此改革后的登载制度对首次申请评价的期刊设置“期刊总编的稳定性”指标，视为对期刊质量的间接考察指标。

在体系评价阶段，评价主体为学术期刊发行机构，根据研究财团提供的评价细则（详见附录4）展开自评后，其评价申请书与自评书将送交研究财团进行最终确认。

表3-18　资格审查·继续评价体系评价指标体系

评价内容	指标	分值	备注
体系评价（定量）	1. 期刊年发行次数	3	
	2. 学术期刊与收录论文的网络可达性（包括KCI登载）	7	监控指标
	3. 关键词及论文摘要的外文翻译情况	5	监控指标
	4. 被刊登论文的投稿、审查日期的标注情况	4	监控指标
	5. 论文的登载率	5	
	6. 编委的均衡性	4	
	7. 期刊总编的稳定性	2	资格审查
	总计7项	30	监控指标

注：体系评价未达到满分的70%（即未满21分）不论总分多少都实行淘汰；第2、3、4项为监控指标，即其中任意一项得到0分不论总分多少都实行淘汰。

资料来源：韩国研究财团．学术期刊登载制度改善方案．韩国大田：韩国研究财团，2014：9.

(2) 内容评价。

内容评价是围绕期刊登载论文内容质量设定的指标项目，共设6项指标。从指标内容来看，它既包括对被刊登论文本身（如摘要、影响力）的考核，也涉及对编辑团队专业性的审查，同时还对保证论文质量的规章制度提出了要求。内容评价的总分为60分，其中对“编辑委员（长）的专业性（编委会相关规定的具体程度）”及“投稿论文的审查制度的具体性及严正性”最为重视，各赋分值15分。值得提出的是，这两项指标在改革前的登载制度中均只占5分，而在新版登载制度中的分值比重大幅增加，可见研究财团对期刊编辑管理的规范性加强了管控。此外，内容评价还引入了“研究规范强化措施的具体性与严正性”指标，旨在从期刊选文开始杜绝学术不端行为，强调研究规范。该指标在中国的评价体系中还比较罕见，但不失为引导学界良好风气的一项有效措施。

与以自评为主的体系评价不同，内容评价采用的方法为同行评议的定性评价法，评价主体为专家评审团与学术期刊发展委员会本学科委员会，由评审专家根据各指标评价细则赋予其不同等级并计算出相应得分。内容评价指标体系如表 3－19 所示①。

表 3－19　　　　资格审查·继续评价内容评价指标体系

评价内容	指标	分值	备注
内容评价（定性）	1. 登载论文的学术价值与成果	10	
	2. 编辑委员（长）的专业性（编委会相关规定的具体程度）	15	
	3. 论文集的构成及其体系完整性与易读性［参考文献（脚注）信息的正确性及完整性］	10	
	4. 投稿论文的审查制度的具体性及严正性	15	
	5. 论文摘要的质量	5	
	6. 研究规范强化措施的具体性与严正性	5	监控指标
	总计 6 项	60	监控指标

注：内容评价未达到满分的 70%（即未满 21 分）不论总分多少都实行淘汰；第 6 项为监控指标，即若其得到 0 分不论总分多少都实行淘汰。

资料来源：韩国研究财团．学术期刊登载制度改善方案．韩国大田：韩国研究财团，2014：10.

（3）学科领域特殊评价。

过去，学术期刊登载制度对学科多样性认识不足，对人文社会科学与自然科学均不加以区分采用同一指标进行评价。然而这一做法在实际操作中易造成学术成果同化，且以小语种、区域学等为代表的特殊学科因不适用部分指标使评价过程频遭尴尬。为充分考虑学科、发行机构及学术期刊特性，保证学术成果的多样化，改革后的登载制度新设“学科领域特殊评价”指标，分人文类、艺术体育类、社会科学类三类不同指标进行评价。该指标分值比重为 10 分，评价主体与内容评价一致，由专家评审团与学术期刊发展委员会本学科委员会实施。评价对象期刊可自由提供叙述材料，

① 韩国研究财团．学术期刊登载制度改善方案．韩国大田：韩国研究财团，2014：10.

但需围绕作者与读者的现状、为保证作者群与读者群所做的努力，学术期刊的质量水平，在学会的活动情况（国际化努力措施等），社会（商业性）贡献度等指标进行说明。最终这一阶段的得分将根据评审团划分的等级计算对应分值。

然而，由于目前“学科领域特殊评价”缺乏客观评判标准，且指标体系比较单薄，同行评议短板容易再次制约评价结果的公正性，对此研究财团学术期刊发展委员会也表示过担忧。但为保证学科、期刊乃至发行机构的多样化发展，并对不适用于部分指标的小学科给予适当照顾，“学科领域特殊评价”的存在仍十分必要。

(4) 综合评价。

与国内所有评价机构类似，登载制度的评价结果在最终公布之前将送予专家合议。在期刊发行机构与专家评审团分别完成自评与同行评议后，需将结果递送至研究财团学术期刊发展委员会进行最终合议。同时，学术期刊发展委员会本学科委员会将在这一环节推举出优秀登载学术期刊，这些学术期刊通过学术期刊发展委员会的审查后将被认定为本年度优秀登载学术期刊，其比例大致为各学科期刊的10%。

• 第二类型：再认证

再认证制度的评价对象为所有登载学术期刊，其中优秀登载学术期刊的评价认证周期为5年，普通登载学术期刊为3年。再认证同样分三个阶段实施（如图3-11所示）：1阶段为基本条件审查，共设指标7项；2阶段为深层条件评价，指标共6项；3阶段为学术期刊发展委员会对评价结果进行综合评价，不设指标。基本条件审查不设分值，每项指标的评价结果设“合格”（PASS）与“不合格”（FAIL）两种，当期刊所有指标结果为“合格”（PASS）时才能转入深层条件评价阶段；深层条件评价不再细分类目，6项指标分值共计100分。

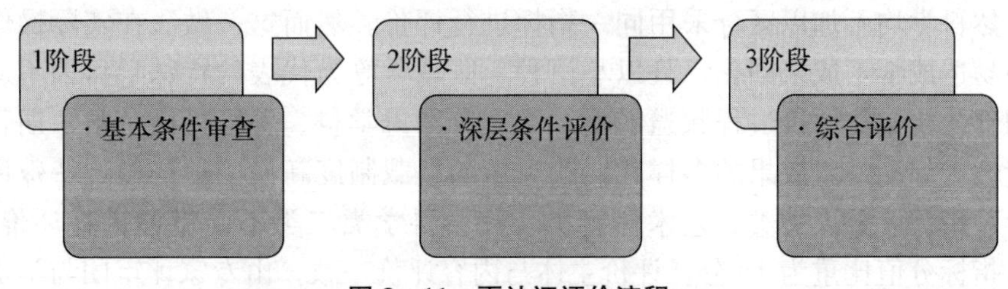

图3-11 再认证评价流程

(1) 基本条件审查。

基本条件审查是对登载学术期刊基本规范执行情况进行的考察，涵盖出版、编辑、编委等方面，共由 7 项指标构成（如表 3－20 所示）。该阶段的评价方法为期刊发行机构自评，评价结果需上交研究财团进行确认。

表 3－20　　再认证基本条件审查指标体系

评价指标	评价细则	评价标准
1. 发行的规律性及准时性	● 在发行规定中是否明确发行日期（年月日） ● 3 年以来是否遵守发行规定中明示的发行日期（以 KCI 登录时间为基准） ● 3 年以来期刊实际发行日期与规定发行日期的平均误差是否未超过 14 天（以 KCI 登录时间为基准）	PASS/FAIL
2. 论文篇均评审委员数	● 论文篇均评审委员最少 2 名 ＊评价对象论文：包括评价周期内投稿的论文与评价周期前投稿但登载于评价周期的论文，不包含编辑委员首轮审核即被淘汰的论文	PASS/FAIL
3. 论文标题与作者姓名的英文翻译情况	● 评价周期内发行期刊的论文标题与作者姓名是否全部翻译成英文	PASS/FAIL
4. 关键词与论文摘要的外文翻译情况	● 评价周期内发行期刊的论文关键词与摘要是否全部翻译成外文	PASS/FAIL
5. 研究规范的遵守情况	● 是否制定研究规范并执行 ● 研究规范是否在主页予以公示	PASS/FAIL
6. 论文投稿人的多样性	●（学会与其他机构）论文投稿人（包括国外）中特定机构的投稿人比例不超过全体投稿人的 1/3 ●（大学附属研究所）论文投稿人（包括国外）中特定机构的投稿人比例不超过全体投稿人的 1/2	PASS/FAIL
7. 编辑委员的均衡性	● 在职编辑委员（包括编辑委员长、编辑理事、编辑）的现在所属单位（以评价时间为基准）的地域分布是否超过 6 个地区	PASS/FAIL

资料来源：韩国研究财团．学术期刊登载制度改善方案．韩国大田：韩国研究财团，2014．11．

与资格审查·继续评价的体系评价相比，再认证的基本条件审查制度的指标考察范围大同小异，但在执行标准上却更加严格。首先，在发行层面上，资格审查·继续评价仅对年发行次数进行考察，但再认证中要求在发行规定中体现明确的发行日期，且实际发行日期的平均误差不得超过 14 天；其次，在编辑规范上，论文标题、作者姓名、关键词、摘要的外文翻译率要求必须达到100%，否则将予以淘汰；再次，在编委组成方面，除了全体编委应该来自6个地区域以上的硬性规定以外，还对篇均论文审核人数进行了规定，即每篇论文的评审委员应为2名以上；最后，新增了“研究规范的遵守情况”指标，要求期刊不仅应制定并良好执行研究规范，并且要在期刊主页上将具体内容给予公示。

可见，再认证的评价周期较资格审查·继续评价有所宽限，但从其评价指标全面升级的现状来看，登载学术期刊要想维持或晋升优秀登载学术期刊，其自我管理的压力并无减轻。

（2）深层条件评价。

深层条件评价围绕编辑人员、出版流程、信息化管理等三方面共设立6项指标，由专家评审团与学术期刊发展委员会本学科委员会组织评价，首先每位专家评审团的评审通过评价系统对期刊实施个别评价，若结果显示评审之间打分差距较大，则组织本学科委员会（或专家评审团）对结果进行合议。

从指标内容上看，深层条件评价是将资格审查·继续评价（包括体系评价与内容评价）中占比最重要的几项指标重新整合而成的指标体系。如表3-21所示，1～3项指标为资格审查·继续评价中的内容评价指标，每项均赋值20分，可见人员管理、评审规范、编辑规范是学术期刊登载制度贯穿始终的评价内容。同时，内容评价中唯一涉及文献计量信息的“登载论文的学术价值与成果”指标并未出现在深层条件评价指标体系中，也没有任何可反映期刊学术水平的替代指标，说明学术期刊登载制度的评价核心仍在于考察期刊的管理规范，而并非学术影响力的定位排行。

表3-21　再认证深层条件评价指标体系

评价内容	指标	分值
深层条件评价（定性）	1. 编辑委员（长）的专业性（编委会相关规定的具体程度）	20
	2. 论文集的构成及其体系完整性与易读性［参考文献（脚注）信息的正确性及完整性、论文摘要质量］	20
	3. 投稿论文的审查制度的具体性及严正性（包括期刊实体审查）	20
	4. 学术期刊的网络可达性	20
	5. 论文的登载率	10
	6. 为学术期刊特色化所做的努力	10
	总计6项	100

资料来源：韩国研究财团．学术期刊登载制度改善方案．韩国大田：韩国研究财团，2014：12.

（3）综合评价。

在对所有登载学术期刊完成评价后，其结果将送予学术期刊发展委员会进行最后合议。同时，各学科将有10%左右的学术期刊经本学科委员会推荐后成为该年度优秀登载学术期刊，这些学术期刊除获得研究财团的多方面扶持之外，其再认证的评价周期将由三年扩大至五年。

2. 学术期刊登载制度指标体系的特点

出于评价目的的差异，韩国学术期刊评价指标体系与当前中国主流指标体系的侧重点有所不同。在韩国，全面提高学术期刊质量的主旨更多体现于期刊编辑系统的完整度与规范性，因为健全的制度、专业的编审以及一流的管理力是学术期刊吸引优秀论文并在学科内产生广泛影响力的基础保障，抛开编辑系统空谈优秀学术期刊，无异于缘木求鱼。纵观韩国研究财团学术期刊登载制度指标体系，可发现其具有以下特点：

（1）指标体系双轨实行，管理规范为评价内核。

资格审查·继续评价与再认证分别面向不同等级的期刊，两套指标体系相辅相成，相得益彰。从指标体系的内容上看，编辑人员管理、评审规范、编辑规范、出版规范等内容在两套体系中均占较大比重，因此相比中国期刊侧重学术影响力测定的指标体系，期刊的管理规范才是韩国学术期刊登载制度评价的侧重点与贯穿始终的主线。

（2）定量与定性相结合，同行评议占据主体地位。

学术期刊登载制度同样采取了定量评价与定性评价相结合的评价方法，但其定“量”并非文献计量的“量”，而是指在一些具体规范上采取依据具体数量进行评价的方式，如年发行次数4次以上的对应得分为3分，编辑委员来自6个以上地区时可以得到4分等。同时，内容评价与深层条件审查的评价主体均为专家评审团与学术期刊发展委员会，两项分值各为60分与100分，同行评议占绝对主导地位。

（3）监控指标设计合理，强制淘汰机制严把质量关。

学术期刊登载制度将部分指标列为监控指标，任一监控指标的评价结果为0或不合格，学术期刊则被强制淘汰。如在体系评价中，“学术期刊与收录论文的网络可达性”“关键词及论文摘要的外文翻译情况”“被刊登论文的投稿、审查日期的标注情况”为监控指标，三项指标中任意一项指标若得分为0，不论总分分值多少都实行强制淘汰；而在基本条件审查中所有指标的评价结果必须为“合格”（PASS），存在任何未达标的情况也必须强制淘汰。监控指标可视为研究财团对不同等级学术期刊提出的基本要求，其中部分内容与申请资格重复。

（4）研究规范备受关注，坚决杜绝学术失范。

在韩国，学术界同样面临着抄袭、剽窃、不当引用等学术不端行为。为杜绝学术失范，研究财团采取的做法是将“研究规范”的相关内容引入期刊评价指标体系，要求期刊发行机构必须制定符合自身发展的研究规范并坚决执行，从期刊选文一端开始防止学术失范行为的发生。

（5）反映学术水平指标占比太少，“以文评刊”任重道远。

综合各项指标内容可发现，这些指标多为制度性的管理指标，能反映学术期刊影响力的指标占比仍微不足道。在重视期刊内在质量的内容评价中，“登载论文的学术价值与成果”仅占10分，在整个评价体系中作用并不凸显；在深层条件评价中无一项与论文水平有关的评价指标，对学术影响力更是无关宏旨。可见，学术期刊登载制度对优秀期刊的认定标准并未深入学术质量，实现“以文评刊”需要评价理念的整体转变，任重而道远。

第四章

中国学术期刊评价体系的反思与重构

一、中国学术期刊评价体系存在的主要问题

20世纪90年代后，虽然中国人文社会科学逐渐向学科建制化与规模化发展，但是伴随着的却是学术失范与学术腐败现象屡屡发生，学术精神式微。面对中国人文社会科学发展在转型期凸显的各类问题，学术界持续展开反思，从对学术失范者个体道德行为的谴责，转向关注学术规范的构建①。随着反思的深入和普遍，最终将学术转型期阵痛的焦点与热点转向学术评价问题，其中针对"核心期刊"问题的批评最为深刻。当前，中国"核心期刊"的遴选已经进入一个"群雄纷争""诸侯林立"的"战国时代"，然而不一的遴选指标、悬殊的遴选结果、过于频繁的遴选频次却在学术界、期刊界引发了诸多流弊。近年来，学术界整饬期刊评价体系的呼声不断②。

（一）核心期刊的功能异化与导向迷失

随着中国学者的不断实践和探索，核心期刊遴选在内涵和外延上都超越了最初的设想，遴选目的由"通过对学术期刊的发展规律和增长趋势进行量化分析，揭示学科文献数量在期刊中的分布规律，为优化学术期刊的使用提供重要参考，同时提高期刊的内在质量，促进其健康成长和发展"③ 逐渐产生异变，在客观上被赋予了"学术期刊地位与影响力评鉴"的作用。不可否认，核心期刊遴选在一定程度上可以反映某一期刊在同类刊群中的学术影响力④，但其"优化馆藏文献、为读者订阅提供参考"的本质属性永不可剥离。这种近似"舍本逐末"的评价作用在学术功利主义的鼓吹下被人为地盲目放大，最终使学术期刊评价导向出现了极大异化。

当前，中国人文社会科学研究成果评价总体上呈现为学术价值与功力价值的尖锐对立，突出表现为"以行政性评价取代了学术性评价，以功利性价值取向主导了学术价值取向"。高校体制上的政府主导使行政性评价占

① 刘大椿．人文社会科学研究成果评价体系研究．北京：经济学科学出版社，2009：73.

② 钱荣贵．核心期刊与期刊评价．北京：中国传媒大学出版社，2006：114.

③ 俞立平，潘云涛，武夷山．学术期刊评价方法体系构建及相关问题研究．编辑学报，2009（6）：189.

④ 陈丹，陈新文．学术期刊评价导向的异化．襄阳职业技术学院学报，2013（6）：138.

据了评价的绝对主导地位，评价完全服务于科研管理的需要[①]，有些学术期刊尤其是高校学报，已沦落成为职称评审、津贴评定的“硬件”工具[②]。在如此异化的价值取向下，学术期刊不再为读者服务，社会效益随之逐渐淡化，由此引发的乱象笼罩着整个学术链条。一些科研人员迫于职称晋升、津贴评定、业绩考核、项目申请的“硬指标”，盲目追求论文数量，粗制滥造、低水平重复的论文充斥，呈现学术虚假繁荣；在金钱利益的驱使下，一些学术期刊以“核心”之名向投稿人收取高额版面费，与作者进行着权钱交易，催生学术腐败，极大破坏了学术生态平衡；一些科研评价管理部门利用“核心期刊”的简单标尺，强行将学术成果量化评价，有悖于学术评判的公正合理，必然导致真正有质量和创新力的科研成果被淹没于学术泡沫之中。

（二）评价体系“双重移植”面临的困境

中国学术期刊评价历经开蒙、自觉、飞跃，西方自然科学评价体系的理论模型与实践方法都给其打下了深刻的烙印。实际上，中国人文社会科学评价体系的本土化过程是西方评价体系的“双重移植”：一是从西方移植到中国；二是从自然科学评价移植到人文社会科学评价[③]。然而，中国人文社会科学研究的文化土壤有别于西方，长期以来为实现舶来品的本土化，许多评价专家与学者展开了大量理论研究与实践探索，但方枘圆凿的案例屡有发生，评价体系本土化依然面临重重困境。

首先，中国人文社会科学成果具有很强的意识形态性，西方评价体系的指标内涵具有不适用性。在人文社科领域，西方学者偏重政治、经济、法律等社会科学，学术期刊具有鲜明的实用性特征，可以充分运用现代化的科学技术工具进行量化评价。相比之下，文学、历史学、哲学、民族学等人文基础学科是中国人文社会科学的优势学科，且具有较强的意识形态性，难以用引文数据进行评价，而目前国际上对该类学科最有效的评价方法依然为同行评议[④]。显然，直接照搬 SSCI、A&HCI、ISTP 的评价标准并不能在中国见长的传统人文学科中发挥作用，必须将其核心内容进行改

① 刘大椿．人文社会科学研究成果评价体系研究．北京：经济学科学出版社，2009：134-137.

② 钱荣贵．核心期刊与期刊评价．北京：中国传媒大学出版社，2006：149.

③ 钱澄．引文分析方法的本土化：以人文社会科学期刊评价为中心．南京大学学报（哲学·人文科学·社会科学），2013（6）：150.

④ 同③151.

造，才能建立符合中国学术研究特征的指标体系。

其次，学术期刊结构模糊，引文分析难以施展。西方评价体系植根于引文数据分析，基于三大引文定理遴选出的核心期刊的本质属性是“学科性”，即同一学科领域入选期刊之间有较强的可比性，不同学科领域入选期刊之间无法进行比较①。然而，中国人文社会科学研究的现状是“期刊学科和问题边界皆不清晰”“综合性期刊三分天下有其一”②，这是引文分析引入中国人文社会科学领域后出现“水土不服”的主要原因。

再次，中国学术自律尚未形成，西方金科玉律遭遇重重壁垒。西方学者十分重视知识产权保护，严格遵守学术规范，最终落实为严格的引文注释规范，这也是文献计量在评价领域得到应用的重要前提。相比之下，中国学术规范建设相对落后，“错引”“漏引”“假引”等不规范的引文现象屡见不鲜，同时对摘要、关键词等书目信息不够重视，这都影响了评价的信息获取，极大影响了期刊评价结果的客观性与准确性。

（三）忽视人文社会科学学术成果的多样性

中国人文社会科学学术成果的多样性，首先表现为人文科学与社会科学内部的学科差异。人文科学的评价标准是精神的、民主的、主体的和相对性的，社会科学的评价标准则是实效的、功利的、多元的和历史性的③。从学术评价的视角出发，二者的研究目的、研究方法、学科结构以及学科功能均存在差异，文学、史学、哲学等人文科学带有鲜明的意识形态性和文化属性，需要对学术成果内容进行直接分析；而经济学、管理学等社会科学与自然科学的研究特点比较接近，可以向自科学成果评价进行借鉴④。然而，目前中国期刊评价体系无论人文科学与社会科学，均采用一刀切的评价方法，大部分评价体系对评价对象不加以区分，采用同一指标体系，这显然不符合人文社会科学的学科特征。

其次，随着各学科融合发展，人文社会科学内部以及人文社会科学与自然科学之间呈现出越来越明显的综合发展趋势，新兴学科、融合学科不断涌现，这些学科打破现有学科分类结构，使人文社会科学学术成果更加丰富多样。近年来在欧美新兴的数字人文（ digital humanities）研究，正

---

①　钱荣贵．核心期刊与期刊评价．北京：中国传媒大学出版社，2006：126-127.

②　钱澄．引文分析方法的本土化：以人文社会科学期刊评价为中心．南京大学学报（哲学·人文科学·社会科学），2013（6）：152-153.

③　任全娥．人文社会科学成果评价研究．北京：中国社会科学出版社，2010：82.

④　同③83.

是将传统人文学科与信息技术结合的典型交叉学科，而随着各研究领域的深入交融和渗透，必将出现更多类似融合学科，但中国面对该类学科学术成果评价，还留有诸多空白。“人文社会科学是一个能在不同层面涌现新质的复杂系统，其功能也必然是异常复杂的，任何僵硬、单一、机械的评价体系面对这样的复杂系统都是无法胜任的。”① 这就对中国人文社会科学学术成果评价不断提出新的挑战，要求其根据学科的发展实时创新和改革，以满足学术多元发展的需求。

(四) 评价成果纷繁多样，资源浪费难辞其咎

进入 21 世纪，随着核心期刊影响范围的持续深远，各类“核心期刊”“优秀期刊”评选此起彼伏，自主研制核心期刊目录似乎成为高校与科研机构占领学术评价制高点的重要手段，成为扩大学术话语权的“兵家必争之地”。尽管各体系的评价理念、方法各有千秋，但从成果上看，各大评价机构的最终研制成果均具有较大重合性。以南大 CSSCI 和北大《总览》为例，CSSCI（2012—2013 年版）收录的 714 种来源刊（含扩展版）中，有 586 种同时被北大《总览》评选为核心期刊，重合率高达 82.07%②；而以同行评议为主导的复印报刊资料重要转载来源刊，与以文献计量方法为主的 CSSCI、《总览》、《综合评价报告》遴选结果也存在较高耦合度，入选 2017 年重要转载来源刊的 745 种期刊中有 613 种与上述三类核心期刊重叠，重合率达 82.28%③。

面对高重合率的遴选成果，各大评价机构却仍“乐此不疲”的原因之一是国家各级科研基金项目的扶持。如北大研制的《中文核心期刊要目总览》（2004 年版）和《国外人文社会科学核心期刊总览》（2004 年版）分别属于国家社会科学基金项目的研究成果；依托教育部“人文社会科学研究重大项目”CSSCI 组建的南大评价中心每年各类资助和重大评价项目申报所获经费超过 200 万元；社科院评价中心成立之初，社科院提供经费 500 万元作为人力成本和项目研究经费……诚然，学术评价事业对繁荣中国学术发展的重大意义不置可否，然而各级部门、各大评价团体大力投入人力、

① 任全娥. 人文社会科学成果评价研究. 北京：中国社会科学出版社，2010：84.

② 李胜利.《中文核心期刊要目总览》和 CSSCI 来源期刊目录比较研究. 农业图书情报学刊，2014（10）：95.

③ 中国人民大学书报资料中心. “复印报刊资料”重要转载来源刊（2017 年版）研制报告.（2018-03-28）[2018-05-05]. http://www.zlzx.org/rank.action?categoryId=e3504260-408f-4334-8cb8-9d31aef48ba5.

物力、财力，“高投入”的结果却是重合率极高的“低产出”，学术资源整合与分配的初衷最终造就了学术资源的流失与浪费，此为其一；其二，不同机构的评价成果在不同高校与科研机构的认可度不尽相同，不仅造成使用和管理的混乱，也引发大量交叉和重复工作，长此以往，不利于中国科研管理的资源整合与协调发展。

二、中韩学术期刊评价体系之刍议

（一）评价目的不同

韩国学术期刊评价体系经过近二十年的探索，由最初对西方体系的集体推崇，到民族自尊觉醒引出评价制度本土化建设，历经褒贬与夺的全民反思与几近废止的轩然大波，最终以改革方案的出台暂落帷幕。其过程蜿蜒曲折、声势浩浩荡荡，堪称一场大规模学术运动，数次掀起关于“学术自由与学术规范”的集体大讨论，其间的每一次碰撞都无疑是推动韩国学术向前发展的助力器。如今，韩国学术期刊评价制度已在变革中转型，以学术自律为目标的登载制度悄然翻开了韩国学术发展新的篇章。

相比中国评价机构自发组织的各类期刊遴选，评价目的与指标根据各评价机构的理念不尽相同，评价结果应用范围存有差异，在韩国，学术期刊登载制度是现行唯一的官方评选活动，且评价结果与韩国政府的各类学术性资助选拔直接相关。换言之，韩国学术期刊评价在政府的组织下，不仅是一场期刊界的推优评选，为教授、科研人员业绩评价提供参考，而且更是对本国学术期刊整体发展态势的宏观把握，为政府学术资助活动提供方向指引，以平衡学科差异发展，最终提升国家学术发展整体水平。因此，学术期刊登载制度既关乎每一位学者的切身利益，又与学术团体的发展命运紧密相连，尽管制度本身可能存在许多硬伤，但它的评价应用已深深嵌入韩国学术发展链条的各个分支。

学术期刊登载制度从国家层面对学术发展的推进作用可通过研究财团和韩国科学技术团体总联合会（以下简称“科联”）的几个项目窥见一斑。目前韩国政府主要的学术事业扶持活动由韩国研究财团与科联共同负责，其中研究财团主要分管人文社会科学领域，科联分管科学技术学科部分。韩国研究财团的扶持项目分学术期刊扶持事业与学术团体扶持事业两类，其中学术期刊扶持事业分为优秀学术期刊扶持项目、学术期刊外语发行扶持项目以及韩国国内学术期刊扶持项目（如表 4－1 所示）①。截至 2018 年，研究财团在这三个项目上已累计投入 494 亿韩元。

表 4－1　　韩国研究财团学术期刊扶持事业主要内容

项目	优秀学术期刊扶持	学术期刊外语发行扶持（国际学术期刊持续项目）	韩国国内学术期刊扶持
资助领域	人文社会科学领域（含艺术体育与交叉学科）		
资助对象	最近 3 年内年发行次数超过 2 次，且有望发展成优秀学术期刊的期刊	最近 3 年内年发行次数超过 2 次，且有望用外语发行、具有国际发展潜力的期刊	学会、大学附属研究所发行的登载（候补）学术期刊
资助时间	最长 5 年（3+2 年）	最长 5 年	1 年
资助规模	1 亿 2 000 万韩元以内	4 000 万韩元以内	1 000 万韩元以内（发行经费的 50%以内）
资助内容	编辑劳务费、外语校对费、发行经费、咨询与论文征稿等所有费用资助（block-funding）	编辑劳务费、外语校对费、发行经费	发行经费（印刷费与邮寄费）
评审过程	三个阶段（书面审查→陈述→最终评价）	两个阶段（专业审查→综合审查）	两个阶段（条件审查→综合审查）

而研究财团对学术团体的扶持事业主要通过对学术会议进行资助而展开。如表 4－2 所示，研究财团的资助内容分为普通课题和特别政策课题两个方面，该事业从 1993 年开始启动，截至 2018 年已经累计投入 13 503 亿韩元。

表 4－2　　韩国研究财团学术团体扶持事业主要内容

项目	普通课题	特别政策课题
资助领域	人文社会科学领域（含艺术体育与交叉学科）	所有学科领域
资助对象	发行登载（候补）学术期刊的学会或者大学附属研究所	组织世界级别大型学术会议的学术团体，在韩国研究财团注册的学术团体，大学（含院系、附属研究所、产学联合团体等），学术相关协会、机关等

① 崔泰镇，金素衡，尹爱兰．透过韩国国内学术期刊现状分析学术评价制度改善方案研究．韩国大田：韩国研究财团，2013：54-55.

续前表

项目	普通课题	特别政策课题
资助时间	学术会议期间	
资助规模	国内会议：2 000 万韩元 国际会议：3 000 万韩元 世界会议：1 亿韩元	国内会议：2 000 万韩元 国际会议：3 000 万韩元 世界会议：3 亿韩元
资助内容	会议论文集发行费、场地使用费、海外专家邀请费等所有费用分期资助 * 不资助餐费、茶果费、交通费、酬劳等消耗性经费 * 可资助特别政策课题参与人员（演讲人、讨论人、主持人）的酬劳	
评审过程	三个阶段（条件审查→专业审查→综合审查）	召开评审会议
其他事项	—	会议内容限定如下：对国家政策与发展有益，或是国际性大规模学术大会，出于学术保护需要特别扶持，以及申请普通课题有困难的课题

韩国科联的学术活动扶持事业主要分为韩国国内学术期刊项目、国际学术期刊项目、学术会议扶持项目，其中国内与国际学术期刊项目内容与研究财团一致，但资助范围仅限于科学技术领域的期刊①。2018 年韩国科联在这三项扶持事业上的投入远高于研究财团，累计达到 2 671 亿韩元。

表 4－3　　韩国科联学术活动扶持事业主要内容

项目	韩国国内学术期刊	国际学术期刊	学术会议
资助领域	科学技术领域		
资助对象	由学会发行的研究财团登载（候补）学术期刊	由学会、大学附属研究所等非营利学术团体发行的英文学术期刊； 最近 1 年内年发行次数超过 2 次或总期数超过 40 期	学会、大学附属研究所发行的登载（候补）学术期刊
资助时间	1 年	最长 5 年	学术会议期间
资助规模	1 500 万韩元以内（发行经费的 50%以内）	1 亿韩元以内 （发行经费 100%资助）	国内会议：2 000 万韩元 国际会议：3 000 万韩元 世界会议：1 亿韩元

① 崔泰镇，金素衡，尹爱兰．透过韩国国内学术期刊现状分析学术评价制度改善方案研究．韩国大田：韩国研究财团，2013：26．

续前表

项目	韩国国内学术期刊	国际学术期刊	学术会议
资助内容	发行经费部分资助	学术期刊发行经费	会议论文集发行费、场地使用费、海外专家邀请费等，不资助杂项费用
评审过程	两个阶段（条件审查→综合审查）	三个阶段（条件审查→专业审查→综合审查）	三个阶段（条件审查→专业审查→综合审查）

对学术期刊与学术团体的直接资助是韩国政府提高本国学术水平的重要手段之一，而学术期刊评价作为先导环节，评价内涵与政府实行的资助密不可分。同时，从研究财团和科联的资助对象可以看出，登载（候补）学术期刊的发行组织已经成为申请各项扶持项目的最低门槛，作为非营利组织的期刊发行机构和其他学术团体要想获得长足的发展、向政府申请各类资金作为保障，入选登载（候补）学术期刊是必要条件。这也是韩国学术期刊发行机构对“登载”二字趋之若鹜的主要原因。

然而，学术评价的背后总是伴随着争议。与中国核心期刊遴选类似，韩国研究财团的学术期刊登载制度在实行过程中同样招致了来自社会和学术界的诸多诘难，学术期刊评价一度被视作“烫手山芋”，让教育部和研究财团陷入进退两难之境，在废除与保留之间难以抉择。2011 年 12 月，韩国教育科学技术部曾宣布废除学术期刊登载制度，然而在之后实行的问卷调查中遭到学术界的普遍反对，最终只得废除意见、对登载制度进行全面改革，并于 2014 年 5 月发布了改革方案。改革后的登载制度大幅减少了研究财团对学术期刊评价的参与度，仅保留外在的量化评价，同时向学界各领域召集同行专家成立学术期刊发展委员会，由学科领域的专家直接负责期刊的内容审核。研究财团的此次改革，实际上是对学术期刊评价的一次“放手”：通过学术期刊发展委员会这样的过渡性组织，减小政府对学术自由的干预，将学术评价问题真正交还给学术界本身；与此同时，通过“再认证”制度的实施，延长学术期刊评价周期，旨在逐步放宽研究财团对学术期刊的监管，让学术团体在长期自由发展中完成自我净化，最后形成整个学界自律的环境。

完成改革后，韩国研究财团在学术期刊评价中的角色已由之前的绝对领导退居其次，成为为学术期刊评价活动提供平台、协助组织同行专家完成各学科领域的期刊评价的服务性角色。这或许可以被认为是研究财团在“废止风波”后的权宜之策，而我们也很难预料在研究财团彻底放手后韩国是否会像中国一样涌现出一批非政府的学术评价机构。但无论评价主体是政府还是学术界本身，韩国的学术评价从根源上有别于中国的核心期刊遴选，其主要目的是为政府开展的各项学术发展扶持事业提供参考指标。因此，韩国学术期刊评价本质上是行政管理工作的一环，与文献计量学领域的核心期刊遴选泾渭分明，我们看不到韩国社会对核心期刊评价功能的弹射臧否，取而代之韩国学术团体更加关注的是评价的公平性与公正性问题。

（二）评价方法不同

尽管中韩两国学术期刊评价在应用上具有高度相似性，被广泛应用于项目申报、业绩鉴定、人才选拔等科研管理领域，但两国对于各自“优秀期刊”的评选视角与方法具有明显差异。中国学术期刊评价的目的始于“优化文献资源”，遴选方法基于文献计量学定律，因此大部分评价机构沿袭了这一做法，采用“定量评价为主、定性评价为辅”的评价方法。相比之下，韩国学术期刊评价的实质更倾向于行政管理，在内容上侧重对期刊编辑系统的考查，因此定性评价占据绝对主导地位，主要采用同行专家评审制度。

作为中国最具代表性的期刊评价成果，北大《中文核心期刊要目总览》、武汉大学《中国学术期刊评价研究报告》、南大 CSSCI 来源期刊目录的遴选思路相对一致，均采用“先定量、后定性”的方法：先根据影响因子、被引频次、转载率等文献计量数据圈定备选范围，再由同行专家从专业角度给出调整意见，最终确定遴选目录。由于文献计量在评价过程中占据主导地位，因此评价结果也基本符合“二八定律”。社科院《中国人文社会科学期刊 AMI 综合评价报告》的遴选过程亦采用类似评价方法，但成立中国社会科学评价中心之后，社科院对其评价体系进行了较大范围改革，定量评价指标不再局限于文献计量数据，新增了诸如“学术声誉”“作者状况”“信息化管理”等期刊外部指标；同时，定量指标与定性指标的测量全盘“量化”，即以自制数据库、网络信息、期刊本身以及“同行评议”调研数据为信息来源，由学科专家、编辑专家以及重点读者根据被评价期刊在各指标项上的表现给出得分，各指标的得分之和即为期刊评价的最终结果，与之前的评选方法相比具有较大改动。

社科院的此番改革，是在近年全社会对核心期刊评价功能深入反思背景下的一次大胆创新。在传统核心期刊评价功能的局限性得到普遍认识、社会对学术评价需求不断扩大的今天，越来越多的评价机构开始改进自己的评价方法、完善评价体系，同时在政府部门的大力倡导下，“改革与创新”成为近年中国学术评价发展的第一“热词”。2015 年，国务院印发了《统筹推进世界一流大学和一流学科建设总体方案》，明确提出“建立健全具有中国特色、中国风格、中国气派的哲学社会科学学术评价和学术标准体系”①，而此前教育部也发布了科研评价制度创新的相关意见，要求积极推动中国学术评价体系深化改革。为响应政府部门指导方针和行动纲领，备受国内人文社科领域关注的 CSSCI 也加入了改革的队伍。2016 年初，南京大学评价中心宣布暂停发布新一年度的来源期刊遴选目录，将工作重心转移至业务转型推进和改革工作，着手向学术界、期刊界广泛征求改进意见和建议，聘请专家开展相关的调研和数据报告的编制工作②。作为中国人文社会科学学术期刊评价领军队伍的 CSSCI，在来源期刊遴选工作即将迈入第十六载之时突然宣布暂停，再次将学术期刊评价话题暴露在聚光灯下。未来，CSSCI 会如何正确发挥学术期刊的牵引力作用，北京大学、武汉大学等其他评价机构是否会将改革的队伍进一步扩大，这些都将持续成为今后社会共同关注的焦点。

在韩国，评价方法较中国相对单一，以同行评议为主体的评价方式在各个领域都得到了广泛应用。韩国研究财团在学术期刊登载制度以外，由政府出资支援的研究项目申报、评价、管理等均采用同行专家评审制度，并已形成了相对成熟的同行评议机制。研究财团为保证评价的专业性与公正性，委任民间专家组成程序管理部门（program manager，PM），内设本部长、团长、专家委员等职务，负责评价制度的整体运营；研究财团将所有科研管理分为 18 个学科与技术领域，每个门类下均有专业的 PM 专家对本学科课题进行评价，各学科的评价方法与指标由所属 PM 专家团直接开发；根据课题规模科研项目被分为独立课题、小规模课题、中规模课题、大规模课题等级别，仅就项目申报而言，研究财团根据评价规模大小由最基本的网络（书面）评价依次增加讨论、演讲、现场调研等评价环节（如表 4－4 所示），独立课题与小规模课题由 PM 专家团全权决定，中规模以上课题的评价结果由项目推进委员会③确认。

---

① 国务院．国务院关于印发统筹推进世界一流大学和一流学科建设总体方案的通知．(2015-10-24) [2016-05-19]. http://www.gov.cn/zhengce/content/2015-11/05/content_10269.htm.

② 南京大学中国社会科学研究评价中心．关于调整 CSSCI 来源期刊目录更新时间的说明．(2016-01-11) [2016-05-19]. http://cssrac.nju.edu.cn/a/xwdt/2016/0111/1131.html.

③ 项目推进委员会通常规模为 20 人，由相关中央政府行政机关与行业、学术、科研领域专家构成，设委员长一名。朴基范．韩国研究财团研究项目课题评价人选拔体系改善方案研究．韩国首尔：科学技术政策研究院，2011 (2)：27.

表 4-4 韩国研究财团不同课题规模对应的评价类型

项目规模	网络/书面	讨论	演讲	现场调研
独立课题	3 名左右*			
小规模课题	3 名左右	7 名左右		
中规模课题	7 名左右		7 名左右	
大规模课题	7 名左右		7 名左右	3 名左右

* 专家委员会人员数。
资料来源：朴基范．韩国研究财团研究项目课题评价人选拔体系改善方案研究．韩国首尔：科学技术政策研究院，2011（2）：25-27.

不难看出，改革后的学术期刊登载制度依旧沿袭了研究财团一贯采用的同行评议制度，而研究财团的这套机制可以归纳出以下特点：专家评审团队由学科领域专家组成，并在课题与学术期刊的质量评价中发挥主导作用，而研究财团在整个评价流程中只发挥辅助性作用，侧重组织与协调功能；负责项目评审与学术期刊评价的同行专家人员构成相对稳定，且在组织内部分设不同层级，层级之间分工明确，各自负责若干评价流程中某一环节的评审（如表 4-5 所示）。

表 4-5 学术期刊登载制度与研究财团科研项目评价主体比较

评价阶段	学术期刊登载制度	科研项目
一阶段	研究财团	PM 专家
二阶段	学术期刊发展委员会 分科委员会	PM 顾问小组 （由 PM 本部长、团长组成）
三阶段	学术期刊发展委员会 本委会	项目推进委员会

此外，韩国研究财团同行评审制度的成熟发展还体现在其同行专家选拔与管理机制上。其一，研究财团建立了同行专家信息集中管理系统。研究财团于 2008 年开通"韩国研究业绩综合系统"①，该系统将韩国各大学与研究机构的科研业绩信息进行共享并由政府集中管理，积极发挥研究财团与大学之间的科研信息纽带作用。而在研究财团的各类评价活动中，"韩国研究业绩综合系统"实际充当着同行专家资源库的角色，研究财团通过系统可以准确掌握各学科科研人员的研究信息，为同行评议保障充足的评审

① 韩国研究业绩综合系统（Korean Researcher Information）．［2016-05-19］．https://www.kri.go.kr/kri2.

资源。其二，研究财团的同行评审专家积极采取回避制度。为保证各项评价活动的公平与公正，研究财团在委任专家进行评价之前，对申请人与评审专家之间的关系进行严格考察，如申请人与评审专家是否属同一机构、是否为师生关系或校友关系、是否共同从事过项目研究或共同发表过论文等，一旦发现申请人与评审专家之间存在共同利益关系，评审专家将避开该项目评价。其三，研究财团对评审专家实行奖惩制度。研究财团专门建立评价人员数据库以管理各评价专家的评价活动（内容如表 4－6 所示），根据数据库检测信息与其他客观情报，对评审专家的不诚实行为进行内部通报并将其从专家评审库中除名，同时推举优秀评审专家给予表扬和一定程度的实质奖励，奖优罚劣，促进同行评议的良性发展。

表 4－6　韩国研究财团评价人力数据库管理内容

类别	主要内容
评价参与度	接到评价请求次数、实际参与评价次数
评价内容	评价年度，评价项目名称，评价类型（在线、分组讨论等） 评价时间段，课题信息，评价分数，评价意见等
评价倾向分析	打分特征，评委意见定性分析等

资料来源：朴基范．韩国研究财团研究项目课题评价人选拔体系改善方案研究．科学技术政策研究院，2011（2）：30．

通过中韩两国学术评价方法的比较，我们可以看出虽然文献计量法在韩国的官方评价中并未得到广泛应用，但韩国的同行评议制度在长期实践中已经形成了一套相对成熟且稳定的评价机制，韩国研究财团为之建立的专家人才库、评审选拔机制、回避制度、奖惩制度等措施在中国的评价体系建设中尚属空白。在当前中国评价制度负面效应叠加，评价机构开始探索改革道路的转折时期，积极汲取韩国同行评议制度的先进经验能够为中国评价制度的整体发展提供诸多有益参考。

（三）评价内容不同

中韩学术期刊评价任务与目标需求的差异性，集中表现为评价指标——评价观测点的不同。中国学术期刊评价侧重“学术影响力”，大多数评价机构选择通过文献计量指标测定学术期刊的引用情况，间接反映期刊在所属学科的影响力；在韩国，政府推进学术评价事业的内核是全面提高“学术期刊的办刊质量”，评价指标更加关注期刊编辑系统的完整度与规范性，引文数据指标占据较少比重。

回溯科学评价的方法史，世界各国都经历了从定性向定量，再到定性与定量相结合的过渡①。以文献计量指标为主的遴选方法最初由科技评估引入人文社会科学成果评价，帮助中国实现了人文社科核心期刊“从无到有”的历史突破。时至今日，被誉为中国人文社科界“三大核心期刊”遴选机构的北大《总览》、社科院《综合评价报告》以及南大CSSCI的遴选依据仍旧沿用以文献计量指标为主的评价方法。伴随核心期刊影响力的持续扩张与行政化的权力依附，不少人文社科办刊人员与学者也深谙影响因子、被引频次、转摘量（率）、半衰期等传统自然学科期刊评价标准的要义。一方面是科研管理部门日益增长的评价需求，而另一方面是中国仍处于人文社会科学学术评价体系构建的探索阶段，尚未建立真正科学、公正、行之有效的评价体系，二者矛盾的对立导致了核心期刊的功能异化，由此引发的诸多流弊更让学术界的讨伐之声此起彼伏。

从评价指标的视角来看，造成这一问题的深层原因主要有二：首先，核心期刊遴选的指标从根本上无法实现评价学术期刊质量优劣的目的，而它的评价功能却在实际应用中被过度开发。目前广泛使用的影响因子等引文指标，仅是对学术期刊在所属学科内使用情况的客观反映，与学术期刊编辑出版、论文水平均没有直接相关性，且量化指标对时效性要求较高，对期刊的长期性、历史性的学术贡献和学术史意义难以考察②。这些客观局限本让核心期刊不足以承受“质量评价之重”，但由于科学评价体系的长期缺位，管理部门也唯有奉行现有评价方法，利用核心期刊遴选成果展开科研管理。其次，量化的评价指标不符合人文社会科学的学术成果特征，更不足以说明学术期刊的质量水平。人文社科学术成果具有丰富的多样性，以量化的绝对标准去抽象、统摄和约化评价个体，难免遮蔽和消解学术期刊本有的独特风格和学术特性③。对人文社科学术评价而言，评价指标更是“宜软不宜硬”，数字化的指标体系不仅抹杀了学术期刊的个性风格，更是对整个学科发展生态的一种破坏——被格式化了的主流学术期刊不再成为百家争鸣的舞台，而真正具有创造性的研究成果却极有可能被淹没在边缘与异端。

面对全社会对核心期刊评价功能的笔伐口诛，目前几家核心期刊遴选机构一直对其研制产品的功能持以谨慎态度，在每一版研制说明中也屡次

---

① 刘大椿. 人文社会科学研究成果评价体系研究. 北京：经济科学出版社，2009：128.

② 刘京希. 学术期刊评价：形式为王还是内容为本. 华南师范大学学报（社会科学版），2015（5）：37.

③ 同②.

强调正确认识核心期刊的作用，北大《总览》甚至明确表示核心期刊“不具备全面评价期刊优劣的功能，不能作为衡量期刊质量的标准，更不能作为学术评价的标准”①。在嘈杂的各方声音里，核心期刊遴选机构眼下面临着两种选择：一是坚持现有指标体系，坚持核心期刊遴选，同时也要继续消除全社会对核心期刊的错误解读；二是修正以引文数据为主的指标体系，正式转型为学术评价机构，实现由图书管理服务向学术评价服务的全面转变。

韩国学术期刊登载制度同样采取了定量评价与定性评价相结合的评价方法，但其定“量”指标并非文献计量的“量”，而是指在一些具体规范上依据具体数量进行评价，如限定发行次数、论文登载率、期刊总编的任期等；而在定性评价指标方面，更多关注学术期刊的办刊质量，与中国存在较大差异。通过第三章对韩国学术期刊登载制度指标体系的解读，我们可以发现其具有以下几个突出特征：

首先，韩国学术期刊登载制度面向不同等级的学术期刊设置了两套不同的指标体系，实行指标差异化评价管理。“资格审查・继续评价”与“再认证”评价分别面向四类不同等级的期刊，两套体系坚持采用“定性评价为主、定量评价为辅”的评价方法。从指标体系的内容上看，评审规范、编辑规范、出版规范等学术期刊管理项目占较大比重，且在定量指标与定性指标中均有体现，但总体上面向登载（候补）学术期刊的“再认证”评价体系较面向普通学术期刊的“资格审查・继续评价”，其评价标准更高，即对等级越高的学术期刊，评价要求也愈加严格。此外，相比中国期刊评价中十之八九文献计量指标占据半壁江山的局面，韩国的登载制度虽同样引用文献计量指标，但仅作为定性评价中“登载论文的学术价值与成果”的参考指标之一，且占据极小权重。质言之，韩国在处理学术期刊内容评价时参考指标更加多元化，除引文数据外，同时还结合了如“论文主题是否反映了所属学科的重要课题”“编委会为提高期刊质量推进或计划了哪些具体措施”等内外部因素进行综合考量。

其次，登载制度十分重视对审稿制度和研究伦理进行审查，从学术期刊发行机构阻断学术不端行为发生的通道。不同于中国科研单位或学术团体与期刊发行机构相对隔离的状态，韩国绝大多数学术期刊是由学会或大学附属的研究机构直接发行的，不少期刊的编委本身就是各研究领域内的

---

① 朱强，何峻，蔡蓉华. 中文核心期刊要目总览：2014 年版. 北京：北京大学出版社，2015：19.

学科带头人，且大部分学会学术期刊都要求投稿人成为会员并缴纳一定会费才能进行投稿并发表文章。因此，韩国的学术期刊与其身后的学术团体本身是一个共同体，研究财团通过设立“审稿制度是否具体与严格”“研究伦理的遵守情况”等指标可以对期刊发行机构进行监控，从而从侧面督促学术团体完成自我净化，从源头上杜绝抄袭、剽窃、不当引用等学术不端行为的发生。这两类指标在“资格审查·继续评价”与“再认证”评价体系中均占有较大比重，足见研究财团希望通过期刊评价，正确引导学术期刊乃至学术界整体健康、良性发展的目的所在。该类指标在中国的评价体系中还比较罕见，但不失为引导学界良好风气的一项有效措施。

再次，登载制度的评价指标具有弹性空间，能为期刊多样性发展保驾护航。“学科领域特殊评价”的增设是学术期刊登载制度改革后的一项重要变化，该指标没有硬性规定的评价内容与标准，由专家根据学术期刊发行机构的自由陈述进行打分。虽然“学科领域特殊评价”仅占 10 分权重，但它使研究财团的整套评价体系具有弹性空间，尤其对评价过程中的人文社会学科的多样性问题是一个较优的解决方案。此外，它对于指标体系中未能全面覆盖或具有不适应性的一些特殊领域，如边缘学科、区域性学科的评价也是一个弹性的评价标准，确保真正有特色的学术期刊在学术评价中不被边缘化，给予期刊多样性发展更多空间。然而，由于缺少客观的评价标准，“学科领域特殊评价”犹如一把双刃剑，之前在学术界也引发了一些争议。2016 年在研究财团“学术期刊评价项目说明会”上，研究财团宣布自 2017 年起将在特殊评价中新增引文数据指标，即“当登载（候补）学术期刊的 KCI 引用指数高于所属学科平均值的 2 倍，将得到至少 9 分以上的高分”①。如是，研究财团可能在今后的改进中不断新增客观的评价标准，但应注意的是要掌握好一定尺度。否则，建立起客观的标准却剥夺了期刊以多样化的形式获得这一得分的途径，就本末倒置了。

综上，出于评价目的的差异性，韩国学术期刊评价的指标体系相对于中国形式更加灵活、内容更加多元，评价空间也更具张力。假若中国的评价机构要摆脱“核心期刊”的固化模式，建立真正属于中国本土的学术期刊评价体系，从形式到内涵，均可以从韩国的指标体系中获得借鉴。

（四）评价结果应用不同

总体上，科学评价应具有判断、选择、导向、激励以及监督等核心功

① 宋宝裴. 明年起人文领域论文也将引入引用指数评价. 韩国大学新闻，2016-03-15.

能，而由于不同类型的评价涉及的层面不同，其侧重点也会有所差异[①]。中国学术期刊评价主要依靠各大评价研究中心自主开展，评价成果类型比较丰富，但由于这些评价成果均非政府认定的“国字号”，因此在实际操作中只能为大学和科研机构提供信息参考，即判断与选择功能相对突出；相较之下，韩国学术期刊登载制度是唯一由政府主导的期刊评价活动，具有很强的权威性和指导性，导向、激励以及监督功能更加凸显。

目前，南京大学评价中心、北京大学图书馆文献计量学研究室、武汉大学中国科学评价研究中心、中国社会科学院中国社会科学评价中心、中国人民大学人文社会科学学术成果评价研究中心是中国人文社会科学领域的主要评价机构，其评价产品在学术界、编辑出版界、科研管理部门、期刊管理部门等不同领域内得到了不同程度的应用。同时，北大《总览》和社科院《综合评价报告》在研制方法上采用了大规模文献计量分析的方法，研制成果依旧保留着核心期刊的原始功能，因此在图书情报界也得到了广泛应用。实际上，中国学术期刊评价兼具“为图书馆和读者提供订阅参考”和“客观反映学术水平”的双重功能，但由于评价机构之间的评价理念与评价方法各有差异，评价成果在不同管理领域的应用水平参差不齐。

在图书情报领域，核心期刊对于完善高校图书馆馆藏与科研服务具有重要意义。在具体实践中，以北大《总览》为代表的核心期刊产品广泛应用于期刊采购、馆藏优化、阅读指导、信息检索与咨询，以及研究生论文开题、在线咨询等服务，其中确定馆藏核心期刊又是其主要应用领域。馆藏核心期刊一般是一所图书馆所认为的本馆收藏的最有价值的期刊，也是这所图书馆所收藏的最符合本馆读者群需要的核心部分的期刊[②]，高校馆藏核心期刊重点取决于本校的特色专业、读者群的主要研究方向、学校的优势学科等，主要考虑的是期刊的利用率、使用价值、实际效果及文献使用者的反馈等问题[③]。馆藏核心期刊不一定与《总览》《综合评价报告》遴选的学科核心期刊重合，但这些学科核心期刊目录为高校图书馆确定各自馆藏核心期刊提供了重要参考。然而随着数字化时代的到来，中国知网、维普、万方等全文数据库已为读者提供了海量的数字文献，信息覆盖全面且检索十分便捷，这使得核心期刊的原始功能日渐退化，与此同时它的评价功能日渐凸显，广受科研管理部门的青睐。

---

① 邱均平，文庭孝．评价学．北京：科学出版社，2010：37.

② 苏翠云．谈高校图书馆确定馆藏核心期刊的必要性．河北科技图苑，2010（5）：64.

③ 林雪萍．关于确定高校图书馆馆藏核心期刊的思考．大学图书情报学刊，2007（3）：42-43.

尽管依照期刊影响力来评判论文质量的做法有诸多不妥当之处，但面对迅速增长的期刊种类和载文量，“以刊评文”依旧是当前中国高校科研管理部门开展学术评价的主流做法。而高校对各类核心期刊表也并非全盘照收，通常由科研管理部门根据一定标准自行确定本校范围的核心期刊或划分期刊等级。有研究人员对中国150余所高校科研管理部门的期刊分级方法进行比较，发现它们基本上将期刊分为综合权威期刊、学科权威期刊、学科重要期刊、学科核心期刊、省级期刊等五个等级①，并且大多是综合考量学术界对期刊分级的研究成果和期刊办刊部门的学术声誉后确定的分级方案。也有高校直接借鉴期刊评价机构的研究成果进行成果认定，一般将被人文社科领域“三大核心期刊”同时收录的期刊认定为学科权威期刊，被任意两种收录的认定为科学重要期刊，被任意一种收录的认定为核心期刊②。以四川省24所高校为例（如表4-7所示），除4所高职高专外，大部分高校在科研评价中均要求有核心期刊，且有8所院校自制了核心期刊目录，而《总览》、CSSCI以及国际检索系统（SCI、SSCI、A&HCI、EI、ISTP、ISSHP）的认可度最高，可以从侧面反映中国不同学术期刊评价产品的应用水平。

表4-7　2011年四川省24所高校核心期刊认定情况的调查表

学校类型	合计（所）	有核心期刊要求的院校（所）	认定以下种类为校内核心期刊的院校（所）					制定校内核心期刊目录的院校（所）
			《总览》	CSSCI	CSCD	其他核心期刊目录	国际检索系统	
211院校	4	4	4	1	0	0	4	4
省属院校	10	10	9	4	4	2	9	4
高职高专	10	6	5	2	0	2	1	0

资料来源：谭长拥，赵飞，彭国莉．高校职称评审中核心期刊认定出现的主要问题及解决方法：以四川省高校职称评审为例．四川图书馆学报，2012（3）：98.

同时，也有高校在自制核心期刊表时对文摘、报刊、二次转载文献等其他形式的学术成果给予认定。如中国人民大学的核心期刊就直接吸收了复印报刊资料学术系列刊物，对发表在《人民日报》《光明日报》《经济日报》《法制日报》《中国教育报》《中国社会科学报》理论版或学术版的学术文章给予成果认定。相比“三大核心期刊”的巨大影响力，其他学术评价产品在职称评审、评优评奖时并不能得到广泛认可，如此不统一的学术成

① 刘贵富．高校科研管理部门对中文期刊的分级研究．中国高教研究，2007（5）：61.

② 同①.

果认证制度在一定程度上给科研管理制造了混乱。

韩国学术期刊登载制度与中国传统核心期刊具有本质区别，评价方法非大规模文献计量分析，因此不具备图书馆藏指导功能。而在学术评价管理领域，依据学术期刊质量评判论文水平的做法同样广泛应用于韩国科研管理部门。学术期刊登载制度是韩国“仅此一家”的期刊评价制度，且由政府部门主管，具有极强的权威性。相比中国高校科研管理部门在成果认定时多元的参考选择和相对自由的制度组建，韩国高校在对科研人员进行业绩评价时主要依靠研究财团划分登载（候补）学术期刊和非登载学术期刊，同时在国际学术成果发表认定时辅以 SCI、SSCI 等检索系统进行甄别。

韩国高校学术评价制度的主要特征之一是量化评价突出。类似于学术期刊登载制度将评价结果换算成分值的做法，在韩国，无论国立、公立大学还是私立大学，基本都采用将论文发表、著作出版等学术活动进行数量化计算的评价方式①。通过表 4-8 可以管窥学术期刊登载制度在韩国大学科研管理活动中的具体应用。

表 4-8　2011 年韩国综合大学学术刊物认证加权值

<table>
<tr><th rowspan="2">大学</th><th colspan="2">韩国学术期刊</th><th colspan="3">国际学术期刊</th></tr>
<tr><th>登载期刊</th><th>非登载期刊</th><th>可检索</th><th>著名期刊</th><th>不可检索</th></tr>
<tr><td>A大学</td><td>100</td><td>70</td><td>200</td><td></td><td>70</td></tr>
<tr><td>B大学</td><td>15</td><td>5</td><td>20</td><td></td><td>8</td></tr>
<tr><td rowspan="2">C大学</td><td>30（人文社科）</td><td>30（人文社科）</td><td rowspan="2">30</td><td rowspan="2"></td><td>30（人文社科）</td></tr>
<tr><td>20（自然）</td><td>20（自然）</td><td>20（自然）</td></tr>
<tr><td>D大学</td><td colspan="5">各学科不同</td></tr>
<tr><td>E大学</td><td>150</td><td>50</td><td>300</td><td></td><td>100</td></tr>
<tr><td>F大学</td><td>30</td><td>5</td><td>50</td><td></td><td>20</td></tr>
<tr><td>G大学</td><td>150</td><td>50</td><td>300</td><td></td><td>150</td></tr>
<tr><td>H大学</td><td>100</td><td>20</td><td>200</td><td>1 000</td><td>150</td></tr>
<tr><td rowspan="2">I大学</td><td>30（工科）</td><td rowspan="2">15</td><td>60（工科）</td><td rowspan="2"></td><td>30（工科）</td></tr>
<tr><td>35（社科）</td><td>70/80（社科）</td><td>30（社科）</td></tr>
<tr><td>J大学</td><td>100</td><td>50</td><td>200</td><td>400</td><td>150</td></tr>
<tr><td>K大学</td><td>20</td><td></td><td>30</td><td></td><td>20</td></tr>
</table>

① 王晓杰，金佳律，付瑞萱．韩国高校学术评价制度体系的借鉴与反思．吉林师范大学学报（人文社会科学版），2014（7）：115．

续前表

大学	韩国学术期刊		国际学术期刊		
	登载期刊	非登载期刊	可检索	著名期刊	不可检索
L 大学	各学科不同				
M 大学	120	70	200		150
N 大学	20	5	40	50	15
O 大学	100（人文）	50（人文）	150（人文）		100（人文）
	70（自然）	50（自然）	100（自然）		70（自然）
P 大学	150	60	300		100
Q 大学	10（人文）	10	15	20	7
	15（理工）	5（理工）			
R 大学	150	70	200		70
S 大学	120	60	200		100

资料来源：金王俊，尹洪株，罗民柱．国立大学教师成果评价相关规定比较分析．韩国教员教育研究，2012（1）：156.

如表 4－8 所示，各高校在参考研究财团的登载学术期刊与非登载学术期刊目录的同时，通常结合该类期刊在本专业领域的实际影响力，赋予其不同的权重。透过对不同科研课程的加权值，我们可以总结出韩国大学科研评价的以下几点特征：首先，不论登载学术期刊还是非登载学术期刊，韩国高校对发表于不同等级期刊的成果均给予认证，但登载学术期刊的权重是非登载学术期刊的 2～3 倍；其次，面对不同学科，部分高校在评价时对学科不加以区分，也有高校根据学科的特性对同一级别的学术成果赋予不同权重，其中人文社科类学术成果的权重大多高于自然科学与理工类成果；最后，韩国高校对于国际学术期刊，特别是能被 SCI、SSCI 等知名数据库检索的学术期刊赋予更高权重值，给予更高肯定，但也存在部分高校对国内外学术期刊不加区分的现象。

总之，由于缺少多元的学术期刊评价成果，韩国的科研管理部门在选择参考依据时别无选择空间，统一采用了研究财团的期刊划分等级；而科研管理部门评价的独立性则体现在对学术期刊登载制度的不同认可度上，直接表现为对登载学术期刊和非登载学术期刊权重赋予的差别，该差异性不仅体现在大学个体之间，也体现在大学内部的不同学科之间。

三、中国学术期刊评价体系的改进方向

伴随着信息技术革命的不断深入，全球化浪潮兴起，它不仅改变着人

们的生活方式和中国的外部环境，事实上也为中国社会科学带来了新的挑战与机遇①。当前，中国人文社科学术期刊评价正处于“内有忧，外有患”的复杂时期，一方面在回应国内社会对评价体系公正性与合理性的诘问，另一方面需要与时偕行、与国际接轨，不断丰富自身内涵，以应对新形势带来的新挑战。

（一）中国学术期刊评价面临的机遇与挑战

努力建设具有中国特色、中国风格、中国气派的人文社会科学，关键在于打造中国学术话语体系，而创新人文社会科学成果学术评价机制是构建话语体系的重要一环。当今世界发展的两大趋势——全球化与信息化，既是当前全面深化改革中国学术期刊评价体系进程中的巨大挑战，更是中国构建具有鲜明中国特色学术话语体系的绝佳契机。中国学术期刊评价首先需要适应新形势下的要求，同时要把握时代带来的机遇，积极推出能体现中国立场、中国精神、中国水平的研究成果②，在国际竞争日益激烈的环境下抢占学术话语权的制高点。就中国人文社会科学学术期刊评价体系的发展现状而言，需要着重审视以下两方面问题：

首先，评价标准本土化与国际化的矛盾。中国人文社会科学学术期刊现行评价体系的落成实际经历了学术土壤从西方到东方、评价对象从自然科学到人文社会科学的“双重移植”过程，而当前中国学术评价领域出现的诸多问题，也大都可以归结为源于评价标准“水土不服”。要加强中国学术国际话语权，首先应当树立中国本土的研究范式和学科意识，“本土化”将是中国人文社会科学发展成熟的重要标志③。全球化浪潮带来的多元价值观和思维方式对“中国学术”主体思想的确立形成不断冲击，不断挑战着中国本土学术评价体系的构建，但这并不意味着我们要全盘否定国际性标准。其一，打造中国学术话语体系，一定是打造和国际社会可对比、可交流的话语体系，也唯有在这样的前提下，才有“国际话语权”可言。因此，我们的学术评价机制应当具备包容性，国际上任何优秀的评价机制都值得我们借鉴与吸收，要实现评价机制的“引进来”。其二，“全球化研究”作为当前国际社会共同专注的学术热点，覆盖文学、艺术、政治、经济、法律、社会等各个领域，已经成为人文社会科学研究的重要分支之一。在

---

① 邓正来. 全球化时代的中国社会科学发展. 社会科学战线，2009（5）：1.

② 高翔. 构建具有鲜明中国特色的社会科学评价体系.（2014-04-18）［2016-06-23］. http://www.cssn.cn/bk/bkpd_qkyw/bkpd_zdwz/201404/t20140418_1071145.shtml.

③ 刘大椿. 人文社会科学研究成果评价体系研究. 北京：经济学科出版社，2009：127.

中国人文社科的研究课题走出“闭门造车”时代、日渐与国际接轨的情况下，我们的学术评价体系也应当适当引入国际化标准，最终实现中国学术成果“走出去”。

其次，“大数据”热话题下的冷思考。“大数据”概念诞生后的短短数年时间，迅速颠覆了人类的传统生产理念和经营模式。人们可以从呈几何级数增长的海量数据中挖掘可资利用的信息，并通过“基于云计算机的数据处理与应用模式，通过数据的集成共享，交叉复用形成的智力资源和知识服务能力”① 不断探寻新的应用可能。于学术期刊领域，未来期刊在大数据的影响下，其运营模式、出版流程、功能作用都将发生根本性变化，甚至有学者大胆预测，大数据时代的到来将造就全新意义的学术期刊②；于学术期刊评价而言，这场新兴的技术革命让不少学者为之一振，他们断言大数据的应用将为学术评价带来颠覆性改变，从根本上解决诸如“评价主体缺位”“评价指标单一、僵化”“同行评议缺乏客观依据”等问题。诚然，大数据通过改变评价数据的采集和运用方式，不仅可以进一步提高期刊评价的效率，同时评价的可资数据在经过处理后其质量也将大幅提升，从而帮助人们更加接近学术发展的客观真实。但有一点必须引起足够的重视，即人文社科学术成果本身极具复杂性，除了可量化的因素之外，全面的人文社科研究成果评价还必须涉及价值判断、时间（历史）判断和性质判断等非量化的定性指标③。无论是“引文数据”还是“大数据”，过分迷信量化分析最终只会使我们掉入工具理性的陷阱，而价值理性必然日渐式微。因此，在人文社会科学领域，定性评价应当且只能占据主体地位。

（二）中国学术期刊评价体系未来的方向

构建科学合理的评价体系对促进中国学术期刊良性发展的重要意义毋庸赘述。中国学术期刊评价制度尽管经历了二十余年的探索，但至今依然未能进入成熟发展阶段。当前，中国社会对“核心期刊”评价功能的讨伐不绝于耳，要求改革评价体系的呼声迭起，与此同时，全球化与信息化的迅猛发展使得国内外学术环境日新月异，陈旧的评价体系显然已跟不上时代的步伐。如此形势之下，中国人文社会科学学术期刊评价应当尽快将改

---

①　朱剑．大数据之于学术评价：机遇抑或陷阱?：兼论学术评价的“分裂”．中国青年社会科学，2015（4）：66.

②　庞达．大数据时代学术期刊评价体系创新研究．新闻研究导刊，2016（3）：16.

③　刘大椿．人文社会科学研究成果评价体系研究．北京：经济学科出版社，2009：131.

革提上日程，改进和完善评价体系，使期刊评价真正进入“成熟期”。在具体实践中，以下几个方面将是未来改革的重点方向：

第一，学术期刊评价的环境亟待改善。所谓学术评价环境，包含外部环境和内部环境两方面。其中外部环境主要指政府、学术评价机构发布的相关发展战略和管理政策；内部环境是评价运行的基本准则，主要指评价共同体凝聚共识而形成的评价理念。

近年来，国家在宏观政策上积极鼓励“以创新和质量为导向”的科研评价制度，同时多次强调科研评价对繁荣学术发展的重大意义，特别是对构建具有中国特色的学术话语体系的巨大推动作用。可以说，学术评价事业正迎来政策的“黄金时期”，各评价机构也积极把握发展机遇，在努力完善自身评价体系的同时，不断开发新的评价产品、拓展评价空间。但从长远看来，眼下中国评价机构“各自为政”的格局并不具备长足发展的基础，在现实中已经暴露了该格局容易造成评价资源浪费、科研管理混乱的短板。为实现中国学术评价长期的协调发展，各评价机构应整合自身优势资源，搭建数据共享平台，其工作重心也要相应地由发布重合度较高的评价产品转移为发布各自的特色产品，所谓“各尽其能、发挥所长”；同时还应当改变现行“评价机构撒网式发布数据，科研管理部门选择性参考”的评价思路，结合科研管理机构的实际需求有针对性地研制产品，真正做到“有的放矢”。

于学术评价的内部环境，特别是于人文社会科学领域而言，应当进一步增强同行评议的主体地位。首先，人文社科是一个十分庞大的体系，相比自然科学，它的引文动机更加复杂，因此在形式上难以量化；其次，人文社科在内涵上十分多元，不仅学科内部呈现较大差异性，近年跨学科研究的趋势日渐凸显，进一步增大了定量评价的难度；最后，人文社科是基于意识形态的价值判断活动，单一的定量评价在此不具备可操作性。基于此，采用以同行评议为主体的评价方法是人文社科学术成果评价的必然选择，也是唯一选择。定性评价与定量评价之间应当保持相辅相成、动态平衡的关系，但无论定量评价工具如何发达，都不能撼动同行评议在人文社科学术成果评价中的主体地位，否则只会本末倒置，造成工具理性膨胀，人文精神衰微。

第二，建立完善的同行评议制度。当前，北大图书馆、社科院文献信息中心、南大评价中心、武大评价中心等几家以定量评价为主的评价机构，因其定性评价环节处于辅助地位，均尚未形成完整的同行评议制度。即使是以同行评议为主的人大评价中心，虽依托复印报刊资料专业的学科编辑和编委团队，能够实现专业化、标准化、规模化、持续性的同行评议过程①，但其专家团队的管理模式仍未形成标准的范式。

通过前文中韩两国同行专家评审制度的比照，我们发现韩国的同行评议制度在长期实践中已经形成了一套比较稳定的运作体系，其同行专家的管理机制尤其值得中国借鉴。例如，当前中国评价机构在评价平台搭建方面偏重引文数据与期刊数据库建设，而专家评审库的建设却被束之高阁，评价机构多在评价周期到来之时采用聘用制，邀请专家临时担任期刊的评审工作。评价工作的“临时性”不仅不利于期刊评价的持续性发展，同时对专家的评审工作起不到任何监督作用，更无法激发评审专家的责任感与使命感，使评价工作最终流于形式，甚至敷衍了事。韩国研究财团通过建立专家评审数据库，采取选拔机制、回避制度、奖惩制度等措施，有效规避了上述问题。而在大数据理念广泛应用的背景下，同行评审专家库的建立能拥有更大的发展空间，如在专家选拔方面，可以通过历史评价数据获取该专家的学术偏好、学术合作网络等信息，在减少评审专家的主观因素对评审结果产生的负面影响方面能发挥积极作用。

第三，改善学术期刊评价指标体系。正确发挥学术评价的“指挥棒”作用，完善评价指标体系是关键。当前，中国期刊评价指标体系在整体上比较僵化和单一，以文献计量指标为主的评价体系不能很好契合人文社科多元、复合的学科特征，同行评议定性评价指标的灵活度不够。此外，大多指标体系仅侧重论文的学术水平衡量，而对期刊发展同样起至关作用的编辑与出版水平评价却常遭遇忽视。通过对韩国学术期刊登载制度的深入解读，中国学术期刊评价指标体系可以从以下几个方面着手改进工作：

首先，保证指标体系“质量均衡”。采用定量评价与定性评价相结合的指标体系已是科学评价的基本共识。定量评价客观、准确、易操作，对于保证学术评价的公正性、避免主观随意性有重要意义②；而定性评价作为人文社科成果评价的传统办法，是同行专家对成果内容的直接评价，评价结果更具深度。在指标体系内部，定量评价指标和定性评价指标都应有所兼顾并保持均衡状态，且应根据人文社会科学学术成果的特征确立“以定性评价为主，定量评价为辅”的基本理念。

其次，指标体系应当“内外兼修”。学术期刊评价并不完全等同于论文

① 钱蓉. 基于同行评议的复合型人文社科学术评价//首届东亚学术国际研讨会论文集. 内部资料，2015：5.

② 荆林波. 中国人文社会科学期刊评价报告. 北京：中国社会科学出版社，2015：5.

评价，它既应当包含对其刊发论文质量的评价，还应当包含对期刊编辑能力、装帧设计、印刷质量、营销手段的考量，以及对期刊办刊规范、选题倾向、策划水平的评判①。一套完整的期刊评价指标体系应当对这些外在评价指标有所体现，但切忌“喧宾夺主”，否则只会重蹈韩国学术期刊评价覆辙，最终使得评价门槛变低，评价成果失去辨识度。

再次，提倡指标体系“张弛有度”。基于人文社会科学学术成果的多样性和复杂性，评价指标体系应保持一定的灵活性。同时为鼓励新兴学科和小众学科的发展，在评价指标上应当给予适当照顾。当前中国大部分期刊评价对学科不加区分，采用同一套指标体系，从学术评价的引导意义上看不利于学术期刊的多元发展。而韩国学术期刊登载制度在改革后新设立的“学科领域特殊评价”，将评价中10%的权重设为“空白指标”，旨在防止僵化的指标内容限制学科发展，对引导期刊多样性、保护边缘学科都产生了积极影响，值得中国评价体系借鉴。

（三）全球化时代人文社科期刊评价理论模型：以复印报刊资料重要转载来源期刊为核心

长期以来，中国人民大学复印报刊资料凭借其完整、严格的选文机制和丰富的选文实践，出版了一系列转载学术刊物，在中国人文社会科学领域具有较高权威性和影响力，其独特的二次筛选过程，被视为其学术评价功能的核心体现。随着复印报刊资料学术评价体系的逐步确立，近年来复印报刊资料连续研制并发布了重要转载来源，引发许多专家与学者对复印报刊资料的学术评价功能展开热议。然而，由于遴选范围受限于复印报刊资料转载论文，重要转载来源刊仍存在诸多短板，如学科布局受限、对个别小学科关注不够、数据样本单一、统计指标和权重的合理性有待完善等②。更有学者对复印报刊资料的学术评价功能提出质疑，认为“转载数量与学术期刊质量没有必然联系”③。基于此，首先笔者认为复印报刊资料以论文为直接评价对象的同行评议功能是无可替代的，而其“同行评议为主体，文献计量为补充”的理念在目前所有评价体系中最为契合人文社会科学学科特征。但如何充分利用论文评价结果，将具有主观性的论文评分最终输出成为学术期刊质量客观评估，关键在于指标体系的合理设计。结

---

① 庞达．大数据时代学术期刊评价体系创新研究．新闻研究导刊，2016（3）：16.

② 晋雅芬．基于同行评议的学术期刊评价新体系．新闻出版报，2013-04-09（7）.

③ 蒋鸿标．学术期刊论文被转载与被引用关系的实证研究：兼评《复印报刊资料》的学术评价功能．图书馆建设，2014（11）：87.

合韩国学术期刊登载制度指标体系的分析结果，笔者根据复印报刊资料的现行选文指标，设计了理论模型，如图 4－1 所示。

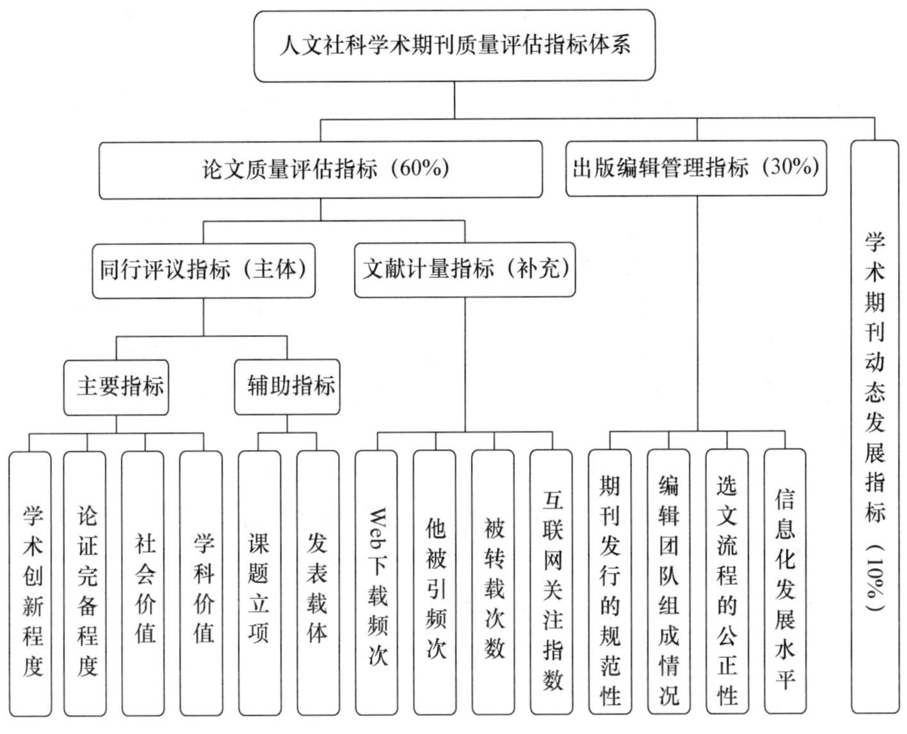

图 4－1　人文社科学术期刊质量评估指标体系总体结构

如图 4－1 所示，指标体系由“论文质量评估指标”、“出版编辑管理指标”和“学术期刊动态发展指标”三个一级指标组成。其中“论文质量评估指标”在原《人文社会科学论文质量评估指标体系》的基础上进行修改而成①，“出版编辑管理指标”和“学术期刊动态发展指标”是结合期刊评价的实际需求与未来指向新设立的指标。三个一级指标各占权重 60%、30%、10%，使整套指标体系由之前单纯的论文评价转向综合性的期刊评价，并根据人文社科成果特征留有一定弹性空间，体现了“质量均衡、内外兼顾、张弛有度”的设计原则。

（1）论文质量评估指标。

论文质量评估指标依旧采用定性评价与定量评价相结合的评价方法，

① 中国人民大学人文社会科学学术成果评价研究中心．人文社会科学论文质量评估指标体系（试行）．内部资料，2012：7－12．

其中同行评议指标占据主体地位，文献计量指标为辅助性指标。在具体实践中，根据人文学科和社会学科的差异性，同行评议和文献计量指标的权重分配将有所区别，大体上，人文学科的同行评议与文献计量权重比值将略微大于社会学科的权重比值。

同行评议指标又分为主要指标和辅助指标，是同行专家运用专家知识与判断能力，对论文成果质量直接进行评估的依据。复印报刊资料通过长期的选文实践，汇集、梳理、归纳、总结了一套同行评议指标，并针对指标项目的必要性、适用性和重要性，以及指标体系的创新性、科学性和可操作性，邀请学科专家进行了总体论证①，是目前中国所有评价机构中最为完整和成熟的同行评议指标。本设计方案汲取复印报刊资料同行评议指标的精华之处，并将原“难易程度”指标更改为“学科价值”，在涵盖作者论证的难易程度的同时，强调学术成果对本学科发展的贡献大小。

文献计量指标是通过客观数据对论文的影响力进行测定的指标。除原论文质量评估指标体系中的“Web 下载频次”“他被引频次”“被转载次数”外，笔者特别注意到近年来学术期刊数字化发展的趋势，新设了“互联网关注指数”指标。这是由于随着互联网的普及，学术论文的传播渠道不再仅限于传统纸质学术期刊，微博、微信等新兴平台逐渐取代纸质期刊成为新的传播媒介，而这一部分读者的评论和转发同样应当被引入学术评价环节。

表 4-9　论文质量评估指标的含义与评估内容

二级指标	类别	评估指标	指标内涵	评估内容
同行评议指标	**主要指标**	**学术创新程度**	衡量论文提供的新知识对学术发展的促进程度	**以下内容对学术发展的促进程度：** ➢ 提出新的（或修正完善已有的）学说、理论、观点、问题、阐释等 ➢ 提出新的（或改进运用已有的）方法、视角等 ➢ 发现新的资料、史料、证据、数据等 ➢ 对已有成果做出新的概括、评析（仅指综述文章）

① 武宝瑞．中国人民大学“复印报刊资料”转载指数排名研究报告（2014）．北京：中国人民大学出版社，2015：3.

续前表

二级指标	类别	评估指标	指标内涵	评估内容
同行评议指标	主要指标	**论证完备程度**	衡量论文的研究规范程度和严谨程度	**研究方法有效性：** ➢ 研究方法科学性 ➢ 研究方法适当性（对于研究问题）
				论据可靠性： ➢ 资料占有全面性 ➢ 资料来源真实性 ➢ 资料引证规范性
				论证逻辑性： ➢ 理论前提科学性 ➢ 概念使用准确性 ➢ 论证过程系统性 ➢ 逻辑推理严密性
		社会价值	衡量论文对社会发展进步可能产生的推动作用的大小	➢ 对解决经济、政治、社会建设中问题的推动作用 ➢ 对思想道德文化建设的促进作用
		学科价值	衡量论文研究对学科发展的贡献大小	**学科难点突破：** ➢ 理论难点的多少 ➢ 实证研究的难度 ➢ 资料搜集与处理难度
				学科建设价值： ➢ 为学科发展提供新思路，或具有进步价值 ➢ 积极推动边缘学科、跨学科研究的发展
	辅助指标	**课题立项**	论文来源的课题立项的情况	➢ 国家级（21分） ➢ 省部级（14分） ➢ 其他立项（8分） ➢ 无立项（1分）
		发表载体	论文发表载体的学术影响力	➢ 核心报刊（21分） ➢ 非核心报刊（11分）
文献计量指标	**Web 下载频次**		论文发表后的一段时间内，每月平均被网络下载的频次	➢ Web 下载频次 $=\frac{\text{论文自上网后被下载的频次之和}}{\text{论文统计时间}-\text{论文上网时间（月）}}$

续前表

二级指标	类别	评估指标	指标内涵	评估内容
文献计量指标		**他被引频次**	论文发表后的一段时间内，被《新华文摘》《中国社会科学文摘》《高等学校文科学术文摘》转载的次数	➢ 分数确定为5级：4次转载评分为1，3次转载评分为0.8，2次转载评分为0.6，1次转载评分为0.4，0次转载评分为0
		被转载次数	论文发表后的一段时间内，被他人引用的总频次	➢ 施引论文的“所有作者”与被引论文的“所有作者”不重叠时算作“他引”
		互联网关注指数	论文发表后的一段时间内，在互联网平台（如博客、微博、微信客户端）的关注度	➢ 关注指数= $\frac{\text{论文浏览总次数}}{\text{论文统计时间（月）}\times\text{发布平台个数}}$

（2）出版编辑管理指标。

出版编辑管理指标是针对现行指标体系偏重论文评价、忽略期刊出版管理评价的现状而提出的改善方案。在中国现有评价体系中，设置期刊管理水平评价指标的体系为数不多，目前仅有社科院中国社会科学评价中心关注到这一领域。而大部分机构的做法都是将期刊的出版编辑水准纳入同行评议环节之中，由同行专家根据个人认知和经验做出判断，评价标准十分模糊。相比之下，韩国学术期刊登载制度则以“严苛的外在评价体系”著称，拥有一套十分完整和规范的出版编辑管理指标体系。本设计方案从韩国的评价制度中“取长补短”，合理借鉴其中关于期刊外在管理水平的评价指标，指标内容如表4-10所示。

表4-10　出版编辑管理指标的含义与评估内容

评估指标	指标内涵	评估内容
期刊发行的规范性	对学术期刊发行的规范性、周期的稳定性进行评价	➢ 出版期刊是否符合国家规范，如国内统一连续出版物号、国际标准连续出版物号、期刊名称、出版标识等 ➢ 期刊是否按期出版、不随意增加特刊 ➢ 期刊发行是否及时

续前表

评估指标	指标内涵	评估内容
编辑团队组成情况	对编委组成的专业度与稳定性进行评价	**编辑团队的专业水平：** ➢ 在职编委的学历、职称、获奖情况等 ➢ 在职编委的活动或研究领域是否与期刊内容相符 ➢ 在职编委的创新水平
		编委人员的稳定性： ➢ 在职编委的平均任期 ➢ 总编与副总编的任期情况
选文流程的公正性	对论文审查制度的具体性与操作流程的规范性进行评价	**审稿制度的具体性：** ➢ 制定完整的论文审查制度，审查标准详细、明确 ➢ 建立匿名审稿和多级审稿制度
		操作流程的规范性： ➢ 审稿过程管理是否严格、按规范操作 ➢ 篇均审稿人数是否保持在 2 人以上
信息化发展水平	对期刊的网络发展水平进行衡量	**互联网办刊水平：** ➢ 是否建设独立网站 ➢ 是否拥有在线审稿系统 ➢ 是否提供在线服务
		网络传播水平： ➢ 论文是否能在网上无障碍浏览（含付费与免费） ➢ 是否拥有一种以上的在线传播媒介

（3）学术期刊动态发展指标。

学术期刊动态发展指标是期刊评价中的未来指向型指标。根据人文社会科学的学科特征，该指标对于评价留有开放空间，能较好解决边缘学科、融合学科、新兴学科不能完全适用既定指标体系的问题，同时能消除评价指标僵化学术期刊的负面影响，为学术期刊追求特色发展道路保驾护航。在具体操作中，评价专家可根据期刊发行机构提供的展示材料进行评估，可重点围绕期刊为实现特色化、国际化、数字化所做的努力，期刊为提高学术质量水平所采取的具体措施，学术期刊的国际影响力，学术期刊的社会贡献度等内容展开评价。

第五章

中韩学术期刊评价中的个性与共性

通过前文的论述，我们可以看到中韩学术期刊评价从懵懂到自觉呈现出较大的趋同性，但在具体的发展过程中仍然保留了鲜明的个性空间。对于个性的形成，主要应该归因于政府及研究机构、学术团体对评价研究的重视及推进的方法等方面的差异，而对于共性的出现，本报告将其原因归纳为两点。其一是中韩两国有着极深的文化渊源，同属亚细亚圈，在历史、政治、文化等方面一直以来都密切地联系在一起。因此到近现代，直至今天，中韩两国仍不可避免地产生“相像”的现象。其二是西方学术评价对两国的影响。西方的近代化比中韩两国提前开始，因此很多时候两国对西方学术思想的吸收是自然的，老师相同，学生的共性也就在所难免。中韩两国各自都有着类似的经历，他们留学欧美，或者译介欧美的先进思想、理念，再接受西方先进理论致力于本国的改革，最终发现符合各自民族的理论体系。上述几点交互作用，使中韩学术期刊评价体系在形成发展过程中个性鲜明而又共性融合。

一、各自学术评价的文化土壤

任何一个有着悠久文明的国家，在历史上的任何一个时期，本土文化与外来文化因交流而产生的融合只能是部分的融合，而不可能是全部的融合，中韩学术期刊评价理论体系的出现和发展也是如此。从学术期刊的诞生到本土学术期刊评价体系的产生受西方学术评价观念的冲击以及西方学术评价体系理论的影响，一方面中韩两国学术评价在形式和内容上表现出一定的趋同性，但另一方面又表现为更大程度上的非趋同性，这是因为在根本点上，两国学术评价的形成及发展仍是传统的、民族的，各自的学术传统仍使两国期刊评价体系延续了自己的个性。

人文社会科学总是受到文化背景的影响，其评价也无法脱离一定的文化土壤，评价标准显然会与其他国家的标准有所区别。尽管中韩两国的信念、价值观与文化大传统的差异有不同的特殊表现，但也有其主旨和一贯之道。本土化是一种学术活动的取向，中韩人文社会科学的本土化，关键在于确立“本国”的主体意识。

我们已经知道西方学界给予了中韩学术期刊评价体系深刻的示范效应，从历史的因素来讲：“人们自己创造自己的历史，但是他们并不是随心所欲地创造，并不是在他们自己选定的条件下创造，而是在直接碰到的、既定的、从过去承继下来的条件下创造。”[①] 这也揭示了学术评价创建机构形态产生的历史缘由。我们固然决心以西方世界作为学习的楷模，借鉴、移植和吸收西方评价体系，但同时本土化也起了很大作用，我们可以确认中韩的评价思想受到了本土与西方的双重熏陶。

我们无法否认本土化孕育并滋养了中韩学术期刊评价，对学术期刊评价的形成产生了巨大的影响。纵观两国学术期刊评价的形成及发展过程，整体上感觉中国学术期刊评价的发生声势浩大、气势磅礴，专业学术评价研究机构“百花齐放、百家争鸣”；而韩国学术期刊评价的产生，仿佛是一幅小巧的工笔画，韩国研究财团是韩国国内唯一的学术期刊评价管理部门。

评价的本土化将是中韩人文社会科学发展成熟的重要标志，也是走向东亚共同发展的必经之路，但这并不意味着排斥国际性标准。无论是从我们处于全球化的背景下，还是从人文社会科学的角度考虑，都需要一个共同的规则来规范学术或促进学术研究发展。仅从学术研究方面看，中韩两国早已进入竞争与合作并存的阶段，处于与西方不同文化圈中的中韩两国，希望通过宣扬自身的特殊性与优越性，得到应有的尊重。

二、政府及研究机构对学术期刊评价的推进

（一）中国政府及研究机构对学术期刊评价的改善

近年来，随着学术期刊评价越来越受到社会各界的重视，中国学术评价工作实现了多重突破。特别是在政府与评价机构的大力推动下，本土期刊评价体系逐步建立并完善，评价成果不断推陈出新，评价应用日益广泛深入。与此同时，学术期刊评价多元化的格局特征日趋显著，不同体系各具特色、各有所长，于和而不同之中为共同推动中国学术期刊评价发展事业做出巨大贡献。

1. 中国政府对学术期刊评价的推进

由于社会政治、经济、文化环境的变化，中国政府管理部门对期刊评价预期的导向作用、依据的评价指标和评价方法等在不同阶段侧重点有所不同，这些不同阶段的评价工作对引导中国期刊改革和发展产生了深远影响[②]。从

---

① 马克思. 路易·波拿巴的雾月十八日//马克思恩格斯选集：第一卷. 北京：人民出版社，2012：669.

② 张楠. 中国政府部门期刊评价历程及得失分析. 出版科学，2012（2）：54.

1992 年中国政府部门首次介入学术期刊评价活动至今，政府部门对期刊评价经历了不断总结、纠错、调整的过程，最终转向注重理论创新和实际应用价值的质量评价导向。

2011 年 11 月，教育部颁布多项促进人文社会科学学术发展的重要文件，将学术评价列为《高等学校哲学社会科学繁荣计划（2011—2020 年)》的主要任务之一，明确要求完善以创新和质量为导向的科研评价制度，并建议选择部分地区和高等学校开展学术评价改革试点①；《教育部关于深入推进高等学校哲学社会科学繁荣发展的意见》指出，要充分认识以创新和质量为导向的科研评价对繁荣发展哲学社会科学的重要意义，强化注重理论创新和实际应用价值的质量评价导向，实施科学合理的分类评价，加强同行评议为主的评价方式，完善诚信公正的评价制度，并采取有力措施将改进科研评价工作落到实处②。由此，教育部门对学术评价工作的重视程度可见一斑，这与中国学术评价在推动学科繁荣发展方面的作用越来越凸显、各级科研管理部门对学术评价要求越来越高的客观实际相符，在今后相当长的一段时期内，学术评价对提高科研管理水平、优化资源配置、全面提高中国科研实力还将发挥更加积极的作用，政府部门对学术评价的监管制度也将更加完善。

学术期刊兼具“学术性”与“传播力”双重特性。一方面，学术期刊评价工作关系中国科研发展水平，是指引学科繁荣发展的风向标，因此教育部门对学术评价具有引导职责；另一方面，学术期刊作为出版行业的重要组成部分，必须接受出版管理部门的监督和调控，因此中国新闻出版管理部门的相关政策对学术期刊评价的发展同样产生了深刻影响。

2010 年 7 月，新闻出版总署印发《报纸期刊出版质量综合评估办法(试行)》，为中国各级期刊评选活动的基本原则、组织方式、评选程序提供了官方依据。该评估办法的出台，旨在形成报纸期刊优胜劣汰机制，全面提高报刊出版产业的整体质量和效益，引导行业向规模化、集约化方向科学发展③。同年 12 月，新闻出版总署又制定了《报纸期刊出版质量综合评估指标体系（试行)》，分别从“基础建设条件”“环境资源条件”“出版能

---

① 教育部，财政部．高等学校哲学社会科学繁荣计划（2011—2020 年)．[2018-06-28]. http://www. sinoss. net/2011/1201/38163. html.

② 教育部．教育部关于进一步改进高等学校哲学社会科学研究评价的意见．(2011-01-07)[2018-06-28]. http://www. moe. edu. cn/publicfiles/business/htmlfiles/moe/A13_zcwj/201111/126301. html.

③ 晋雅芬．报刊出版质量综合评估办法明年 1 月施行．新闻出版报，2010-12-30. http://www. chinaxwcb. com/2010-12/30/content_214470. htm.

力”“经营能力”等四个板块、十七个类别约六十个具体指标为期刊出版制定了规范①，并兼顾学术期刊特征，设置了“学术水准”指标，包括总被引频次、影响因子、他引总引比、基金论文比等量化标准。新闻出版总署要求，在一个评估周期内，各省、自治区、直辖市淘汰的报纸期刊比例不得低于本区域报纸期刊总数的3%，以此引导期刊出版业的良性发展。《评估办法》颁行以来，政策效果不断显现，“优胜劣汰”的行业生态环境已逐渐形成并日趋稳定，加上市场调节这一“无形杠杆”的配合，一批出版质量低下、经营不善的期刊已被淘汰。

《评估办法》的评估结果在发挥“门槛”作用的同时，也为由政府主管的各类期刊评奖与分级活动提供了重要指标，最具代表性的有“双百期刊”“双效期刊”“双高期刊”等。此外，该办法也为省级政府部门制定地方性评估办法提供了参考指标与流程规范，例如重庆市根据《评估办法》的指导思想，结合本区域期刊实际出版情况制定了“重庆市期刊出版质量综合评估体系”②，为地方政府深入开展期刊评价活动提供必要条件。

然而从严格意义上讲，目前中国新闻出版管理部门组织的期刊评价虽然包括学术期刊，但并不属于专业的学术期刊评价，期刊的知名度、社会效益与经济效益都被纳入考查范围。而在评价方法问题没有得到根本解决之前，为避免造成国家人力、物力、财力的巨大浪费，政府部门不适合从学术质量的角度对期刊进行评价。换句话说，在现有条件下中国在政府层面上对学术期刊进行专门评价的能力依然有限③。

2. 中国研究机构对学术期刊评价的改善

相比政府部门，专业评价机构是中国学术评价的主力军。在人文社科评价领域，北京大学图书馆文献计量学研究室、南京大学中国社会科学评价研究中心、武汉大学中国科学评价研究中心、中国社会科学院中国社会科学评价中心、中国人民大学人文社会科学学术成果评价研究中心各占有一席之地。这些评价研究中心依托身后机构的学术实力与学术影响力，吸引优势人才与物质资源，拥有全面开展评价的工作基础。回顾二十余年中

① 新闻出版总署新闻报刊司. 关于印发《全国报纸期刊出版质量综合评估指标体系（试行）》的通知. 新闻出版报，2010-12-08.

② 重庆市新闻出版局. 重庆市新闻出版局关于开展报纸期刊出版质量综合评估工作的通知. (2011-08-02) [2015-11-13]. http://www.cqbk.com.cn/report_info.php? keysn=244.

③ 俞立平，潘云涛，武夷山. 学术期刊中不同利益主体关系研究. 科学学与科学技术管理，2009 (12)：45-47.

国专业评价机构的历史沿革，它们在不断的摸索中逐步完善评价理论，建立独立的评价体系，评价成果各有千秋，同时又在相互竞争的环境下持续精进开拓，形成了“百花齐放、百家争鸣”的格局，共同促进中国学术期刊评价的良性发展。

首先，评价机构积极推动了中国学术期刊评价理论体系构建。纵观中国学术成果评价发展，由最初从西方译介文献计量三大理论基础，到现阶段定性评价与定量评价相结合的综合评价理念的形成，其间经过了大量研究人员反复的理论梳理与实证检验。据不完全统计，近年来国内有关学术评价的论文不下数千篇，相关论著亦逐年增多①，科研人员围绕数量与质量的关系问题、成果的评价方法选择问题以及成果的评价程序公正问题等展开了大量讨论②。这些研究人员大多来自学术评价工作一线，服务于专业评价机构，而该领域的核心专家更是多为各大评价机构的领军人物。可以说，专业评价机构为学术评价理论研究提供了良好的实践基础，而科研人员在评价实践的基础上进行概括和总结实际上就是丰富评价理论的过程。同时，良好的评价理论反过来又能更好地指导评价实践，评价理论与评价实践之间的持续良性互动，使得评价体系不断完善③。

随着近年学术评价机构的增多与引文数据的持续积累，学术评价已由单纯的学术期刊与论文评价，拓展为涵盖作者评价、机构评价、图书评价、学科评价等的全方位评价。如武大评价中心拥有“四大评价报告”：《中国大学及学科专业评价报告》《中国研究生教育评价报告》《世界一流大学与科研机构学科竞争力评价研究报告》《中国学术期刊评价研究报告》。南大评价中心除期刊评价之外，在图书评价方面也展开了积极研究，建有CSSCI图书引文索引数据库。人大评价中心除期刊评价外，也持续开展针对规划机构和作者评价的评价研究（如表5-1所示）。评价对象的多样性在开拓了新的视野与方向的同时，也为中国学术评价理论完善带来新的挑战，特别是在人文社会科学领域，解决学术成果的复杂性与不确定性，还需要各专业评价机构持续攻坚克难，通过积极开展评价实践来创新与完善中国人文社会科学评价理论的发展。

---

① 叶继元. 人文社会科学评价体系探讨. 南京大学学报（哲学·人文科学·社会科学），2012（1）：97-98.

② 任全娥. 人文社会科学成果评价研究. 北京：中国社会科学出版社，2010：11.

③ 同①108.

表 5-1 中国六大评价机构评价产品对比

机构	期刊评价	图书评价	机构评价	作者评价	学科评价
南大评价中心	√	√			
北大研究室	√				
武大评价中心	√		√		√
社科院评价中心	√				
知网评价中心	√				
人大评价中心	√		√	√	

其次，评价机构为中国科研评估提供可参考的评价数据和操作平台。当前，中国各大高等院校和科研院所为了进行绩效考核、成果评估、职称评定、项目立项等评价活动，都制定了各自的评价标准，例如《华中科技大学权威期刊名录》《南开大学中文核心期刊表》《中国人民大学核心期刊目录》等。各单位在制定这些标准时，基本都参考了各专业学术机构的学术期刊评价结果，总体上，各高校与科研院所指定的核心期刊目录总量都小于或等于各专业学术期刊评价机构收录期刊的总量，是学术期刊评价机构收录期刊的子集①。从这个角度上看，中国专业评价机构为图书情报工作服务的原始功能已经退化，为科研管理服务的派生功能逐渐突出，评价成果在高校与科研院所得到了广泛应用。

诚然，一直以来科研管理部门“以刊评文”的简单化、片面化的评价方式备受学界诟病，学界认为这种方式助长学术泡沫之风，尤其在人文社会科学方面，一味模仿自然科学强调学术成果的量化标准，将极大阻碍人文社会科学的长远发展。而近年来“代表作制度”在不少高校的成功推行也积极印证了传统科研评估体系亟待改革的观点。但这并不意味专业学术评价机构的期刊评价成果从此将被高校与科研院所的评估部门束之高阁，它们反而还将发挥更积极的作用。由于一项代表作的实际价值需要很长时间才能被业界认知和认可，同行专家也只能根据现有的经验和知识水平对学术成果进行大体合理的估算，所以为了最大限度地提高学术评审结果的合理性，需要用引文、文摘等数据弥补专家评判的学术水平与主观倾向②。应该把注重“核心论文”的量与注重“代表作”的质两者结合起来——既有客观的量来保证一个最低的门槛，又要推行质来确定该学者是否有晋升

① 俞立平，潘云涛，武夷山．学术期刊中不同利益主体关系研究．科学学与科学技术管理，2009（12）：44-45.

② 叶继元．推行代表作制度需要注意的问题．教育与职业，2012（25）：74.

高一级职称的学术资格，或者能否提升到关键的岗位上①。可见，无论今后高校与科研院所的评估改革方向如何设定，都离不开专业评价机构提供的基础数据参考。而各大专业评价机构为力求评价成果最大限度地客观反映学术质量，进行了诸多有益尝试，如采用多指标综合评价、不断调整文献计量指标与同行评议所占权重等，力求评价结果更加科学、合理。

此外，近年来各大专业评价机构在大力开展数字化建设的过程中，搭建了许多评价数据库与在线评估平台，为高校及科研院所科研评估构建操作平台积累了成熟经验。例如人大评价中心建立了人文社会科学论文质量评估系统，可以实现人文社会科学单篇论文的按指标评分，对论文刊载报刊信息、所属学科、指标权重等进行标准化管理，修正不同评委的不合理评分等功能②。

各专业学术评价机构在评价国际化上展开诸多探索，拓展了学术评价的国际视野。当前，国际化是中国学术评价发展的主流趋势，各大评价机构都比较重视国际化学术成果评价的探索，注意加强国际合作。国际合作的途径主要包括加入国际专业学术评价协会、参与和举办国际性大会、进行国外调研加强合作、邀请国际知名教授作为客座教授等。国际合作有助于评价视野的拓展和评价产品的开发，对提升学术评价机构在国际范围内的学术影响力大有裨益。如武大评价中心曾推出世界大学和科研机构学科竞争力排名，出版《世界一流大学与科研机构学科竞争力评价研究报告》，还通过加入国际排名专业协会或参与、承办国际性会议等扩大自身的影响力；社科院评价中心发布了《全球智库评价报告》《全球智库百强排行榜》，通过举办会议、国外考察等方式加强与国外智库的联络与合作；知网评价中心通过对国际知名文献数据库中的中国学术期刊被引频次的统计，从国际角度全面揭示中国学术期刊的学术影响力，发布《中国学术期刊国际引证年报》③。

然而，如何通过学术评价国际化最终达到学术成果国际化，即全面提高中国学术成果的国际话语权，仍是中国专业评价机构今后工作中共同面对的难点。据统计，2015 年 SSCI 收录中国论文（含港澳地区）为 1.27 万篇，其中有 4 725 篇论文在当年被引用，仅占中国论文总数的 37.22%，而

---

① 孙亮．“代表作制度”的困境：应由谁来评价?．(2015-03-03)[2015-11-13]．http://www.cssn.cn/xspj/201503/t20150303_1531257.shtml.

② 中国人民大学人文社会科学学术成果评价研究中心．中国人文社会科学学术评价机构分析报告．内部资料．2015：3.

③ 同②.

以中国机构为第一署名单位的 1 777 篇论文，被引用 10 次以上的仅 51 篇。可见中国学术成果的国际影响力仍十分有限，质量与数量存在结构性失衡[①]。这首先与中国国际化的传播平台建设滞后有关，长期以来国内评价环境中唯 SCI、SSCI、A&HCI 等国际知名引文索引系统马首是瞻，最终导致大量优秀学术成果流失海外，丧失本土学术成果的国际话语权；其次，人文社会科学学术成果在国际化道路上面临语言障碍、文化背景差异、意识形态等问题，与自然科学相比，要想真正实现与国际接轨还有很长的一段路要走。近年来，中国专业评价机构经过不断努力，已在国际化传播方面取得了较大突破。如中国知网，在获得广泛国内用户市场的基础上，大力拓展国际市场，不仅将国外文献“引进来”，更努力让国内的数字学术资源“走出去”。2016 年底，中国知网的数字出版产品已经拥有 130 多个发达国家和地区的 4 000 万个用户，其中海外用户超过 700 万人[②]。中国知网通过数字化传播手段及时向国际反映中国科研水平，提升了中国学术成果的国际影响力。人大评价中心在其他机构均侧重欧美体系研究的背景下，选定亚太地区学术评价研究作为开展评价国际化探索的突破口，于 2014 年 5 月接受韩中企业联合会（韩国）的相关捐资成立亚太研究部，围绕“中韩学术期刊评价比较研究”开展了研究工作，填补了东亚学术评价比较研究领域的空白。

（二）韩国政府及研究机构对学术期刊评价的改善

韩国由于长期存在政府主导型评价模式，其民间研究机构参与学术期刊评价的权限与规模都无法与中国的研究机构相提并论。然而，这并不代表韩国研究机构对学术期刊评价的话语权有所削弱。以 KISTI、大韩医学会为代表的大型研究机构通过自建引文数据库，在推进专业学科的期刊评价、提升学科领域内的学术期刊质量方面做出了贡献；同时，由学会组成的各学科协会在学术期刊评价制度改革进程中积极运转，及时向政府准确反馈学界呼声，保证了韩国政府对学术期刊评价事业改革方向的正确把握。

1. 学术情报机构对学术期刊评价事业的推进

在韩国研究财团组建的 KCI 之外，一些大型学术情报研究机构通过自建引文数据库实现学术评价功能。这些数据库的收录范围十分明确，仅针对某一学科及其相关领域的学术期刊与论文进行收集与加工。相对于学科

---

① 胡钦太. 中国学术国际话语权的立体化建构. 学术月刊，2013 (3)：10.

② 王玉梅. 中国知网：推动学术文献规模走出去. 中国新闻出版报，2012-03-23 (3).

覆盖齐全的KCI，这些数据库能更精确地反映本学科在韩国国内的发展趋势，可视为KCI学科情报功能的补充与期刊评价功能的精细化。

成立于1962年的韩国科学技术情报院（KISTI），是韩国专门研究科技信息的公立研究机构。其中，收集、分析、管理科学技术信息及其相关产业情报是KISTI的主要职责之一，2000年在韩国情报通信部的扶持下KISTI启动了韩国科学引文索引（KSCI）项目。KSCI作为韩国科技领域的专门引文索引数据库，收录论文齐全，范围涵盖所有科技领域，以影响因子为代表的引文信息分析结果为韩国科技学术成果评价提供了重要指标。每年KISTI都会以两年引文信息为统计范围，将引文分析结果汇编成《韩国学术期刊引用报告书》（KJCR）向社会公布。《韩国学术期刊引用报告书》详细统计了被引频次为1以上学术期刊的发文数、引文数、被引数、自引数、自引率、影响因子、被引率、自被引率等引文数据，并单独罗列出影响因子、被引率、即年指数、总被引频次的TOP 10期刊名单，被视为当年科技领域学术期刊的最终评价结果。该报告书提供的引文指标直接反映了韩国科技领域的发展状况，为有关领域的期刊编辑、科研考核、政府决策等提供了诸多有价值的参考。

为提升韩国医学学术期刊价值，打破韩国医学学术成果长期流失海外的局面，大韩医学会于2001年开始组建“韩国医学学术期刊引文索引”（KoMCI），将韩国医学领域的2 015种优秀期刊收录于此，并针对韩国国内期刊互引情况提供引证信息。KoMCI的统计源期刊经由韩国医学编辑协会（KoreaMed）评价产生，该协会拥有一套完整的评价指标体系，以编辑质量为考查重点，采用以同行评议为主、定性评价与定量评价相结合的评价模式，保证统计源期刊均具有过硬质量。2002年至2010年，大韩医学会根据前一年医学学术期刊引文信息的统计结果，每年出版一份引证报告，主要内容包括引文信息数据分析、KoMCI收录期刊10年引用频次与被引频次、韩国国内其他医学期刊10年引用频次与被引频次等；2011年大韩医学会暂停出版纸质版引证报告，每年的引用信息改由网络发布。一方面，作为韩国医学领域的专门类引文数据库，KoMCI在检测学科发展动态上功不可没；另一方面，通过韩国医学编辑协会对统计源期刊进行的定期评选活动，KoMCI的学术评价功能得以彰显。

除以上大型学术情报机构之外，1995年在韩国科技部和研究财团的联合倡议下，科技领域的主要学科逐渐成立了本学科的研究信息中心，如化学化工研究信息中心（CHERIC），机械工学研究信息中心（METRIC），航空宇宙研究信息中心（ARIC）。这些研究信息中心围绕学科学术期刊、研究人力、研究动向、研究资料等主题对相关情报进行收集、整理、加工，为本科学科研人员获取信息提供了极大便利。虽然从整体上看，研究信息中心的服务主旨为文献服务而非学术评价，但随着期刊评价需求的日益增长，部分研究信息中心的学术评价功能初见端倪。以化学化工研究信息中心（CHERIC）[①] 为例，该中心除提供国内外学术期刊与参考文献的检索服务外，还分别统计了收录期刊的影响因子，并统计了近 10 年期刊与论文的被引频次排名情况，为监测韩国化学化工领域的科研发展动向提供了有价值的信息。此外，CHERIC 对多年积累的学术成果数据进行二次挖掘，研制出一系列评价衍生产品。如研究人员知识地图，就是以论文的共同作者为数据源统计后进行可视化处理，较完整地反映了韩国化学化工领域的研究人员合作现状（如图 5－1 所示）。

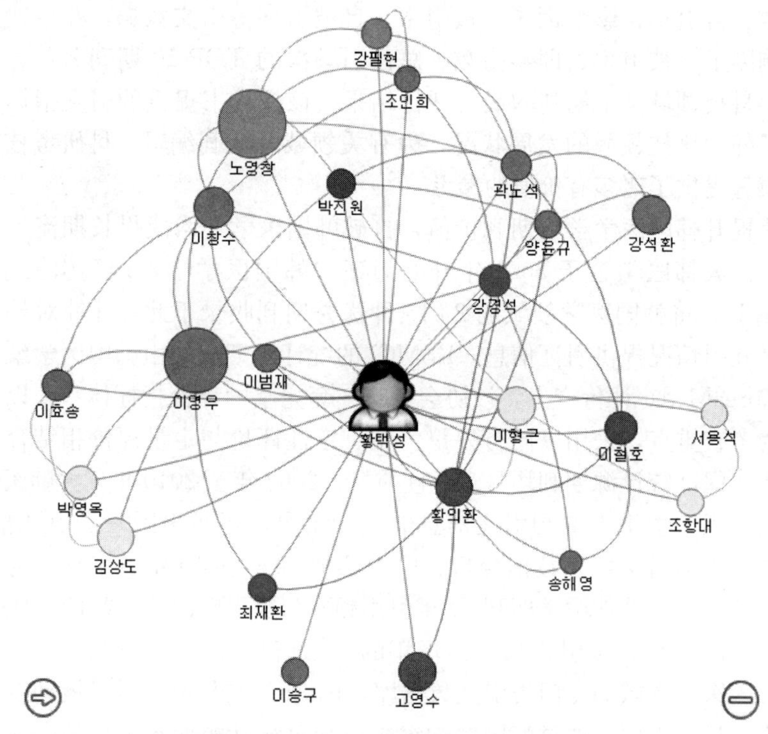

图 5－1 CHERIC 研究人员知识地图

注：圆圈为研究人员姓名。

资料来源：韩国化学化工研究信息中心研究人员知识地图（以忠南大学黄泽诚研究人员为例）.(2015-05-13)［2018-06-28］. http://www. cheric. org/research/people/maps. php? id=130.

① 韩国化学化工研究信息中心网站主页. http://www. cheric. org/.

2. 学术团体对学术期刊评价制度改革进程的影响

相较于中国以高等院校为核心的学术团体组织模式，韩国最主要的学术团体是学会。学会承担着为同一学科研究人员提供学术成果交流平台的任务，在韩国，每个学会每年都要定期举办学术会议，并出版学术期刊。因此，对学术论文的评价与审核成为每个学会的主要任务之一，而学会成为韩国开展学术成果评价的基本单位，特别是同行评议实施的基本阵地。

在学术期刊评价制度的改革进程中，由各学会组成的学科协会代表一线研究基地积极发声，分别以讨论会、恳谈会、声明、意见书的形式向韩国研究财团表达各学科对学术期刊评价改革方案的意见与建议。从内容上看，大体可以将这些意见与建议分为对评价制度的建议与对学术期刊扶持方案的看法。一方面，大部分协会表示同意学术评价向学界自律评价体系转换，但立即废止的做法并不可取，应当循序渐进地采取改革措施。如韩国科学学术期刊编辑协会认为，在无法保证主编专业水平的情况下要想实现学界自律具有很大难度，因此提倡在新的评价方案中增加对主编的评价指标①。另一方面，优秀学术期刊扶持制度的提出却在学术圈引起了一番争议，特别是人文类学科学术团体多对此持否定态度。如韩国全国历史学大会协会公开声明反对优秀学术期刊扶持项目，表示“将研究经费作为媒介介入人文学科，无论其初衷是否善意，都必将带来消极与歪曲的结果。同时如若政府将庞大的资源集中于少数学术期刊的扶持事业，那么这样的政策会损坏人文学科的自律性与多样性发展”②；而韩国人文学科总联合会也表明了相同的态度，要求暂时保留对人文学科学术期刊扶持制度的改革意见，希望有关学术团体能够直接参与学术期刊评价制度改革方案的制定③。

尽管在学术期刊评价制度改革进程中不断涌现出各方的不同意见，但这些来自学会的呼声代表着科研一线工作人员最切实的需求，研究财团在制定改革方案的过程中需要不断汲取这些意见以修正改革方向，让评价制度更加符合各学科的不同发展特性，实现评价效果的最大化。

---

① 崔泰镇，金素衡，尹爱兰. 透过国内学术期刊现状分析对制度改善方案的研究. 韩国首尔：韩国研究财团，2013：114.

② 停止优秀学术期刊扶持项目. 教授新闻，2012-10-29.

③ 同①118.

三、西方学术评价的影响

显然，我们无法忽视当时西学东渐、东西方文化剧烈碰撞、相互交织这样一个巨大的社会文化现实。这不仅仅是因为这种文化现实最直接地构成了学术期刊评价理论拓荒者们从事研究工作的具体人文背景，而且还因为这一背景在相当程度上决定了当时这项理论研究所能具有的时代内涵和理论面貌。无论哪个民族的文化，在变革时每有外来的潮流参与进来，外国的文化成为触媒、成为刺激，对于本国文化都会引起质变。

现国际上通行的人文社会科学学术期刊评价系统主要以西方的SSCI、A&HCI检索数据库为主，中韩两国也不例外。美国科学信息研究所于1973年创建的SSCI，现收录了世界上不同国家和地区的社会科学期刊和论文2 929种，内容涵盖人类学、经济、法律、历史、地理、心理学等55个领域，是现今世界社会科学领域重要的期刊检索与论文参考渠道。艺术与人文科学引文索引（Arts & Humanities Citation Index，A&HCI），创刊于1978年，是艺术与人文科学领域重要的期刊文摘索引数据库。A&HCI收录期刊1 160种，数据覆盖了哲学、建筑学、艺术、文学、宗教等社会科学领域。

1. 西学的传入

相较于国外学术期刊评价的悠久历史，中国的期刊评价工作起步要晚得多。20世纪70年代，由于开展了大量的学术研究以及研究成果的发表，国外期刊激增，资料显示，1969年世界科学期刊约6万种，1980年增至8万种。而同时期的中国，学术期刊正处于期刊发展史上最低谷时期，1966年，中国的期刊总数为191种，1967年为27种，而到了1969年仅剩下20种①，尽管1974年期刊出现了一个短暂的反弹期，但是总的来讲，中国的期刊种类太少了，对于中国这样一个大国来讲，完全不能满足学术研究的巨大需求。因此，中国图书情报界就将视角投向了国外的科技期刊。

1973年，中国图书进口公司《国外书讯》创刊。该刊创立的目的就是“洋为中用”，即将国外的学术核心期刊为中国所用。但是在最初的翻译中，还没有“核心期刊”的字样，大多翻译成“常用期刊”。例如，《国外书讯》1973年第7期发表的《环境科学研究常用期刊》一文，提到了“常用期刊”

---

① 钱荣贵. 核心期刊与期刊评价. 北京：中国传媒大学出版社，2006：22.

的概念，从文章的解释也可看出，“常用期刊”的含义与现在“核心期刊”的含义相近，指一些文摘量较大的期刊。同年，第 9 期摘译了一篇名为《世界重点科技期刊》的文章，文中虽然提及“核心期刊”，但是题目还是用了“重点期刊”的字样。该刊第 11、12 期合刊发表了《世界化学类核心期刊》一文，文章题目中首次出现“核心期刊”四个字，文中对于“核心期刊”的理解是，最值得关注的那部分期刊。1975 年，该刊第 7 期发表了译自美国的《医学核心期刊分析》一文，文中对于“核心期刊”的理解是最常用的期刊。1979 年，该刊第 1 期刊载的一篇译自苏联的文章将核心期刊解释为基本期刊。由此可以看出，中国早期对于“核心期刊”概念的解释和理解都是比较模糊的，没有一个明确的概念界定。1981 年，武汉大学的陈光祚先生首次对“核心期刊”做了明确的解释，他认为“核心期刊”是一个相对的概念，“就某一主题的研究而言，通常以该主题的论文作为期刊的中心内容，这种期刊就称为核心期刊”①。同年，在此概念的基础上，第 6 期《国外书讯》将期刊分为“核心期刊”和“常用期刊”两类，并明确区分了这两个概念。

国内“核心期刊”研究初期，在移植相关理论的同时，中国还大量翻译介绍了各国科技领域的“核心期刊表”。因为这一时期，中国的经济很不景气，图书馆经费拮据，在这种背景下，翻译各国科技领域的“核心期刊表”有助于图书馆了解外国的期刊，这样图书馆就能以最少的经费订购最有用的国外期刊。据不完全统计，仅《国外书讯》杂志社，在 1973—1980 年短短的 7 年间，就翻译了国外科技期刊表近 20 种，其中主要的期刊来源于美国、英国、苏联和日本。也正是这种借鉴，才使得“核心期刊”的概念和相关理论进入中国，并逐渐本土化。

至于对“核心期刊”的理论以及代表人物的翻译与介绍，就要比其概念来得稍晚些。《情报科学》1980 年第 2 期发表了《布拉德福简介》一文，较为系统地介绍了布拉德福的生平和事迹。同年，王津生在《情报科学》上发表了《浅谈布拉德福分散定律及其应用》一文，较为全面系统地介绍了布拉德福的“文献离散定律”及其在“核心期刊”测评中的具体应用。而后，陈光祚提出，布拉德福定律在测定核心期刊中存在局限性，应将布拉德福定律与百分比分布的计算方法结合起来，以有关论文的相对数量即载文率来补充核心期刊。

随着布拉德福定律的引进，加菲尔德的引文分析理论也被引入中国。

① 钱荣贵. 核心期刊与期刊评价. 北京：中国传媒大学出版社，2006：21.

但是国内对于这两大理论的引入也不是生搬硬套，而是经过了大量的验证。例如，杨廷郊就曾选取引文率较高、引文量较为稳定的《激光》《激光与红外》《激光与化学》三种期刊，对其1974—1981年8年间的引用情况进行了统计与分析，从而得出期刊文献引用、被引方面同样存在着聚散规律的结论①，这与加菲尔德的一些结论很相近。同时，他在这一时期发表的《论核心期刊的科学选择》论文，详细地介绍了“核心期刊”的理论依据，总结了遴选“核心期刊”的7种方法，即采样法、学科影响因数法、引用被引并用法、影响因数法、文摘摘录法、期刊的精密分类法和载文率统计法，为中国的核心期刊测定以及引文分析法的利用奠定了坚实的基础。

20世纪70年代，韩国通过“汉江奇迹”实现战后经济飞跃，学术繁荣初现。随着布拉德福定律在世界范围影响力的持续扩大，部分韩国学者开始关注文献计量学的发展，并初涉图书及期刊目录选择问题，但主要以个人研究为主，未形成稳定学者群。1975年，梨花女子大学文献情报学教授具慈瑛通过翻译“SCI之父”加菲尔德《期刊评价中的引文分析》(*Citation Analysis as a Tool in Journal Evaluation*)一文，向学术界传达了“布拉德福定律的文献集中与分散定律普遍存在”“各核心期刊数量不超过1 000种，其中重要核心期刊不超过500种”等重大研究成果，“文献集中定律”被正式引入韩国。

随着“文献离散定律”与“文献集中定律”的传入，核心期刊遴选已具备一定理论基础，70年代末至80年代初韩国图书馆学领域涌现出一批文献计量学的研究人员，在各大期刊发表研究成果。这一时期的学者以关注理论研究为主，其中郑瑛美②在《计量书志的相关研究考察》一文中首次阐释了文献计量学的概念，并详细介绍了布拉德福的“文献离散定律”、R. E. 伯顿与R. W. 基布勒的“科学文献老化规律”以及戈夫曼的“传染理论”，同时对文献计量学的应用进行了大胆构思。她认为，通过引文分析可根据作者分析掌握共同研究的状态，同时可将其作为期刊评价的工具辅助图书典藏工作。郑瑛美的这一构想与现代核心期刊遴选原则高度契合，堪称核心期刊遴选的理论雏形。

> 通过分析作者及共同作者的数量，我们可以掌握特殊主体研究人员著作的相关特性，同时可以对共同研究进行实体调查。而对引用文献进行计量分析的结果同样具有实用性。如在拥有两个数据以上的情

---

① 钱荣贵. 核心期刊与期刊评价. 北京：中国传媒大学出版社，2006：11.

② 郑瑛美. 计量书志的相关研究考察. 图协月报，1978 (2)：3-9.

况下，对比分析它们的引文数据可以产生派生功能，即作为一种评价工具帮助期刊的收集，为典藏政策而服务①。

此外，80 年代初期还有其他一些学者围绕布拉德福定律及其应用发表了一些著述。如李庆浩②站在情报学角度对布拉德福定律的应用进行深度解析，并利用该定律针对读者满意度优先、预算固定、使用率减少等情况给予最佳图书典藏方案，同时提出对于引用率小的优秀期刊需要另立评价基准；80 年代中期崔曦允③认为当时文献计量学的相关理论研究已经普遍展开，但由于数据收集与处理困难，研究方法论与分析模型仍显单一化。尽管如此，文献计量学在韩国学界一直被视为图书馆学或情报学领域的研究内容，并未与学术评价活动直接挂钩。

与此同时，伴随着韩国学术事业的繁荣发展，渴望跻身世界科技强国的韩国对科研排名保持高度关注。当时，由加菲尔德创办的科学引文索引几乎成为世界各国科研实力排行的风向标，每逢 SCI 发布收录论文排名，以《东亚日报》《京乡新闻》《韩民族日报》为代表的韩国各大通讯社都纷纷转载并发表社论。从 80 年代直至 90 年代初期，对 SCI 论文排名的持续关注催生了韩国政府全面推行学术期刊扶持事业的决心，韩国政府渴望将更多优秀的本土期刊带入 SCI 阵营，以提高韩国科研成果的世界排名，同时带动韩国国内科研事业的蓬勃发展。同时学术界对教授业绩评价的需求进一步将期刊扶持事业与等级制度相结合，韩国教育部经过两年的研制，最终形成了学术期刊登载制度并于 1998 年正式推行。

20 世纪 70 年代至今，从国外“核心期刊”概念以及相关理论在中国的移植开始，中国的图书情报界并不是完全的单纯翻译，还通过一些学者的大量验证，使得这些理论被很好地理解和应用，并逐渐本土化。同样在韩国，“核心期刊遴选”与“学术期刊评价”是两个相对独立的概念。从发展起源上看，核心期刊是建立在文献计量学基础上的舶来品，而以登载制度为代表的学术期刊评价体系则是韩国政府为促进期刊发展事业推行的原创制度，具有韩国本土特色。

2. 学术对话中的中韩学术评价“失语”

到了今天，国际化的浪潮逐渐把中韩引向世界不可替代的位置，而国际地位的真正确立离不开中韩两国国际形象的成功打造，这与本土化息息

---

① 郑瑛美．计量书志的相关研究考察．图协月报，1978（2）：8.

② 李庆浩．布拉德福定律与其应用的有关考察．图书馆学论文集，1981（12）：127-154.

③ 崔曦允．主题文献文献计量学分析理论的考察．情报管理研究，1984（3）：59-58.

相关，其中知识的独立是关键所在。现今“国际化”已成为中韩现代学术的宿命，人文社会科学国际化进程则显示了典型的路径依赖——借鉴西方评价体系，而进军SSCI和A&HCI已成为“国际化”最现实的目标及最热门的话题。其实，中韩两国人文社会科学的特殊性决定了这样的国际化不仅会让其失去本国有史以来固有的自身价值，而且人文社会科学自身也会陷入极其狭隘的范畴。

第一，西方评价体系未能充分体现人文社科学术评价体系的全球化和区域化。截至2018年7月，在SSCI检索系统中（3 254种），中国（不含港澳台）仅有14种学术期刊被收录，仅占收录总数的0.43%；韩国有15种学术期刊被收录，占收录总数的0.46%。可以看出，东亚学术期刊占的比例少得令人吃惊。其中，在SSCI检索系统中，从语言上看，汉语和韩语期刊各只有1种，这样的数字让我们大吃一惊。这与整个人文社会科学期刊的种数相比，实在是不成比例，这也与整个人文社会科学研究的情况不相符合。从共同命运来看，中韩地区的学术稳步发展与得到应有的国际地位是两国的共同目标，因此中韩两国积极加强相互依存的程度，学术联系日益密切和广泛。

第二，对西方评价体系的过于依赖。韩国汉阳大学卫幸福教授在《有关人文学学术成果评价标准模板的研究》一文中的调查分析结果表明：认同韩国人文学界未能实现人文学应有价值的占78.5%；认同韩国人文学归属于国外的占88.8%；认同韩国评价制度与外国人文评价制度相比明显不合理的占74.6%；认同外语论文优先政策对走向世界化并没有太大帮助的占83.4%①。对此，卫教授认为韩国人文学评价应走向以论文为主的定量评价，关注有关专著、翻译书，改善过于依赖发表外国数据库等现状。对于中国，纽约大学张旭东教授认为：“中国学术‘国际化’的一个良性指标，是看能否在讨论中国问题时对西方理论产生冲击，并对‘普遍性’的概念体系提出修正，中国学术如果没有一种超出中国范围的相关性，对世界范围的学者的思考有所启发，就谈不上什么国际化”②。因此，我们不能简单地以西方的话语为自己的话语，这样很难把握彼此的基准点，也失去了在国际学术界主流对话的意义。

第三，提升并坚持原创能力。以SSCI和A&HCI为权威标准对中韩人文社会科学的研究状况进行分析、评价，从扮演“中立”角色的检索系统

---

① 韩国人文学总联合会. 需大幅修订现行人文学评价制度. 教授新闻，2013-12-03.

② 张旭东教授访谈录. 我们现在怎样做中国人?.（2005-04-17）[2015-11-13]. http://tieba.baidu.com/f?kz=13708250.

中进行检索等，这个标准是相对客观的。但重要的是，正因为SSCI和A&HCI的创办者并非中国或韩国而是美国，是以英语为母语而非以汉语或韩语为母语的第三方，让这样的第三方评价集体充当“裁判”的角色，其公正性难免有些误差。

我们承认，中韩两国学术期刊评价体系建立周期不长，世界通行的人文社科两大数据库，使我们有了一个明确的瞄准对象与奋斗目标。当然，我们期待中韩两国不仅在全球经济的发展上对人类做出贡献，同样也应在人文社会科学领域中做出应有的贡献，在国际学术界中发挥更重要的作用。

结语：中韩学术期刊评价的未来

中韩学术期刊评价在传统与现代、东方与西方、新与旧、古与今等二元对立观念所构筑的文化场域中，在进化、改革、科学等知识谱系、理论范畴或学术现象中萌芽、发展，并以其日益成熟的姿态逐步迈进世界学术期刊评价之林。

中韩两国不少学者也已经认识到，当今这个时代越来越具有全球化的特征，我们已经无法把自己封闭于世界的一角，而应加强与国际学术界的交流与对话，通过这种交流与互动使本国的人文社会科学研究走出国门，进而发挥广泛的国际影响。亚历山大·温特指出：没有利益，身份就失去了动机力量；而没有了身份，利益就失去了方向①。共同发展给东亚各国以集体身份，指引了各国以合作寻求利益的方向。

首先，未来两国“本土化”学术期刊评价体系的构建与完善。“本土化”是中韩人文社会科学发展成熟的重要标志。

“本土化”——作为充满张力的议题，成立之时基于研究主体的本土学者对于本土人文环境的研究需要，以及外来的科学理论及概念工具应用于本土的叙述实践，并被用以本土研究。同样，中韩学术期刊评价经历了从西方到东方，评价对象从自然科学到人文社会科学的“双重移植”过程，处于“内有忧，外有患”的复杂时期。

中韩学术期刊评价发展是一个动态的历程，“本土化”形成统一的学术评价体系外输力量，让中韩学术评价体系产生了不同于西方评价体系的魅力。而为达到这个目的，需要政府层面和学术界层面双重努力，并

---

① 温特. 国际政治的社会理论. 上海：上海人民出版社，2008：220.

在积极利用现有评价体系基础上，构建富有特色的中韩两国学术期刊评价机制。

建设具有中韩气派的人文社会科学，关键在于打造中韩学术话语体系，而创新人文社会科学成果学术评价机制是构建话语体系的重要一环。

近年来中韩从经济到文化实力逐步实现与欧美鼎立，但还缺少机制化。从人文社科评价方面来看，过去几十年来西方评价体系占据着主导地位，东方学术受到很大制约和不平等对待。西方自诩为其他民族的精神导师，依据自己的标准，去衡量其他民族的学术成果。中韩学术评价体系的崛起，在一定程度上将使两国的思想文化、学术体系登上国际舞台，中韩两国明确自己的主张，参与国际学术评价体系的改革、评价机制的建立与调整，并参与国际文化产业的分配，以独特的学术评价肯定自己的存在。这将使西方强烈感到异地文化及学术研究的挑战，西方评价标准统一天下的权威性已经开始受到质疑。

其次，未来两国创设和优化学术期刊评价“国际化”的路径。当今学术发展的两大趋势——全球化与信息化，是中韩构建具有鲜明特色学术话语体系的绝佳契机，两国可以借此在国际竞争日益激烈的环境下抢占学术话语权的制高点。现阶段全球化浪潮及大数据时代带来的多元价值观和思维方式不断冲击中韩学术主体思想的确立，不断挑战中韩本土学术评价体系的构建。中韩两国既要把握宽容的尺度，同时又要取得世界的承认和尊重；要以“全球化研究”作为国际社会共同关注的学术热点，覆盖文学、艺术、政治、经济等各个领域，适当引入国际化标准，最终实现中韩学术成果走向“国际化”。

当然，全球化的概念从形成到发展一直受到来自各方面的质疑和批判，主要就在于其试图抹平各民族文化的差异。尽管全球化自问世以来就一直是在不断的质疑声中逐步发展成形的，但它已经渗透到人文社会科学的众多学科中，因此对它的研究自然也就是一种跨学科的研究。全球化对于中国人来说并不陌生，我们甚至可以在中国古代儒家的哲学思想中觅见世界主义的因子，而在 20 世纪初，这种全球化的因子则更是在一些主张全盘西化的思想家和作家的著作中得到了张扬。

当今，从中国的语境下讨论并建构国际化，应该从两个方面来理解它的积极意义：当中国处于贫穷落后状态时，提出世界主义无疑能激励我们向世界上的发达国家看齐，并且尽早地实现中国的现代化大业；今天当中国已经成为世界第二大经济体并且在政治上和文化上有了更多的话语权时，我们更不能仅仅满足于此，作为人文社会科学学者，我们应当更多地介入国际学界的讨论，发出愈益强劲的声音，最终达到引领世界学术潮流的境地。

最后，未来中韩学术期刊评价共同体的建设。中韩学术的发展离不开世界，更离不开东亚。特别是中国所奉行的“与邻为善、以邻为伴”的外交政策进一步拉近了中国与周边国家的关系，从而为中国与东亚国家的合作奠定了坚实的政治和经济基础①。历史文化研究大师汤因比指出：“我所预见的和平统一，一定是以地理和文化主轴为中心，不断结晶扩大起来的。我预感到这个主轴不在美国、欧洲和苏联，而是在东亚。”②

现阶段西方评价体系占主导地位，中韩两国应充分利用自身极大的资源市场，加强两国之间的学术合作，形成统一的学术评价体系外输力量。而中韩评价机制的成功构建也将为中国与东亚各国学术合作奠定基础。从整个区域看，只有区域内学术范围、学术规模不断扩大，共同观念集合，群体支撑，才能使其规则、制度、意识形态等方方面面得到延伸及扩展。中韩文化及学术氛围具有自身的丰富多样性，从学术研究方面看，中韩两国早已进入竞争与合作并存的阶段，生活在与西方不同文化圈的中韩两国，通过宣扬自身丰富多样的特殊性与优越性，也能在世界学术评价之林占一席之地，得到应有的尊重。

任何一种学术思想的产生，任何一个学术流派的形成，总是有与它自身相对应的社会历史条件。随着学术期刊评价日益受到重视，中韩学术期刊评价工作实现了多重突破，本土期刊评价体系逐步完善，评价成果推陈出新，评价应用日益深入，这些与政府和各评价机构的大力推动是不可分割的。目前，中韩两国在政府及学术评价机构之间还没有具体明显的评价合作项目的推广实施，但在中韩两国学者之间的学术评价研究已经开始形成。未来，国家之间、机构之间、学者之间人文社会学术交流不断简单化，政府及各评价机构对外宣扬中韩学术评价机制，推动中韩学术合作与评价共同体的建设，这将会续写中韩学术期刊发展崭新的一页。

提高中韩两国学术期刊评价在国际舞台上的地位仍然任重道远，积极地接触、磨合是目前乃至以后相当一段时间的首要任务。这需要我们克服种种困难，特别是转变学术成果评价机制，营造有利于钻研学术研究的氛围，并加强两国学者之间的沟通与交流，培养共同发展的意识。中韩两国

---

① 郭定平. 东亚共同体建设的理论与实践. 上海：复旦大学出版社，2008：216.

② 池田大作，汤因比. 展望21世纪：汤因比与池田大作对话录. 北京：国际化出版公司，1995：294.

的经济、文化相互依赖，为推动学术评价的共同发展奠定了基础，但这并非自然而然的事情，必须让合作共赢的思想深入人心，以至转变人们的观念。对中韩学术期刊评价共同发展的唤醒，将使中韩在思想、文化、学术和国际地位上发生质的飞跃。

参考文献

（中文、外文文献分别以作者姓氏拼音、外文字母顺序为序）

中文文献：

（一）理论专著

[1] 卜卫，周海宏，刘晓红. 社会科学成果价值评估［M］. 北京：社会科学文献出版社，1999.

[2] 池田大作，汤因比. 展望21世纪：汤因比与池田大作对话录［M］. 荀春生，等译. 北京：国际化出版公司，1995.

[3] 崔保国. 中国传媒产业发展报告［M］. 北京：社会科学文献出版社，2009.

[4] 陈建龙，朱强，张俊斌，等. 中文核心期刊要目总览（2017年版）［M］. 北京：北京大学出版社，2018.

[5] 戈公振. 中国报学史［M］. 上海：上海古籍出版社，2003.

[6] 郭定平. 东亚共同体建设的理论与实践［M］. 上海：复旦大学出版社，2008.

[7] 国家图书馆《中国图书馆分类法》编辑委员会. 中国图书馆分类法［M］. 5版. 北京：国家图书馆出版社，2010.

[8] 姜晓辉. 中国人文社会科学核心期刊要览：2013年版［M］. 北京：社会科学文献出版社，2014.

[9] 荆林波. 中国人文社会科学期刊评价报告［M］. 北京：中国社会科学出版社，2015.

[10] 刘大椿. 人文社会科学研究成果评价体系研究［M］. 北京：经济科学出版社，2009.

[11] 马费成，宋恩梅. 信息管理学基础［M］. 武汉：武汉大学出版

社，2011.

[12] 钱荣贵. 核心期刊与期刊评价 [M]. 北京：中国传媒大学出版社，2006.

[13] 邱均平，文庭孝. 评价学 [M]. 北京：科学出版社，2010.

[14] 邱均平，燕今伟，刘霞. 中国学术期刊评价研究报告：RCCSE权威、核心期刊排行榜与指南（2013—2014）[M]. 北京：科学出版社，2013.

[15] 邱均平，燕今伟，周明华，等. 中国学术期刊评价研究报告：RCCSE权威、核心期刊排行榜与指南 [M]. 北京：科学出版社，2009.

[16] 邱均平，赵蓉英，刘霞. 中国学术期刊评价研究报告：RCCSE权威、核心期刊排行榜与指南（武大版）（2015—2016）[M]. 北京：科学出版社，2015.

[17] 任全娥. 人文社会科学成果评价研究 [M]. 北京：中国社会科学出版社，2010.

[18] 宋应离. 中国期刊发展史 [M]. 开封：河南大学出版社，2000.

[19] 苏新宁. 中国人文社会科学期刊学术影响力报告 [M]. 北京：中国社会科学出版社，2009.

[20] 武宝瑞，钱蓉，杨红艳. 中国人民大学复印报刊资料转载指数排名研究报告（2014）[M]. 北京：中国人民大学出版社，2015.

[21] 温特. 国际政治的社会理论 [M]. 秦亚青，译. 上海：上海人民出版社，2008.

[22] 朱强，蔡蓉华，何峻. 中文核心期刊要目总览：2011年版 [M]. 北京：北京大学出版社，2011.

[23] 朱强，戴龙基，蔡蓉华. 中文核心期刊要目总览：2008年版 [M]. 北京：北京大学出版社，2008.

（二）学位论文

[1] 李爱群. 中美学术期刊评价比较研究 [D]. 武汉：武汉大学博士学位论文，2009.

[2] 苏为华. 多指标综合评价理论与方法问题研究 [D]. 厦门：厦门大学博士学位论文，2000.

（三）期刊

[1] 蔡蓉华，史复洋.《中文核心期刊要目总览》研究综述 [J]. 大学图书馆学报，2002 (5).

[2] 邓正来. 全球化时代的中国社会科学发展 [J]. 社会科学在线，

2009 (5).

[3] 何峻，蔡蓉华. 中国期刊出版及评价现状分析 [J]. 广西民族大学学报（哲学社会科学版），2011 (5).

[4] 胡玲，傅旭东. 学术期刊学术评价功能的成因与机制研究 [J]. 编辑学报，2008 (3).

[5] 胡钦太. 中国学术国际话语权的立体化建构 [J]. 学术月刊，2013 (3).

[6] 姜晓辉.《中国人文社会科学核心期刊要览》研制的过程与特点 [J]. 云梦学刊，2004 (9).

[7] 李爱群，邱均平，等. 中国期刊评价指标体系的客观性与评价结果的准确性 [J]. 中国科技期刊研究，2009 (3).

[8] 林树文，曾润平. 期刊评价的产生与中国期刊评价的发展 [J]. 情报探索，2013 (5).

[9] 林雪萍. 关于确定高校图书馆馆藏核心期刊的思考 [J]. 大学图书情报学刊，2007 (3).

[10] 刘贵富. 高校科研管理部门对中文期刊的分级研究 [J]. 中国高教研究，2007 (5).

[11] 刘红，胡新和. 学术期刊同行评审的发展、方式及挑战 [J]. 中国科技期刊研究，2005 (5).

[12] 刘京希. 学术期刊评价：形式为王还是内容为本 [J]. 华南师范大学学报（社会科学版），2015 (5).

[13] 庞达. 大数据时代学术期刊评价体系创新研究 [J]. 新闻研究导刊，2016 (3).

[14] 秦铁辉. 期刊史话 [J]. 图书馆工作与研究，1981 (2).

[15] 邱均平，李爱群. 国内外期刊评价的比较研究 [J]. 重庆大学学报（社会科学版），2007 (3).

[16] 邱均平，赵蓉英，刘霞，等.《中国学术期刊评价研究报告（2015—2016)》的创新变化和评价结果的宏观分析 [J]. 评价与管理，2014 (4).

[17] 苏翠云. 谈高校图书馆确定馆藏核心期刊的必要性 [J]. 河北科技图苑，2010 (5).

[18] 孙安. 中国四大引文数据库及其期刊引证报告的比较研究 [J]. 大学图书情报学刊，2009 (3).

[19] 谭长拥，赵飞，彭国莉. 高校职称评审中核心期刊认定出现的主要问题及解决方法：以四川省高校职称评审为例 [J]. 四川图书馆学报，

2012 (3).

[20] 唐普，赖方中. 核心期刊研究与社科学术期刊评价 [J]. 四川师范大学学报（社会科学版），2004 (4).

[21] 宛文红，梁艳红. 人大《复印报刊资料》全文数据库特色功能分析 [J]. 图书馆学研究，2008 (8).

[22] 王晓杰，金佳律，付瑞萱. 韩国高校学术评价制度体系的借鉴与反思 [J]. 吉林师范大学学报（人文社会科学版），2014 (7).

[23] 《学术研究》编辑部. 纪念本刊创刊25周年 [J]. 学术研究，1982 (1).

[24] 叶继元. 人文社会科学评价体系探讨 [J]. 南京大学学报（哲学·人文科学·社会科学），2012 (1).

[25] 叶继元. 推行代表作制度需要注意的问题 [J]. 教育与职业，2012 (25).

[26] 张大伟. 中国期刊进出口贸易的现状、问题与对策 [J]. 出版发行研究，2007 (5).

[27] 朱剑. 大数据之于学术评价：机遇抑或陷阱?：兼论学术评价的“分裂” [J]. 中国青年社会科学，2015 (4).

[28] 周晓英，余隽菡.《复印报刊资料》的核心价值和社会作用 [J]. 情报资料工作，2008 (5).

（四）其他

[1] 中国出版年鉴2013 [Z]. 北京：中国出版年鉴社，2013.

[2] 中国人民大学人文社会科学学术成果评价研究中心. 人文社会科学论文质量评估指标体系实施方案（试行）[Z]. 内部资料，2014.

[3] 中国社会科学院中国社会科学评价中心. 中国人文社会科学期刊评价报告：2014年 [Z]. 北京：中国社会科学院，2014.

韩文文献：

（一）单行本

[1] 박기범. 한국연구재단 연구사업의 과제평가자 확정체계 개선방안 연구[M]. 과학기술정책연구원, 2011.

[2] 백종섭. 국내외 학술지 발행 지원사업의 개선방안 관련연구[M]. 한국학술진흥재단, 2008.

[3] 소민호. 과학기술논문(SCI) 분석 연구[M]. 국가과학기술위원회, 2011.

[4] 오세희. 학술지 평가 개선방안 연구[M]. 한국연구재단, 2011.

[5] 이가종. 학술지 평가지표 개발 및 우수학술지 육성방안[M]. 교육부, 1995.

[6] 왕상한. 학술지 지원사업 개선 방안 연구[M]. 한국교육과학기술부, 2012.

[7] 장선영. 국내학술단체 연구활동 조사, 분석 및 활성화 방안[M]. 한국학술진흥재단, 2007.

[8] 최태진, 김소형, 윤애란. 국내학술지 현황분석을 통한 제도개선 방안연구[M]. 한국연구재단, 2013.

[9] 학술진흥정책자문위원회. 우리나라 학자들의 학술지 선호현황: 전국 연구자 대상 설문조사결과 분석[M]. 2013.

[10] 한국교육개발원. 학과(전공)분석 및 학과(전공)분류체계 연구[M]. 2011.

(二) 学位论文

[1] 고상.「한국십진분류법」의 <표준구분>과「중국도서관분류법」의 <총론복분>의 발전과 적용법에 관한 비교 연구[D]. 청주: 청주대학교, 2012.

[2] 박지영. 인용분석을 통한 핵심 법학학술지 선정에 관한연구[D]. 서울: 이화여자대학교, 2009.

[3] 박지영. 피인용횟수의 가중치 부여 및 피인용횟수의 표준편차와 논문 수적용이 KCI 기반 학술지 평가에 미치는 영향에 관한 연구[D]. 서울: 성균관대학교, 2012.

[4] 오경은. 문헌분류방식에 따른 도서탐색이용성에 관한연구: 공공도서관과 대형서점의 분류방식을 중심으로[D]. 서울: 연세대학교, 2008.

(三) 学术志

[1] 김왕준, 윤홍주, 나민주. 국립대학 교수입직평가 관련규정 비교분석[J]. 한국교원교육연구, 2012 년 제 1 호.

[2] 박상근. 인문학 분야의 인용 데이터정보원 비교 분석[J]. 정보관리학회지, 2013 년제 30 권 제 1 호.

[3] 서정욱. 의학 학술지 평가[J]. 핵의학 분자영상, 1998 년제 32 권 제 5 호.

[4] 송충한. 국내학술지 평가제도 개선방안 : 평가기준에 다양성과 창의성이 필요한 시대[J]. 과학과 기술, 2012 년 통권 520 호.

[5] 양기덕, 로크만 메호. 학술논문 품질평가를 위한 다방면 인용분석방식[J]. 정보관리학회지, 2011 년 제 28 권 제 2 호.

[6] 이경호. 브래드포드 법칙과 그 응용에 관한 과찰[J]. 한국도서관·정보학회지, 1981 년 제 8 권.

[7] 이종석,양기덕,김병규, 류범종. 한국과학기술인용 DB 를 반영한 JCR 분석연구[J]. 정보관리연구, 2012 년 제 43 권 제 3 호.

[8] 이춘실. 서지정보를 이용한 한국 의학학술지 평가[J]. 평가정보관리학회지, 2000 년 제 17 권 제 1 호.

[9] 정영미. 計量書誌學的 硏究에 관한 考察[J]. 도서관문화, 1978 년 제 19 권 제 1 호.

（四）其他

[1] 교육과학기술부. 학술지평가제도 혁신 방안에 대한 공청회[Z]. 자료집, 2011.

[2] 교육과학기술부. 학술지 지원제도 개선방안 후속조치[Z]. 2012.

[3] 한국과학학술지편집인협의회. 과학 학술지 발전방향 대토론회 회의록[Z]. 2012.

[4] 한국연구재단. 학술지 등재제도 개선방안[Z]. 2014.

附录 1　社科院中国人文社会科学期刊评价体系指标说明

附表 1－1　社科院中国人文社会科学期刊评价体系指标说明

一级指标	二级指标	三级指标	四级指标	五级指标	指标说明
吸引力（83.5 分）	学术声誉（64 分）	国家级奖励（8 分）	出版政府奖（5 分）	出版政府奖或提名奖	期刊获得中国出版政府奖 中国出版政府奖是中国新闻出版领域的最高奖，每三年评选一次，旨在表彰和奖励国内新闻出版业优秀出版物、出版单位和个人
			国家社科基金资助期刊（3 分）		期刊受国家社科基金资助出版
		省部级奖励（1 分）	国家新闻出版广电总局奖励（1 分）	百强社科期刊	期刊被国家新闻出版广电总局评为百强期刊
		期刊论文获奖（10 分）	期刊论文获奖（10 分）		期刊所在论文获得奖项
		同行评议（45 分）	学科专家评议（18 分）		学科专家、期刊编辑和普通读者对期刊学术性、创新性、规范性、社会声誉方面进行打分
			期刊编辑评议（18 分）		
			普通读者评议（9 分）		
	收录情况（8 分）	《中国人文社会科学核心期刊要览》（2 分）			期刊被《中国人文社会科学核心期刊要览》（中国社会科学院）收录
		《中文核心期刊要目总览》（2 分）			期刊被《中文核心期刊要目总览》（北京大学）收录

续前表

一级指标	二级指标	三级指标	四级指标	五级指标	指标说明
吸引力（83.5分）	收录情况（8分）	《中文社会科学引文索引》（2分）			期刊被《中文社会科学引文索引CSSCI》（南京大学）收录
		《中国学术期刊评价研究报告》（2分）			期刊被《中国学术期刊评价研究报告》（武汉大学）收录
	作者状况（2.5分）	作者机构分布广度（1.5分）			期刊当年发表论文所涉及的机构数量，可以反映出期刊稿源的机构分布情况
		作者地区分布广度（1分）			期刊当年发表论文所涉及的地区数量，可以反映出期刊稿源的地区分布情况
	论文状况（9分）	基金论文比（3分）	国家级		期刊当年发表论文中各类基金资助论文占全部论文的比例。该指标从一个侧面反映了期刊论文的预期价值
			省部级		
			其他		
		论文下载（3分）	下载量		主要期刊数据库及期刊自身网站的论文下载量
			下载率		
		开放获取（OA）情况（3分）	及时获取	全部全文	开放获得期刊的内容需及时更新
				部分全文	
			全文获取	无全文	
管理力（39.5分）	导向管理（10分）	价值导向（10分）	方向性		期刊内容舆论导向是否正确，是否倡导正确的价值观，是否传播先进的文化，是否有利于中国特色社会主义下的经济发展和社会进步等
			导向性		

续前表

一级指标	二级指标	三级指标	四级指标	五级指标	指标说明
管理力（39.5分）	导向管理（10分）	学术不端（最高0分）	交叉引用/交叉署名		（1）期刊编辑部门为提高本刊的学术影响采用一些不正当手段与某学术刊物合谋人为地增加互引数据、交叉署名等现象，以及变相买卖版面赚取非正常收入；（2）文章作者违背科学精神和职业道德剽窃他人研究成果，败坏学风等现象。此指标采用逐项扣分制，旨在引导研究人员遵守、履行学术规范和学术道德
			变相买卖版面		
			抄袭剽窃		
			其他		
	编辑人员管理（6分）	业务水平（2分）	客观指标		编辑人员的学历、职称等
			主观指标		编辑人员的创新水平、敬业精神
		获奖情况（2分）	领军人才		人员获奖等情况（包括全国新闻出版行业领军人才，中国出版政府奖优秀出版人物或优秀编辑等）
			优秀人物		
		编研结合（2分）			编辑人员的科研水平
	流程管理（18分）	评审规范（5分）	制度建设	匿名审稿	期刊制度建设是否得到重视，是否做到匿名评审、多级审稿（编辑部初审、副编辑及外审专家复审、主编终审）等，以排除人为干扰因素，保证评审的客观公正
				多级审稿制度	
			执行情况	评审报告内部公开	
				评审报告社会公开	
		编辑规范（8分）	技术编辑规范		期刊字体大小是否合适、有无逆转页、栏数设置是否便于读者阅读等

续前表

一级指标	二级指标	三级指标	四级指标	五级指标	指标说明
管理力（39.5分）	流程管理（18分）	编辑规范（8分）	论文规范	中文题录信息完整	中文题录信息一般包含题名、作者、作者机构、摘要、关键词等，题录信息是一篇规范论文必不可少的重要信息。这里的题录信息完整指期刊的每一篇学术论文的题录均包含上述题录信息。笔谈形式的论文除外
				英文题录信息完整	英文题录信息一般包含题名、作者、作者机构、摘要和关键词。这里的题录信息完整指期刊的每一篇学术论文的题录均包含上述题录信息。笔谈形式的论文除外
				参考文献著录形式规范	期刊学术论文的注释、参考文献和页下注
				参考文献引用真实准确	期刊学术论文的注释、参考文献和页下注。参考文献的信息准确是指引用的参考文献，包括期刊论文（如题名、刊名、作者、年、期）、专著（如题名、作者、出版社、出版年）、学位论文（如题名、作者、年、毕业院校）等涉及的多项信息是否与出处相符
		出版规范（5分）	形式规范		包括如下项目的规范内容：国内统一连续出版物号（CN）、国际标准连续出版物号（ISSN）、广告经营许可证号、期刊条码、期刊名称、期刊主要责任单位（主管单位、主办单位、出版单位）、印刷发行单位、总编辑、期刊出版标识（期刊编号、期刊）、版权页和期刊标示性文字等
			周期规范		期刊编辑部是否做到按期出版，考察编辑部门的内部管理水平，不得随时增加期刊

续前表

一级指标	二级指标	三级指标	四级指标	五级指标	指标说明
管理力（39.5 分）	信息化管理（5.5 分）	独立网站（1 分）	及时性		期刊有独立网站（有全文数据库提供的期刊网站不算，非独立法人可在二级域名下建立网站），且内容及时更新
			独立性		期刊有独立网站，但仅有介绍性内容
			无		期刊无独立网站
		在线稿件处理系统（1.5 分）			期刊编辑部通过在线投稿、审稿系统实现作者投稿与专家审稿的网络化。该指标旨在考察编辑部信息化程度，以期望引导编辑部弥补传统投稿和审稿方式的不足，以缩短出版周期、提高审稿效率、提升稿件质量从而满足网络化环境下用户的需求
		刊网合一（3 分）			纯电子（e-only）期刊
影响力（85 分）	学术影响力（48 分）	影响因子（30 分）	即年指标		期刊在统计年发表的论文在当年被引的次数与该刊当年发表的论文数之比。这是一个表征期刊对研究问题的即时反应速度的指标，主要描述期刊当年发表的论文在当年被引用的情况
			2 年影响因子		期刊在统计年前两年发表的论文在统计年被引的次数与该刊前两年发表的论文数之比
			5 年影响因子		期刊在统计年前五年发表的论文在统计年被引的次数与该刊前五年发表的论文数之比

续前表

一级指标	二级指标	三级指标	四级指标	五级指标	指标说明
影响力（85 分）	学术影响力（48 分）	论文转载量（10 分）	中国社会科学文摘		期刊论文在统计时段内被四大文摘期刊摘转的次数
			新华文摘		
			高等学校文科学术文摘		
			人大报刊复印资料		
		期刊与学科的关系指标（8 分）	学科扩展指标		在统计源期刊范围内，引用该刊的期刊数量与其所在学科全部期刊数量之比：学科扩散指标＝引用刊数/所在学科期刊数
			学科影响指标		期刊在所在学科内，引用该刊的期刊数占全部期刊数量的比例
	政策影响力（8 分）	国家级（5 分）			期刊论文对政策的影响程度
		省部级（3 分）			
	社会影响力（15 分）	网络显示度（5 分）			通过网络上的众评反映期刊的网络传播力。该指标主要选取百度百科等学术搜索的相关指标进行测算
		期刊组织专业会议（5 分）			当年期刊组织的专业会议
		社会关系能力（5 分）			名誉顾问、编委会成员等关系网络图

续前表

一级指标	二级指标	三级指标	四级指标	五级指标	指标说明
影响力（85分）	国际影响力（14分）	编委国际化（2分）			该指标从论文引证分析的角度，调查和反映中国学术期刊国际传播的状况和效果
		作者国际化（2分）			
		国际引用指数（5分）			
		国际检索系统收录（5分）			

资料来源：中国社会科学院中国社会科学评价中心．中国人文社会科学期刊评价报告：2014年．北京：中国社会科学院，2014：12-16．

附表 1-2　　中国人文社会科学期刊 AMI 综合评价指标体系（A 刊 AMI，2018）

指标权重			一级指标	二级指标	三级指标	指标说明	指标采集时间、来源及备注
第一大类	第二大类	第三大类					
45%	40%	35%		获奖状况	期刊、编辑人员获奖	中国出版政府奖，中宣部四个一批	时间：2012 年至今；来源：网络
						国家社科基金资助出版	时间：2012 年至今；来源：网络； 备注：已经取消资格的期刊不加分
						百强社科期刊	时间：2012 年至今；来源：网络
					论文获奖	论文获得的行业奖项	时间：2012 年至今；来源：网络； 备注：每个学科不多于 2 项
				论文状况	基金论文比	国家级基金的基金论文比	时间：2012—2016 年；来源：CHSSCD； 备注：中国人文社会科学引文数据库（CHSSCD）是评价院自建引文数据库，下同
					开放获取	开放获取的程度和更新速度	时间：2018 年 1—2 月采集；来源：网络
					下载量	篇均下载次数	时间：2018 年 1—6 月，2017 年 1—12 月；来源：国家哲学社会科学文献中心学术期刊数据库（http://www.nssd.org/）
				同行评议	专家委员	根据同行评议指标进行打分	时间：2018 年 1 月至今；来源：座谈会、通讯评审等

续前表

指标权重			一级指标	二级指标	三级指标	指标说明	指标采集时间、来源及备注
第一大类	第二大类	第三大类					
45%	40%	35%	吸引力	同行评议	推荐专家	根据同行评议指标进行打分	时间：2018 年 9 月开始； 来源：数据采集网站； 备注：由专家委员、编辑部及特邀专家推荐的学者构成，详见 http://www. cssn. cn/index/gg/201807/t20180731_4514684. shtml
					科研人员、管理人员	根据同行评议指标进行打分	时间：2018 年 9 月开始；来源：数据采集网站； 备注：参加评议的人员要遵守学术规范，抽查学者的真实性，以保证评议人员的真实有效性
20%	20%	20%	管理力	学术不端		交叉引用/交叉署名，变相买卖版面，抄袭剽窃等学术不端行为	时间：2012 年至今； 来源：国家新闻出版广电总局，CNKI 学术不端文献检测系统检测数据，评价院接到举报后核实的信息等； 备注：该指标为扣分指标，无学术不端行为得“0”分，存在问题进行扣分
				编辑队伍 作者队伍	编辑队伍	编辑人员数量、学历构成等	时间：2012 年至今； 来源：国家新闻出版广电总局，期刊自评表数据（详见 http://www. cssn. cn/index/gg/201807/t20180731_4514684. shtml）； 备注：该指标为观察指标，2018 年评价时不计分，但会关注各期刊编辑队伍建设情况，为开展后续评价做准备

续前表

指标权重			一级指标	二级指标	三级指标	指标说明	指标采集时间、来源及备注
第一大类	第二大类	第三大类					
20%	20%	20%	管理力	编辑队伍 作者队伍	作者队伍	作者的年龄、学历、地区、机构构成等情况	时间：2012—2016年； 来源：CHSSCD； 备注：该指标为观察指标，2018年评价时不计分，但会关注各期刊作者队伍建设情况，为开展后续评价做准备
20%	20%	20%	管理力	制度规范	制度建设	采稿（约稿）制度、发稿（审稿）制度、业务考核制度	时间：2012年至今； 来源：国家新闻出版广电总局，期刊自评表数据（同上），各期刊网站数据等
					编辑规范	中外文题录信息，参考文献著录规范性、准确性，出版规范	时间：2012年至今； 来源：国家新闻出版广电总局，期刊自评表数据（同上），评价院对期刊论文抽检数据等
				信息化建设	网站建设	网站建设，网站内容完备性及更新情况	时间：2018年6月； 来源：评价院采集各期刊网站建设情况
					在线稿件处理系统	在线投稿、审稿系统建设情况	时间：2018年8月； 来源：评价院从各期刊网站采集该数据； 备注：旨在引导编辑部弥补传统投审稿方式的不足，提高投审稿效率、缩短出版周期，以满足网络环境下用户需求
					微信公众号	微信公众号建设情况	时间：2018年6月； 来源：评价院从各期刊微信公众号采集该数据； 备注：新环境下期刊的建设情况

续前表

指标权重			一级指标	二级指标	三级指标	指标说明	指标采集时间、来源及备注
第一大类	第二大类	第三大类					
35%	40%	45%	影响力	学术影响力	即年影响因子	期刊在统计年发表的论文在当年被引的次数与该刊当年发表的论文数之比	时间：2011—2016 年； 来源：CHSSCD、评价院自建文摘库
					影响因子	期刊在统计年前两年发表的论文在统计年被引的次数与该刊前两年发表的论文数之比	
					五年影响因子	期刊在统计年前五年发表的论文在统计年被引的次数与该刊前五年发表的论文数之比	
					论文转载量	中国社会科学文摘、新华文摘、高等学校文科学术文摘和人大复印报刊资料	
					期刊与学术关系指标	学科扩展指标：在统计源期刊范围内，引用该刊的期刊数量与其所在学科全部期刊数量之比； 学科影响指标：期刊所在学科内引用该刊的期刊数与全部期刊数量之比	

续前表

指标权重			一级指标	二级指标	三级指标	指标说明	指标采集时间、来源及备注
第一大类	第二大类	第三大类					
35%	40%	45%	影响力	社会影响力	发行量		时间：2012—2016 年； 来源：国家新闻出版广电总局； 备注：该指标为观察指标，2018 年评价时不计分
					网络显示度	网络传播力	时间：2012—2016 年； 来源：国家新闻出版广电总局； 备注：该指标为观察指标，2018 年评价时不计分，但关注期刊网络传播情况
				国际影响力	海外发行	版权输出、海外出版情况	时间：2012 年至今； 来源：国家新闻出版广电总局； 备注：该指标为观察指标，2018 年评价时不计分
					国际引用	被国外期刊引用次数	时间：2012 年至今； 来源：CNKI 的《中国学术期刊国际引证年报》

资料来源：中国社会科学评价院．中国人文社会科学期刊 AMI 综合评价报告：2018 年版．2018：3-6．

附录 2　南大学术期刊评价体系指标说明

附表 2-1　《中国人文社会科学期刊学术影响力报告》非综合性期刊指标体系权重分配表

指标			权重	
一级指标	二级指标	二级指标占一级指标比值	一级指标	二级指标
学术规范量化指标	篇均引用文献数	25%	0.15	0.038
	基金论文比例	25%		0.038
	机构标注比例	25%		0.038
	作者地区分布	25%		0.038
被引次数	总被引次数	25%	0.10	0.025
	本学科论文引用次数	25%		0.025
	他刊引用次数	50%		0.050
被引速率	总被引速率	25%	0.10	0.025
	学科被引速率	25%		0.025
	他刊引用速率	50%		0.050
影响因子	一般影响因子	25%	0.30	0.075
	学科影响因子	25%		0.075
	其他影响因子	50%		0.150
被引广度	引用该刊的期刊数量	100%	0.10	0.100
二次文献转载数	新华文摘	45%	0.10	0.045
	中国社会科学文摘	35%		0.035
	复印报刊资料	20%		0.020
Web 即年下载率	全文下载率	100%	0.15	0.150

资料来源：苏新宁．中国人文社会科学期刊学术影响力报告．北京：中国社会科学出版社，2009：21-22.

附表 2－2　《中国人文社会科学期刊学术影响力报告》综合性期刊指标体系权重分配表

指标		一级指标权重	综合性期刊		高校综合性文科学报	
一级指标	二级指标		二级指标占一级指标比值	二级指标	二级指标占一级指标比值	二级指标
学术规范量化指标	篇均引用文献数	0.15	25%	0.038	20%	0.030
	基金论文比例		25%	0.038	20%	0.030
	机构标注比例		25%	0.038	20%	0.030
	作者地区分布		25%	0.038	20%	0.030
	本机构论文比		—	—	20%	0.030
被引次数	总被引次数	0.10	35%	0.035	35%	0.035
	他刊引用次数		65%	0.065	65%	0.065
被引速率	总被引速率	0.10	35%	0.035	35%	0.035
	他刊引用速率		65%	0.065	65%	0.065
影响因子	一般影响因子	0.30	35%	0.105	35%	0.105
	他影响因子		65%	0.195	65%	0.195
被引广度	引用该刊的期刊数量	0.10	100%	0.100	100%	0.100
二次文献转载数	新华文摘	0.10	45%	0.045	35%	0.035
	中国社会科学文摘		35%	0.035	20%	0.020
	复印报刊资料		20%	0.020	10%	0.010
	高等学校文科学术文摘		—	—	35%	0.035
Web 即年下载率	全文下载率	0.15	100%	0.150	100%	0.150

资料来源：苏新宁．中国人文社会科学期刊学术影响力报告．北京：中国科学出版社，2009：21-22.

附录 3　中国人民大学同行评议指标说明

附表 3-1　**人大体系同行评议的指标与评估内容**

类别	评估指标	指标内涵	评估内容
主要指标	**学术创新程度**	衡量论文提供的新知识对学术发展的促进程度	**以下内容对学术发展的促进程度：** ➢ 提出新的（或修正完善已有的）学说、理论、观点、问题、阐释等 ➢ 提出新的（或改进运用已有的）方法、视角等 ➢ 发现新的资料、史料、证据、数据等 ➢ 对已有成果做出新的概括、评析（仅指综述文章）
	论证完备程度	衡量论文的研究规范程度和严谨程度	**研究方法有效性：** ➢ 研究方法科学性 ➢ 研究方法适当性（对于研究问题）
			论据可靠性： ➢ 资料占有全面性 ➢ 资料来源真实性 ➢ 资料引证规范性
			论证逻辑性： ➢ 理论前提科学性 ➢ 概念使用准确性 ➢ 论证过程系统性 ➢ 逻辑推理严密性

续前表

类别	评估指标	指标内涵	评估内容
主要指标	**社会价值**	衡量论文对社会发展进步可能产生的推动作用的大小	➢ 对解决经济、政治、社会建设中问题的推动作用 ➢ 对思想道德文化建设的推动作用
	难易程度	衡量论文研究投入劳动的多少	**论题复杂度**： ➢ 理论难点的多少 ➢ 证实研究的难度
			资料难度： ➢ 资料搜集难度 ➢ 资料处理难度
辅助指标	**课题立项**	论文来源的课题立项的情况	➢ 国家级（21 分） ➢ 省部级（14 分） ➢ 其他立项（8 分） ➢ 无立项（1 分）
	发表载体	论文发表载体的学术影响力	➢ 核心报刊（21 分） ➢ 非核心报刊（11 分）

附录 4　韩国研究财团学术期刊登载制度指标体系说明

附表 4 - 1　　韩国研究财团学术期刊登载制度指标体系说明

<table>
<tr><th>评价类型</th><th>评价内容</th><th>指标</th><th>指标说明</th></tr>
<tr><td rowspan="2">资格审查
·
继续评价</td><td rowspan="2">体系评价
（定量）</td><td>1. 期刊年发行次数</td><td>● 对评价周期范围内期刊实际发行次数进行评价
＊不在周期内发行的期刊（如特辑）以及没有通过期刊社规定审查过程发行的期刊不算在年发行次数之列
● 评价细则
<table><tr><th>得分</th><th>细则</th><th>得分</th><th>细则</th></tr><tr><td>3 分</td><td>4 次以下</td><td>2 分</td><td>2 次</td></tr><tr><td>2.5 分</td><td>3 次</td><td>1 分</td><td>1 次</td></tr></table>＊本细则适用于所有学科</td></tr>
<tr><td>2. 学术期刊与收录论文的网络可达性（包括 KCI 登载）</td><td>● 考查学术期刊及收录论文能否在网上无障碍浏览
● 评价细则
<table><tr><th>得分</th><th>细则</th></tr><tr><td>7 分</td><td>在发行机构主页上可以免费浏览从创刊号开始的所有原文</td></tr><tr><td>5 分</td><td>在发行机构主页上可以免费浏览最近 3 年以上的原文</td></tr><tr><td rowspan="2">3 分</td><td>在发行机构主页上可以付费浏览最近 3 年以上的原文</td></tr><tr><td>通过外部机构（含营利性机构）可以免费浏览最近 3 年以上的原文</td></tr><tr><td>2 分</td><td>通过外部机构（含营利性机构）可以付费浏览最近 3 年以上的原文</td></tr><tr><td>1 分</td><td>通过发行机构主页或外部机构（含营利性机构）可以付费或免费浏览最近 1～2 年的原文</td></tr></table></td></tr>
</table>

续前表

<table>
<tr><th>评价类型</th><th>评价内容</th><th>指标</th><th>指标说明</th></tr>
<tr><td rowspan="2">资格审查
·
继续评价</td><td rowspan="2">体系评价
（定量）</td><td>2. 学术期刊与收录论文的网络可达性（包括 KCI 登载）</td><td>续前表
<table><tr><th>得分</th><th>细则</th></tr><tr><td>0 分</td><td>通过发行机构主页或外部机构（含营利性机构）均不可以付费或免费浏览最近 1～2 年的原文或论文摘要</td></tr></table>* “最近 3 年”以提出评价申请的前一年为起始时间点
* 创刊 10 年以上的学术期刊免费提供 10 年以上的原文，认定为免费提供浏览（得 7 分）</td></tr>
<tr><td>3. 关键词及论文摘要的外文翻译情况</td><td>● 确认评价周期范围内期刊登载论文的关键词与摘要是否翻译成外文
* 评价对象：评价周期内的投稿论文和投稿于评价周期前但登载于评价周期内的论文
● 评价细则
<table><tr><th>得分</th><th>细则</th></tr><tr><td>5 分</td><td>登载论文关键词与摘要被翻译成外文的比例达 100%</td></tr><tr><td>4 分</td><td>登载论文关键词与摘要被翻译成外文的比例达 90.0%未满 100.0%</td></tr><tr><td>3 分</td><td>登载论文关键词与摘要被翻译成外文的比例达 80.0%未满 90.0%</td></tr><tr><td>2 分</td><td>登载论文关键词与摘要被翻译成外文的比例达 70.0%未满 80.0%</td></tr><tr><td>1 分</td><td>登载论文关键词与摘要被翻译成外文的比例达 60.0%未满 70.0%</td></tr><tr><td>0 分</td><td>登载论文关键词与摘要被翻译成外文的比例未满 60.0%</td></tr></table>* 只有当关键词与摘要都被翻译成外文的情况才能予以承认
* 精确到小数点后两位，四舍五入（以下均参照此精确度）</td></tr>
</table>

续前表

<table>
<tr><th>评价类型</th><th>评价内容</th><th>指标</th><th>指标说明</th></tr>
<tr><td rowspan="2">资格审查
·
继续评价</td><td rowspan="2">体系评价
（定量）</td><td>4. 被刊登论文的投稿、审查日期的标注情况</td><td>● 确认是否明确标注论文投稿（接收）日期、审查（修订）日期及发表日期
* 在 KCI 登载的论文需同时确认上传内容与送审的期刊
● 评价细则
<table><tr><th>得分</th><th>细则</th></tr><tr><td>4 分</td><td>所有论文投稿（接收）日期、审查（修订）日期及发表日期均明确标注
* 对于用修订日期代替审查日期的期刊，其经审查不需要修订的论文认定为标注修订日期</td></tr><tr><td>2.5 分</td><td>论文投稿（接收）日期、审查（修订）日期及发表日期中仅标注两种日期</td></tr><tr><td>1 分</td><td>论文投稿（接收）日期、审查（修订）日期及发表日期中仅标注一种日期</td></tr><tr><td>0 分</td><td>论文投稿（接收）日期、审查（修订）日期及发表日期均没有标注</td></tr></table></td></tr>
<tr><td>5. 论文的登载率</td><td>● 对投稿论文的实际登载率进行评价
* 登载率计算公式：（A/(B+C−D)）×100
<table><tr><td>A：评价周期范围内登载的论文数</td></tr><tr><td>B：评价周期范围内投稿的论文数</td></tr><tr><td>C：评价周期范围之前投稿但登载于周期范围内的论文数</td></tr><tr><td>D：评价周期范围内投稿但登载于周期范围之后的论文数</td></tr></table>* 投稿数包括被编委认定淘汰的论文
* 对于不能提供投稿论文相关材料的情况，未通过机构规定审查过程、被发行机构拒绝接收、被审稿人拒绝审查、作者撤回投稿、放弃审查、放弃登载、保留登载的论文均不算入投稿数之内。</td></tr>
</table>

续前表

<table>
<tr><th>评价类型</th><th>评价内容</th><th>指标</th><th>指标说明</th></tr>
<tr><td rowspan="2">资格审查
·
继续评价</td><td rowspan="2">体系评价
（定量）</td><td>5. 论文的登载率</td><td>● 评价细则
<table>
<tr><th>得分</th><th>资格审查</th><th>继续评价</th></tr>
<tr><td>5 分</td><td>登载率未满 70.0%</td><td>登载率未满 60.0%</td></tr>
<tr><td>4 分</td><td>登载率达 70.0%未满 77.5%</td><td>登载率达 60.0%未满 70.0%</td></tr>
<tr><td>3 分</td><td>登载率达 77.5%未满 85.0%</td><td>登载率达 70.0%未满 80.0%</td></tr>
<tr><td>2 分</td><td>登载率达 85.0%未满 92.5%</td><td>登载率达 80.0%未满 90.0%</td></tr>
<tr><td>1 分</td><td>登载率达 92.5%未满 100.0%</td><td>登载率达 90.0%未满 100.0%</td></tr>
<tr><td>0 分</td><td>登载率达 100.0%</td><td>登载率达 100.0%</td></tr>
</table></td></tr>
<tr><td>6. 编委的均衡性</td><td>● 对在职编辑委员（包括编辑委员长、编辑理事、编辑）的现在所属单位（以评价时间为基准）的地域分布情况给予评价
● 评价细则
<table>
<tr><th>得分</th><th>细则</th></tr>
<tr><td>4 分</td><td>编辑委员的所属单位分布在 6 个以上地区</td></tr>
<tr><td>3 分</td><td>编辑委员的所属单位分布在 5 个地区</td></tr>
<tr><td>2 分</td><td>编辑委员的所属单位分布在 4 个地区</td></tr>
<tr><td>1 分</td><td>编辑委员的所属单位分布在 2～3 个地区</td></tr>
<tr><td>0 分</td><td>编辑委员的所属单位仅限于 1 个地区</td></tr>
</table>◎所属单位分布区域划分标准（韩国国内 17 个，国外 6 个）
ⓐ首尔ⓑ世宗ⓒ仁川ⓓ大田ⓔ大邱ⓕ光州ⓖ蔚山ⓗ釜山ⓘ京畿ⓙ江原ⓚ忠南ⓛ忠北ⓜ全南ⓝ全北ⓞ庆南ⓟ庆北ⓠ济州ⓡ亚洲ⓢ大洋洲ⓣ北美洲ⓤ中南美洲ⓥ欧洲ⓦ非洲
* 编委由于兼职、兼任存在两个以上所属单位的情况，认定其原所属单位</td></tr>
</table>

续前表

<table>
<tr><th>评价类型</th><th>评价内容</th><th>指标</th><th>指标说明</th></tr>
<tr><td rowspan="2">资格审查
·
继续评价</td><td>体系评价
（定量）</td><td>7. 期刊总编的稳定性</td><td>● 对申请截止时在职编辑委员长任期进行评价（规定任期与实际任期一起评价）
● 评价细则
<table><tr><th>得分</th><th>细则</th></tr><tr><td>2 分</td><td>编辑委员长的任期在两年以上</td></tr><tr><td>0 分</td><td>编辑委员长的任期未满两年</td></tr></table>* 今后计划将编辑委员长任期的评价周期改为 5 年范围内</td></tr>
<tr><td>内容评价
（定性）</td><td>1. 登载论文的学术价值与成果</td><td>● 对评价对象期刊的学术价值与成果、登载论文的总体质量及编辑委员会对提高期刊质量所做的努力进行评价
● 评价细则
〈资格审查〉
◎跟同一学科领域（或类似领域）的期刊比较，该期刊登载的论文是否质量优秀
◎登载论文的主题是否反映了所属学科的重要课题
◎编辑委员会为提高期刊质量推进或计划了哪些具体措施（考查编委的积极性与实效性）
◎其他与论文质量有关的指标
〈继续评价〉
◎登载的论文在所属领域是否有积极贡献（通过 KCI 引用指数、中心度等）
◎编辑委员会为提高期刊质量推进或计划了哪些具体措施（考查编委的积极性与实效性）
◎其他与论文质量有关的指标
● 评分标准（精确到 1 分）
非常优秀　　一般　　非常不足
10分 (A)　8分 (B)　6分 (C)　4分 (D)　2分 (E)</td></tr>
</table>

续前表

评价类型	评价内容	指标	指标说明
资格审查·继续评价	内容评价（定性）	2. 编辑委员（长）的专业性（编委会相关规定的具体程度）	● 参照编辑委员（长）的对外活动与研究方向，评价其是否与学术期刊内容相符 ● 评价细则 ◎参照编委们进行的研究活动（包括学术成果与认知度），编委身份是否与学术期刊内容相符 * 需提交最近 3 年的学术成果（对元老级学者的学术成果评价不设年限） ◎编委的学术活动是否频繁，其学术成果是否具有较高价值 ◎编委会的相关规定是否具体且有效执行（包括编委选拔标准及执行流程、编委会实际运营情况与设定目标是否相符） ◎当选的编辑委员是否积极参与期刊活动 ● 评分标准（精确到 1 分） 非常优秀　一般　非常不足 15分(A)　12分(B)　9分(C)　6分(D)　3分(E)
		3. 论文集的构成及其体系完整性与易读性［参考文献（脚注）信息的正确性及完整性］	● 对论文集的构成与体系、参考文献是否正确反映引文信息进行评价 ● 评价细则 ◎刊登论文的格式［包括参考文献（脚注）使用的引文信息］是否与投稿规定相符 ◎论文集的组成是否与纸质排版相符，是否具有较高的易读性 ◎图标的清晰度，字、图、表的排版是否合理，是否具有较高的易读性 ● 评分标准（精确到 1 分） 非常优秀　一般　非常不足 10分(A)　8分(B)　6分(C)　4分(D)　2分(E)

续前表

评价类型	评价内容	指标	指标说明
资格审查 · 继续评价	内容评价 （定性）	4．投稿论文的审查制度的具体性及严正性	● 考查投稿论文审查制度和规定的具体性与明确性 ● 评价细则 ◎审查规定的审查标准与流程是否详细、明确（包括审稿人的学科划分） ◎审稿文件管理是否严格（确认审稿文件原文、审稿过程来往邮件及审稿费支付情况） ◎审稿文件内容是否与审查规定相符 ● 评分标准（精确到 1 分） 非常优秀 一般 非常不足 15分(A) 12分(B) 9分(C) 6分(D) 2分(E)
		5．论文摘要的质量	● 审查论文摘要是否简明且正确地反映了论文的整体内容 ● 评价细则 ◎论文摘要是否较全面地涵盖了论文的整体内容 ◎论文摘要是否简明且正确传达了论文的内容 ◎是否使用了适用于摘要的词句 ● 评分标准（精确到 1 分） 非常优秀 一般 非常不足 5分(A) 4分(B) 3分(C) 2分(D) 1分(E)

续前表

评价类型	评价内容	指标	指标说明
资格审查 · 继续评价	内容评价 （定性）	6. 研究规范强化措施的具体性与严正性	● 审查研究规范强化措施是否具体且目标明确 ● 评价细则 ◎研究规范相关规定中内容是否翔实（如关于学术不端行为的定义、发现学术不端行为的处理流程以及事后管理方案等） ◎为遵守研究规范、防止学术不端研究行为，是否组织了相关的教育活动 ◎曾接到与研究规范相关投诉的期刊，其处理结果是否公正并执行标准明确 ◎是否适当使用反论文抄袭系统 ● 评分标准（精确到 1 分） 非常优秀　一般　非常不足 5分 (A)　4分 (B)　3分 (C)　2分 (D)　1分 (E)
	学科领域、特殊评价	学科领域、发行机构及学术期刊的特殊性	● 为充分考虑学科领域、发行机构及学术期刊的特性，可自由提供叙述材料，但需围绕以下几项指标进行说明： （1）作者与读者的现状，以及为保证作者群与读者群所做的努力 （2）学术期刊的质量水平 （3）在学会的活动情况（国际化努力措施等） （4）社会（商业性）贡献度等 ● 评分标准（精确到 1 分） 非常优秀　一般　非常不足 10分 (A)　8分 (B)　6分 (C)　4分 (D)　2分 (E)

续前表

评价类型	评价内容	指标	指标说明
再认证	基本条件审查	1. 发行的规律性及准时性	● 在发行规定中是否明确发行日期（年月日） ● 3 年以来是否遵守发行规定中明示的发行日期（以 KCI 登录时间为基准） ● 3 年以来期刊实际发行日期与规定发行日期的平均误差是否未超过 14 天（以 KCI 登录时间为基准）
		2. 论文篇均评审委员数	● 论文篇均评审委员最少 2 名以上 ＊评价对象论文：包括评价周期内投稿的论文与评价周期前投稿但登载于评价周期的论文，不包含编辑委员首轮审核即被淘汰的论文
		3. 论文标题与作者姓名的英文翻译情况	● 评价周期内发行期刊的论文标题与作者姓名是否全部翻译成英文
		4. 关键词与论文摘要的外文翻译情况	● 评价周期内发行期刊的论文关键词与摘要是否全部翻译成外文
		5. 研究规范的遵守情况	● 是否制定研究规范并执行 ● 研究规范是否在主页予以公示
		6. 论文投稿人的多样性	●（学会与其他机构）论文投稿人（包括国外）中特定机构的投稿人比例不超过全体投稿人的 1/3 ●（大学附属研究所）论文投稿人（包括国外）中特定机构的投稿人比例不超过全体投稿人的 1/2
		7. 编辑委员的均衡性	● 在职编辑委员（包括编辑委员长、编辑理事、编辑）的现在所属单位（以评价时间为基准）的地域分布是否超过 6 个地区 ◎所属单位分布区域划分标准（韩国国内 17 个，国外 6 个） ⓐ首尔ⓑ世宗ⓒ仁川ⓓ大田ⓔ大邱ⓕ光州ⓖ蔚山ⓗ釜山ⓘ京畿ⓙ江原ⓚ忠南ⓛ忠北ⓜ全南ⓝ全北ⓞ庆南ⓟ庆北ⓠ济州ⓡ亚洲ⓢ大洋洲ⓣ北美洲ⓤ中南美洲ⓥ欧洲ⓦ非洲 ＊编委由于兼职、兼任存在两个以上所属单位的情况，认定其原所属单位

续前表

评价类型	评价内容	指标	指标说明
再认证	深层条件评价（定性）	1. 编辑委员（长）的专业性（编委会相关规定的具体程度）	● 参照编辑委员（长）的对外活动与研究方向，评价其是否与学术期刊内容相符 ● 评价细则 ◎参照编委们进行的研究活动（包括学术成果与认知度），编委身份是否与学术期刊内容相符 * 需提交最近 3 年的学术成果（对元老级学者的学术成果评价不设年限） ◎编委的学术活动是否频繁，其学术成果是否具有较高价值 ◎编委会的相关规定是否具体且有效执行（包括编委选拔标准及执行流程、编委会实际运营情况与设定目标是否相符） ◎当选的编辑委员是否积极参与期刊活动 ● 评分标准（精确到 1 分） 非常优秀　一般　非常不足 20分 (A)　16分 (B)　12分 (C)　8分 (D)　4分 (E)
		2. 论文集的构成及其体系完整性与易读性［参考文献（脚注）信息的正确性及完整性、论文摘要质量］	● 对论文集的构成与体系、参考文献是否正确反映引文信息以及论文摘要的质量进行评价 ● 评价细则 ◎刊登论文的格式［包括参考文献（脚注）使用的引文信息］是否与投稿规定相符 ◎论文集的组成是否与纸质排版相符，是否具有较高的易读性 ◎图标的清晰度，字、图、表的排版是否合理，是否具有较高的易读性 ◎论文摘要是否较全面地涵盖了论文的整体内容 ◎论文摘要是否简明且正确传达了论文的内容 ◎是否使用了适用于摘要的词句

续前表

评价类型	评价内容	指标	指标说明
再认证	深层条件评价（定性）	2. 论文集的构成及其体系完整性与易读性［参考文献（脚注）信息的正确性及完整性、论文摘要质量］	● 评分标准（精确到 1 分） 非常优秀 —— 一般 —— 非常不足 20分(A) 16分(B) 12分(C) 8分(D) 4分(E)
		3. 投稿论文的审查制度的具体性及严正性（包括期刊实体审查）	● 考查投稿论文审查制度和规定的具体性与明确性 ● 评价细则 ◎审查规定的审查标准与流程是否详细、明确（包括审稿人的学科划分） ◎审稿文件管理是否严格（确认审稿文件原文、审稿过程来往邮件及审稿费支付情况） ◎审稿文件内容是否与审查规定相符 ● 评分标准（精确到 1 分） 非常优秀 —— 一般 —— 非常不足 20分(A) 16分(B) 12分(C) 8分(D) 4分(E)
		4. 学术期刊的网络可达性	● 考查学术期刊及收录论文能否在网上无障碍浏览 ● 评价细则 ◎在网上是否提供学术期刊论文原文浏览（对是否免费、网上可浏览的期刊范围等共同评价）

续前表

<table>
<tr><th>评价类型</th><th>评价内容</th><th>指标</th><th>指标说明</th></tr>
<tr><td rowspan="2">再认证</td><td rowspan="2">深层条件评价（定性）</td><td>4. 学术期刊的网络可达性</td><td>◎期刊发行后，是否立即在网上提供服务等
● 评分标准（精确到 1 分）
非常优秀 20分(A)　16分(B)　一般 12分(C)　8分(D)　非常不足 4分(E)</td></tr>
<tr><td>5. 论文的登载率</td><td>● 对投稿论文的实际登载率进行评价
* 登载率计算公式：（A/(B+C−D)）×100
A：评价周期范围内登载的论文数
B：评价周期范围内投稿的论文数
C：评价周期范围之前投稿但登载于周期范围内的论文数
D：评价周期范围内投稿但登载于周期范围之后的论文数
* 投稿数包括被编委认定淘汰的论文
* 对于不能提供投稿论文相关材料的情况，未通过机构规定审查过程、被发行机构拒绝接收、被审稿人拒绝审查、作者撤回投稿、放弃审查、放弃登载、保留登载的论文均不算入投稿数之内。
● 评价细则
得分 ｜ 继续评价
10 分 ｜ 登载率未满 60.0%
8 分 ｜ 登载率达 60.0%未满 70.0%</td></tr>
</table>

续前表

<table>
<tr><th>评价类型</th><th>评价内容</th><th>指标</th><th>指标说明</th></tr>
<tr><td rowspan="2">再认证</td><td rowspan="2">深度条件评价（定性）</td><td>5. 论文的登载率</td><td>续前表
<table><tr><th>得分</th><th>继续评价</th></tr><tr><td>6 分</td><td>登载率达 70.0%未满 80.0%</td></tr><tr><td>4 分</td><td>登载率达 80.0%未满 90.0%</td></tr><tr><td>2 分</td><td>登载率达 90.0%未满 100.0%</td></tr><tr><td>0 分</td><td>登载率达 100.0%</td></tr></table></td></tr>
<tr><td>6. 为学术期刊特色化所做的努力</td><td>● 对期刊是否制定了与学术期刊及学科领域特性相符的发展战略且学会为之努力的程度做出评价
● 评价细则
◎是否制定了与学术期刊及学科领域特性相符的发展战略
◎以区域为基础的学术期刊，是否在区域特色深层研究方面做出努力（如建立区域内学术网等）
◎国际学术期刊是否为海外研究人员共享论文信息做出努力（是否被海外优秀研究人员使用，被海外 DB 收录，发行 DOI 等）
◎为学术期刊发展所做的其他努力
● 评分标准（精确到 1 分）
非常优秀　一般　非常不足
10分 (A)　8分 (B)　6分 (C)　4分 (D)　2分 (E)</td></tr>
</table>

资料来源：韩国研究财团. 学术期刊登载制度改善方案. 2014：21-32.

图书在版编目（CIP）数据

中韩学术期刊评价比较研究/张美红著．—北京：中国人民大学出版社，2019.6
ISBN 978-7-300-26971-9

Ⅰ.①中… Ⅱ.①张… Ⅲ.①学术期刊-对比研究-中国、韩国 Ⅳ.①G237.5

中国版本图书馆 CIP 数据核字（2019）第 092173 号

中韩学术期刊评价比较研究
张美红　著
Zhong-Han Xueshu Qikan Pingjia Bijiao Yanjiu

出版发行	中国人民大学出版社		
社　　址	北京中关村大街 31 号	**邮政编码**	100080
电　　话	010－62511242（总编室）		010－62511770（质管部）
	010－82501766（邮购部）		010－62514148（门市部）
	010－62515195（发行公司）		010－62515275（盗版举报）
网　　址	http：//www.crup.com.cn		
经　　销	新华书店		
印　　刷	北京玺诚印务有限公司		
规　　格	165 mm×238 mm　16 开本	**版　　次**	2019 年 6 月第 1 版
印　　张	14 插页 1	**印　　次**	2019 年 6 月第 1 次印刷
字　　数	224 000	**定　　价**	42.50 元